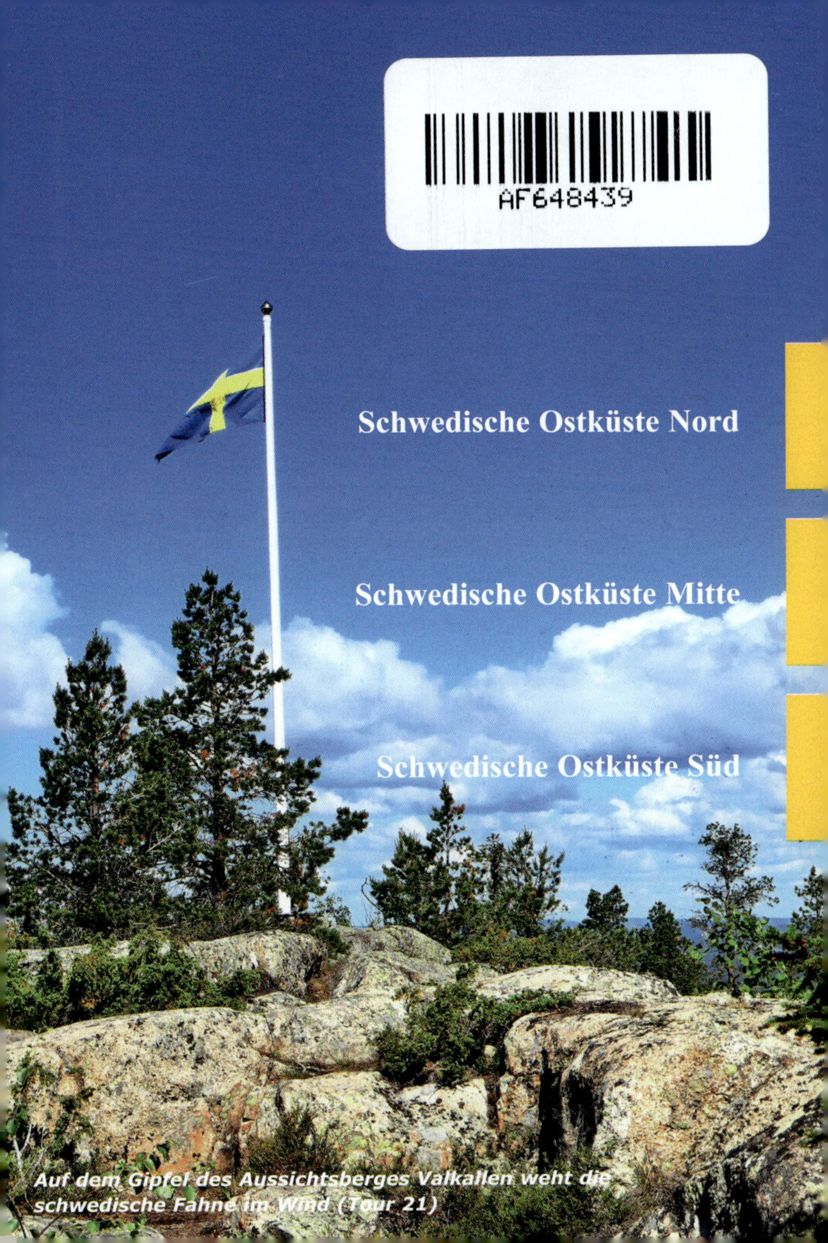

Schwedische Ostküste Nord

Schwedische Ostküste Mitte

Schwedische Ostküste Süd

Auf dem Gipfel des Aussichtsberges Valkallen weht die schwedische Fahne im Wind (Tour 21)

Schwedische Ostküste

Dieses OutdoorHandbuch wurde konzipiert und redaktionell erstellt vom:

Conrad Stein Verlag GmbH
Kiefernstr. 6, 59514 Welver
023 84/96 39 12
info@conrad-stein-verlag.de
www.conrad-stein-verlag.de
www.facebook.com/outdoorverlag
www.instagram.com/outdoorverlag

Klimaneutral
Druckprodukt
ClimatePartner.com/53106-2304-1009

Als Outdoor-Verlag sind uns der Schutz und die Erhaltung der Natur seit jeher ein besonderes Anliegen. Auch in Sachen Klimaschutz haben wir eine Vorreiterrolle inne: Wir sind der einzige Buchverlag in Deutschland, der bereits seit 2008 seine Bücher konsequent klimaneutral in Deutschland produzieren und transportieren lässt. Dabei wird nicht nur klimaneutral, sondern auch nachhaltig, d. h. so umweltschonend wie möglich produziert, z. B. durch die Auswahl von umweltfreundlichen Materialien. Die bei der Produktion der Bücher entstandenen CO_2-Emissionen werden durch die Unterstützung von zertifizierten Klimaschutzprojekten ausgeglichen. Jedes Buch wird daher mit dem Logo „klimaneutral" und einer ClimatePartner-Zertifikatsnummer versehen. Mithilfe dieser Nummer können Sie unter www.climatepartner.com Informationen zu der eingesparten CO_2-Menge und dem Projekt finden, das mit der Abgabe gefördert wird.

Das Engagement des Conrad Stein Verlags wurde im Rahmen des Projekts „Klimaneutraler Buchverlag" mit dem Westenergie Klimaschutzpreis 2022 ausgezeichnet.

OutdoorHandbuch Band 481

ISBN 978-3-86686-739-0 1. Auflage 2023

Text und Fotos: Sonja Klemich
Karten: Dieter Großelohmann
Lektorat: Anna-Lena Ebner
Layout: Manuela Dastig

Gesamtherstellung: AZ Druck und Datentechnik GmbH, Kempten

Dieses OutdoorHandbuch hat 160 Seiten mit 71 farbigen Abbildungen sowie 27 farbigen Kartenskizzen im Maßstab 1:25.000/50.000, 27 farbigen Höhenprofilen und einer farbigen, ausklappbaren Übersichtskarte.

Autorin und Verlag freuen sich über Ihr Feedback. Schreiben Sie Ihre Tipps und Verbesserungen an info@conrad-stein-verlag.de oder nutzen Sie unsere Social-Media-Kanäle. Bitte nennen Sie dabei Titel, Auflage und Seitennummer.

Dieses Buch ist im Buchhandel und in Ausrüstungsläden erhältlich und kann im Internet oder direkt beim Verlag bestellt werden.

Titelfoto: Ein absolut atemberaubender Ausblick über die Gaviksfjärden bietet sich vom Aussichtsberg Rödklitten – einer der besten Aussichtspunkte der Region Höga Kusten (Tour 21).

Inhalt

☺ Eine **Übersichtskarte** des Weges, **Autorinnenprofil** sowie eine Liste aller verwendeten **Symbole** in diesem Buch finden Sie auf den vorderen und hinteren Umschlagseiten bzw. -klappen.

Einleitung

Die schwedische Ostküste zwischen Örnsköldsvik und Härnösand ist bekannt unter dem Namen **Höga Kusten**, sie hat mit zahlreichen Superlativen und Besonderheiten aufzuwarten und gilt als eine der schönsten Landschaften Schwedens. Und das bei der Konkurrenz anderer wunderbarer Landschaften, welche das skandinavische Land zu bieten hat. Sofort überzeugt ist, wer Filme oder Fotos der Höga Kusten ansieht: eine wilde, bergige und stark zerklüftete Küstenlandschaft am Bottnischen Meerbusen – nirgendwo sonst an der Ostsee treffen ähnlich hohe Berge und Felsformationen direkt auf das Meer – schroffe Felsen, karge Inseln und rundgeschliffene Schären in der glitzernden Ostsee bilden einen reizvollen Kontrast zu den ursprünglichen, dunklen und geheimnisvollen Waldgebieten im Hinterland.

Zudem wurde die Höga Kusten im Jahr 2000 von der UNESCO in die Welterbeliste aufgenommen. Ihre Einzigartigkeit begründet sich nicht nur in der rauen Schönheit und Ursprünglichkeit der Landschaft, sondern vor allem darin, dass hier die höchste isostatische Landhebung stattfindet, die auf der Erde beobachtet werden kann.

Während der letzten Eiszeit lag ganz Skandinavien unter einem enormen Eispanzer, welcher die Landmasse regelrecht nach unten in die Erdoberfläche hineindrückte. Über der Region der schwedischen Ostküste war das Eis besonders mächtig, vor rund 20.000 Jahren wies es eine Mächtigkeit von über 3.000 m auf! Mit dem Schmelzen des Eises begann das Land sich zu heben – zunächst mit sehr hoher Geschwindigkeit von bis zu 10 cm im Jahr. Vor rund 10.000 Jahren hatte sich das Eis so weit nach Norden zurückgezogen, dass die mittlere schwedische Ostküste eisfrei war. Mit der zunehmenden isostatischen Landhebung stieg die Küstenregion immer weiter aus dem Bottnischen Meerbusen empor, heute liegen die höchsten Erhebungen knapp 300 m über dem Meeresspiegel und die Landhebung schreitet weiter mit etwa 8 mm im Jahr voran.

Im Laufe dieser einzigartigen Entstehungsgeschichte entstanden weitere besondere Landschaftsformen und -elemente:

- historische Strandwälle und Geröllstrände
- Tunnelhöhlen
- ehemalige Meereslagunen, die durch die Landhebung zu Seen über Meeresspiegelniveau gehoben wurden
- Ablagerungen kalkhaltiger Sedimente aus den Überresten von Meeresbewohnern, Sonderstandorte für eine kalkliebende Pflanzenwelt

- ▷ eine besonders große Vielzahl unterschiedlicher Gesteinstypen, welche als eiszeitliche Geschiebe in die Region gelangt sind
- ▷ die charakteristische Klippen- und Felsenlandschaft aus rötlichem Nordingrå-Granit

Da sich die geologischen Prozesse vor der Küstenlinie in der Ostsee fortsetzen, sind maritime Flächen in das Welterbegebiet eingeschlossen. Hier entstehen neue Inseln und Strandsäume und das Brackwasser des Bottnischen Meerbusens bietet einer spezialisierten Tier- und Pflanzenwelt einen Lebensraum.

Die Vegetation der Region ist einzigartig, das Zusammenspiel zwischen der besonderen Geologie und dem speziellen Klima dieser Küstenregion ermöglicht das Vorkommen unterschiedlicher Pflanzenarten, die ihr Areal normalerweise in nördlicheren oder südlicheren Breitengraden haben – an der schwedischen Ostküste häufig auf den gegenüberliegenden Seiten desselben Berges.

Die Wälder sind wild, ursprünglich und geheimnisvoll – vielleicht sogar verzaubert? Uralte Fichten und Kiefern mit knorriger Borke, die anstehenden rötlichen Granitfelsen; ausgedehnte Geröllfelder, dicke, weiche Moospolster, ungewöhnliche epiphytische Flechten, die von den Ästen der Bäume herabhängen, Tierfährten im weichen Waldboden, melodischer Vogelgesang, das Rauschen des Windes in den hohen Baumkronen und versteckte Moore und glitzernde Seen – so vermitteln die Wälder einen Eindruck, wie Urwälder im mittleren Skandinavien ausgesehen haben könnten.

Dieses Buch geleitet Sie mit einer Auswahl der schönsten Wanderungen durch die Region Höga Kusten und unterstützt Sie dabei, diese besondere Landschaft zu entdecken. Jede der Touren bietet herrliche Ausblicke und beeindruckende Naturerlebnisse. Besonderheiten sind neben den Sehenswürdigkeiten der Region wie der Slåtterdalsskrevan im Nationalpark Skuleskogen die zahlreichen wenig besuchten Strände und Meeresbuchten, Wälder und Aussichtsfelsen, an denen Sie die großartige Landschaft ganz für sich alleine genießen können.

Reise-Infos

Anreise

Die schwedische Ostküste ist ein sehr gut erreichbares Reiseziel. Die Region zwischen Härnösand und Örnsköldsvik wird vollständig durch die **Europastraße E4** erschlossen, die Richtung Süden bis nach Helsingborg führt.

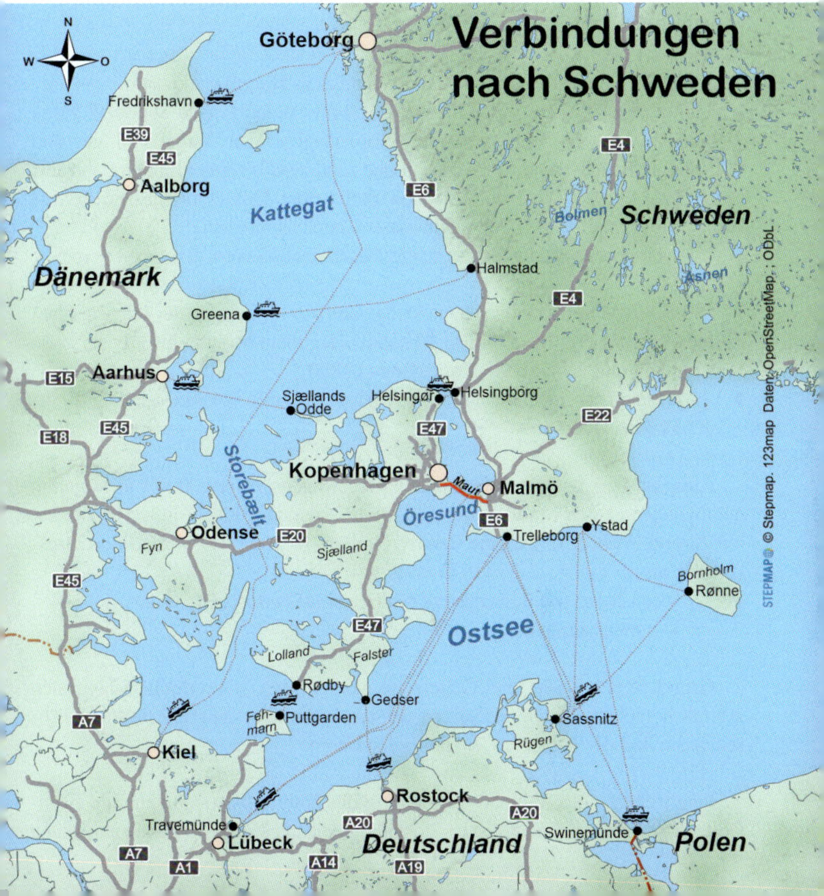

Von Deutschland kommend ist somit die Fährverbindung Helsingør – Helsingborg und anschließend die Fahrt über die E4 eine der einfachsten Anreisemöglichkeiten mit dem Pkw.

Als Alternative zu dieser Fährverbindung besteht die Möglichkeit, die Öresundbrücke zwischen Kopenhagen und Malmö zu nutzen. Um auf die dänische Insel Seeland zu gelangen und via Fähre oder Brücke nach Schweden weiterzufahren, besteht wiederum die Möglichkeit der Nutzung einer Brücke, der Storebæltsbroen, zwischen Fünen und Seeland oder der Fähre zwischen Puttgarden auf Fehmarn und Rødby auf Lolland; die dänischen Inseln werden mithilfe zahlreicher weiterer Brückenbauwerke verbunden.

Selbstverständlich ist auch die Anreise mit dem **Flugzeug** möglich.

Scandinavian Airlines (SAS) fliegt täglich von Hamburg nach Sundsvall Timrå Airport (SDL) über Stockholm oder Kopenhagen. Von Timrå sind es rund 40 Minuten Bahnfahrt nach Härnösand und rund zwei bis drei Stunden Bahnfahrt nach Örnsköldsvik. Flüge mit SAS von Berlin oder Düsseldorf nach Sundsvall Timrå Airport sind in den Sommermonaten ebenfalls möglich.

♦ Informationen und Buchungen zu den Flügen von SAS unter 💻 www.flysas.com

Örnsköldsvik besitzt einen kleinen Flughafen (OER), der von der schwedischen Airline Amapola Flyg bedient wird. Amapola Flyg fliegt Montag bis Freitag sowie Sonntag von und nach Stockholm Arlanda (ARN).

♦ Informationen und Buchungen zu den Flügen von Amapola Flyg unter 💻 www.amapola.nu

Amapola Flyg bedient ebenfalls den Höga Kusten Airport (KRF) in Kramfors mit täglichen Flügen von und nach Stockholm Arlanda (ARN). An den Höga Kusten Airport schließt direkt eine Bahnverbindung Richtung Härnösand und Örnsköldsvik an.

♦ Informationen und Buchungen zu den Flügen von Amapola Flyg unter 💻 www.amapola.nu

Grundsätzlich sollte die Weiterreise von kleinen schwedischen Flughäfen gründlich geplant werden. Sie sollten sich im Voraus über die Weiterreisemöglichkeiten am Tag der geplanten Ankunft informieren.

Eine weitere gute Alternative besteht in der Kombination von Flug und Bahnfahrt, beispielsweise ein Flug nach Stockholm Arlanda (ARN), der von zahlreichen deutschen Flughäfen mit verschiedenen Airlines möglich ist. Die Bahnfahrt kann direkt in Arlanda am Flughafen starten und dauert bis Örnsköldsvik rund fünf bis sieben Stunden, nach Härnösand etwa vier bis sechs Stunden.

Seit Frühjahr 2021 ist auch die Anreise vollständig mit der **Bahn** möglich.

Snälltåget fährt als Nachtzug von Berlin über Hamburg und Kopenhagen nach Malmö und Stockholm. Die Züge fahren zwischen Mitte Juni und Ende September.

♦ Informationen zu den Verbindungen unter 💻 www.snalltaget.se/en/berlin

Seit 2023 bietet auch die schwedische Bahn SJ eine Verbindung mit dem Namen SJ EuroNight nach Stockholm und Südschweden, ganzjährig ab Hamburg, von April bis September auch ab Berlin.

♦ Informationen finden Sie unter 💻 www.sj.se/en/travel-info/sj-euronight.html

Von Stockholm C (*centralstation*) fahren Züge weiter in alle Richtungen des Landes, die Direktverbindung nach Härnösand dauert etwa vier bis fünf Stunden, nach Örnsköldsvik rund fünf bis sechs Stunden.

Unterkünfte und Standorte

An der schwedischen Ostküste gibt es eine Vielzahl unterschiedlicher Unterkünfte und Übernachtungsmöglichkeiten.

Große Hotels mit gehobener Ausstattung sowie alle anderen Arten der Unterkunftsmöglichkeiten sind in Örnsköldsvik zu finden. In Härnösand gibt es kleinere Hotels, Pensionen sowie Bed-&-Breakfast-Zimmer. Einzelne kleinere Hotels und Pensionen sind zudem in Docksta, Ullånger, Häggvik und Köpmanholmen zu finden. Das gehobene Hotell Höga Kusten (💻 www.hotellhoga-kusten.se/de) liegt direkt an der Mündung des Ångermanälven mit Panoramablick auf die Högakustenbron (Höga-Kusten-Brücke).

Reichhaltiger ist die Auswahl an Campingplätzen, Ferienhausdörfern (*stugby*) und Hütten sowie Hostels (*vandrarhem*).

Der Ort Docksta befindet sich etwa in der Mitte zwischen Härnösand und Örnsköldsvik und liegt somit sehr zentral für Wandertouren und Ausflüge. In Docksta gibt es sowohl ein Hostel des Schwedischen Tourismusverbandes (STF) als auch das Friluftsbyn (Freiluftdorf) mit Camping, Hüttenvermietung und Aktivitäten (💻 www.friluftsbyn.se) sowie weitere Campingplätze in der Umgebung, beispielsweise in Skoved Docksta Vandrarhem och Camping.

Das Internetportal der Höga Kusten (💻 www.hogakusten.com/de) führt in der Rubrik „Unterkunft" eine Vielzahl von Unterkunftsmöglichkeiten zwischen Härnösand und Örnsköldsvik auf.

Insbesondere im Verlauf des Weitwanderwegs Höga kustenleden gibt es zudem eine Vielzahl offener Shelter/Windschutzhütten sowie einige Wanderhütten, die insbesondere Wanderinnen und Wanderern zur Übernachtung zur Verfügung stehen. Einige der Shelter wurden im Rahmen des wiederkehrenden Architekturfestivals **ArkNat** erbaut (💻 www.hogakusten.com/de/erlebnisse/naturerlebnisse/arknat). Mehrere Wanderungen, die in diesem Buch vorgestellt werden, führen an ArkNat-Bauwerken vorbei oder haben diese zum Ziel, beispielsweise die Touren 1, 9, 10, 12 und 23.

In Schweden gibt es zudem die Besonderheit, dass unter Beachtung bestimmter Grundsätze des **Allemansrätt** (Jedermannsrecht) im Wald und in der freien Landschaft gezeltet werden darf.

Infokasten Allemansrätt/Jedermannsrecht

Grundsatz: Nicht stören – nicht(s) zerstören!

Das Allemansrätt regelt das Zusammenleben in der Natur, verbunden mit umfangreichen Rechten und Pflichten für jede Naturbesucherin und jeden Naturbesucher in Schweden. Es sollte selbstverständlich sein, dass man die Rechte nur in Anspruch nehmen kann, wenn man auch den Pflichten nachkommt. Die obersten Pflichten bestehen darin, Rücksicht auf Tiere, Pflanzen sowie alle anderen Menschen, die Natur und Landschaft nutzen, zu nehmen. Nutzflächen dürfen nicht zerstört, Tiere nicht gestört und Pflanzenbestände nicht beeinträchtigt werden, Abfall etc. muss mitgenommen werden. Zu den Rechten gehört, dass man sich unmotorisiert (fast) überall frei in Natur und Landschaft bewegen darf, zu Fuß, mit dem Fahrrad, reitend und auf Ski. **Außerhalb von eingezäunten Grundstücken, Siedlungen und landwirtschaftlichen Nutzflächen – also in der freien Landschaft – darf man für ein bis zwei Nächte zelten, sofern man die Vegetation nicht zerstört und keine Verschmutzungen zurücklässt.**

In Schutzgebieten gelten häufig besondere Vorschriften, über die man sich im Voraus informieren muss. Solange keine Waldbrandgefahr besteht und dem keine anderen Vorschriften entgegenstehen, darf ein (Lager-)Feuer entzündet werden. Dieses darf allerdings weder auf Felsen und Klippen entzündet werden, noch Pflanzenbestände, Bäume oder Tiere beeinträchtigen. Es dürfen keine sichtbaren Feuerstellen zurückgelassen werden. Hunde dürfen in die Natur mitgenommen werden, allerdings herrscht vom 1. März bis zum 20. August grundsätzlich Leinenzwang, in einigen Teilen Schwedens auch darüber hinaus. Hunde, die nicht angeleint sind, müssen so unter Aufsicht stehen, dass sie wildlebenden Tieren und Menschen keinen Schaden zufügen können. Beeren und Pilze dürfen für den Eigenbedarf gesammelt werden, zudem darf in (fast) jedem Gewässer gebadet werden. Jagd und Angeln fallen nicht unter das Allemansrätt. Ausführliche Informationen zum Allemansrätt/Jedermannsrecht finden sich z. B. bei der staatlichen Behörde für Umwelt- und Naturschutz in Schweden, Naturvårdsverket, auch in deutscher Sprache, unter 💻 www.naturvardsverket.se/Documents/publikationer6400/978-91-620-8523-0.pdf?pid=4205.

Verkehrsmittel

Da die Region der schwedischen Ostküste vollständig durch die Europastraße E4 erschlossen wird und zahlreiche Nebenstraßen vorhanden sind, gelangen Sie mit dem Pkw bequem an alle Ziele.

Zudem sind Härnösand und Örnsköldsvik sehr gut mit der Bahn erreichbar.

Der weitere öffentliche Nahverkehr wird durch das Busunternehmen Din Tur abgedeckt, Fahrpläne sind zu finden unter 💻 www.dintur.se, oben rechts unter „Language“ kann auch Deutsch eingestellt werden. Wer Busse nutzen möchte, um den Startpunkt einer Wanderung zu erreichen oder vom Ziel einer Streckenwanderung zurück zum Ausgangspunkt zu gelangen, sollte unbedingt die Busfahrpläne sorgfältig prüfen. Die Busse verkehren fast ausschließlich zwischen Örnsköldsvik und Härnösand entlang der Europastraße E4.

In der Hochsaison zwischen Ende Juni und Mitte August fährt zudem zwischen Docksta, Skoved und dem Nationalpark Skuleskogen – ebenfalls entlang der E4 – der Världsarvsbussen (💻 www.hogakusten.com/sv/varldsarvsbussen).

Zahlreiche Startpunkte der vorgestellten Touren sind leider nicht mit Bussen erreichbar. Auch bei der Mehrzahl der Streckenwanderungen kann der Rückweg nicht mit dem Bus zurückgelegt werden. Nur mit dem eigenen Fahrzeug können alle beschriebenen Startpunkte mit vertretbarem Aufwand erreicht werden.

Die Inseln erreichen Sie mithilfe von Fähren. Die Inseln Ulvön, Trysunda und Strängöarna werden mehrfach täglich von der M/F Ulvön von Köpmanholmen aus angefahren. Auch von Ullånger, Docksta und Mjällomslandet gelangen Sie nach Ulvön, mit den Höga Kusten Båtarna. Die kleine Insel Högbonden mit ihrem spektakulären Leuchtturm erreichen Sie von Bönhamn und Barsta aus. Eine Übersicht zu den Fähren findet sich unter 💻 www.hogakusten.com/en/experiences/nature-outdoor/archipelago/boat-tour.

Die Inseln, die nicht durch Fähren angefahren werden, sind in der Regel mit dem Taxi-Boot erreichbar, Hernö Sea Taxi: ☎ +46 (0)611/690 38.

Klima und Reisezeit

Ein Blick auf die Karte zeigt, dass die Region zwischen Härnösand und Örnsköldsvik in der Mitte Schwedens liegt, etwa auf gleicher Höhe wie Trondheim in Norwegen und damit weit im Norden Europas. Dementsprechend herrscht nordisches Klima mit längeren Wintern und kühleren Sommern als in Mitteleuropa. Auch mit Niederschlägen muss jederzeit gerechnet werden.

Die optimale Reisezeit für Wanderungen liegt zwischen **Mai/Juni** und **September** – lange Tage und milde bis warme Temperaturen zeichnen die schwedische Ostküste dann aus.

Sommerferien sind in Schweden von Mitte Juni bis Mitte August und die Ostküste ist auch unter Schweden ein beliebtes Reiseziel. Unterkünfte können zu dieser Zeit ausgebucht sein, daher sollten Sie in diesem Zeitraum entweder sehr flexibel unterwegs sein (z. B. mit Zelt) oder Unterkünfte rechtzeitig reservieren.

Hochsaison haben im Juni und Juli auch die Mücken, die in windstillen Wäldern und in Gewässernähe zur Plage werden können. Daher sollten ein wirksames Mückenspray und ein Mückennetz für das Gesicht immer im Rucksack mit dabei sein.

Wer Mücken weitestgehend vermeiden möchte, wandert im Frühling oder Herbst. Im Mai sind die Tage bereits sehr lang, die ersten Pflanzen blühen und der Vogelgesang ist besonders intensiv, die Nächte können aber noch sehr kalt sein. Im September/Oktober werden die Tage deutlich kürzer und die Nächte frostig, aber bunte Herbstfarben, Pilze und reife Beeren laden zu Wanderungen ein.

Kartenempfehlungen

Hervorragende Wanderkarten mit sinnvollen Blattschnitten bietet der schwedische Verlag Calazo.

Optimale Karte für die Wanderungen, die in diesem Buch vorgestellt werden, ist die **Calazo-Karte „Höga Kusten" im Maßstab 1:50.000**. Außer für weiterführende Wanderungen nördlich von Örnsköldsvik sowie in dem Naturreservat Smitingen-Härnöklubb im Süden von Härnösand kann sie für alle vorgestellten Touren genutzt werden. Die Karte wird auf wasserunempfindlichem und reißfestem Tyvek gedruckt und kann ohne gesonderte Kartenhülle bei Regen verwendet werden.

Weitere Karten für die schwedische Ostküste liegen in der **Sverigeserien Topo50** des schwedischen Verlags Norstedts vor. Für die beschriebenen Wanderungen werden zwei Karten, „Blad 100: Härnösand“ sowie „Blad 104: Örnsköldsvik“, benötigt – auch diese werden auf wasserunempfindlichem Papier gedruckt. Zusammen bilden beide Karten einen größeren Bereich ab, der sich etwas weiter nach Süden und Norden erstreckt.

Spezialisiert auf Land- und Wanderkarten sowie Reiseführer für den Norden ist die Geobuchhandlung in Kiel, über die alle genannten Karten bezogen werden können. Zudem wird auf 💻 www.geobuchhandlung.de/axel/calazo.html eine sehr gute Übersicht für die verfügbaren Karten Schwedens und Norwegens bereitgestellt.

♦ Geobuchhandlung Kiel, Schülperbaum 9, 24103 Kiel, ☎+ 49 (0)4 31/910 02, ✉ info@geobuchhandlung.de, 💻 www.geobuchhandlung.de

Wanderinfrastruktur

Im Vergleich zu Deutschland sind Wandergebiete in Skandinavien grundsätzlich etwas anspruchsvoller. In Deutschland verlaufen Wanderwege ganz überwiegend auf vorhandenen – häufig befestigten – Wegen. In Skandinavien dagegen führt häufig ein markierter, aber meist unbefestigter Pfad hinein in die noch unbekannte Landschaft. Nicht überall herrschen bewirtschaftete Kulturlandschaften vor, es gibt ausgedehnte Wälder, weniger Straßen und Siedlungen sowie ursprünglichere Landschaften. Die Natur ist wilder und „größer“. Daher sollte für eine gleiche Tourenlänge in Schweden mehr Zeit eingeplant werden als in Deutschland. Sie sollten in Skandinavien niemals ohne Karte losziehen und zusätzlich ein GPS-Gerät bzw. eine entsprechende App auf dem Smartphone oder einen Kompass dabeihaben und mit deren Anwendung vertraut sein. In Schweden gibt es nicht überall Möglichkeiten zum Einkehren oder Einkaufen, ausreichend Proviant und Trinkwasser sollten daher immer im Rucksack mitgeführt werden. Außerdem sollte immer Regenkleidung sowie warme Kleidung mit dabei sein, das Wetter kann schnell umschlagen und nach Regenschauern und Sonnenuntergang kann es kalt werden. Bei Wanderwegen sollten Sie immer auf steinige/felsige Abschnitte, nasse Wegstellen und steilere Passagen eingestellt sein. Der Erlebniswert wird dadurch um ein Vielfaches erhöht, wenn Sie Ihre Fähigkeiten richtig einschätzen können. Besser ist, mit einem kürzeren, leichteren Weg zu beginnen, wenn Sie sich Ihrer Wanderfitness nicht ganz sicher sind.

Wandern mit Kind und Hund

Bevor an der schwedischen Ostküste zu einer Wanderung mit Kind und/oder Hund aufgebrochen wird, ist es empfehlenswert, die Hinweise bei den jeweiligen Wegbeschreibungen hinzuzuziehen. Aufgrund der geologischen Beschaffenheit der Wanderregion mit schroffen Felsen und Bergkuppen sowie der Besonderheit, dass in Schweden Wanderwege in der Regel über schmale Pfade verlaufen, sollte im Voraus geprüft werden, wo eine Tour mit Kind oder Hund gut möglich ist. Wo angegeben ist, dass die Wanderung nicht für Kinder oder Hunde geeignet ist, können Leitern, sehr steile und gefährlichere Wegabschnitte oder andere Hindernisse vorhanden sein.

In diesem Buch werden mehrere Wanderungen beschrieben, die sich gut für Wanderinnen und Wanderer mit Kindern oder Hunden eignen, hierzu bitte die Hinweise bei den Wandertouren beachten.

Trinkwasser

Einkehrmöglichkeiten und Lebensmittelgeschäfte sind in Schweden außerhalb von Ortschaften nur spärlich vorhanden, die Touren in dieser Wanderregion verfügen z. T. am Start- und Zielort über Verpflegungsmöglichkeiten, im Verlauf der Wanderung aber im Regelfall nicht.

Da Trinkwasser schwer ist und bei warmem Wetter der Flüssigkeitsbedarf stark ansteigen kann, ist Wasser aus natürlichen Quellen eine gute Möglichkeit, die Wasservorräte aufzufüllen. Generell ist die Wasserqualität in Schweden sehr gut, natürliche Gewässer in naturnaher Landschaft haben in Schweden in der Regel Trinkwasserqualität. Grundsätzlich gilt: Wenn ein Bach in einem Waldgebiet oder in einem Nationalpark/Schutzgebiet entspringt und keine Straßen, Siedlungen und landwirtschaftlichen Flächen quert bzw. ein See aus einem solchen Einzugsgebiet sein Wasser bezieht, handelt es sich in der Regel um trinkbares Wasser. Ein Blick auf eine gute Wanderkarte macht deutlich, wo die Gewässer entspringen. Einheimische nutzen Wasser aus derartigen Gewässern als Wasserquelle unterwegs.

Auch die Autorin nutzt gerne Wasser aus Bächen und Seen – dennoch muss darauf hingewiesen werden, dass Verunreinigungen bei natürlichen Gewässern nicht vollständig ausgeschlossen werden können. Daher gilt:

☞ Die Nutzung natürlicher Wasserquellen geschieht auf eigene Gefahr.

☺ Wollen Sie ganz sichergehen, nutzen Sie zusätzlich einen kleinen, leichten Wasserfilter zur Wasseraufbereitung. Wasserfilter gibt es z. B. als spezielle Trinkflaschen-Filtersysteme im Outdoorhandel (z. B. Katadyn Befree, Platypus Quick-Draw, MSR Trailshot, Grayl Ultrapress Purifier Bottle), sie wiegen nur wenige Gramm und sind einfach in der Anwendung.

Besonderheiten dieses Buches

Zahlreiche Wanderungen in diesem Buch sind ideal als **Zwei- oder Mehrtagestouren** geeignet, mit **Zeltübernachtung**(en) am Wendepunkt der Streckenwanderungen oder anderswo in Wegnähe. Das Allemansrätt, die schwedische Outdoorkultur, das *Friluftsliv*, sowie zahlreiche wunderschöne Zeltmöglichkeiten machen dies leicht möglich. Ein Paradebeispiel ist die Tour 4, Sandlågan – Balesudden (hin und zurück 12 km), mit einer herrlichen Zeltmöglichkeit mit Klo, Feuerstelle, Badestellen in Süß-/Salzwasser sowie Sandstrand und Sitzbank in Sör-Balesviken.

Die allermeisten Touren sind auch mit Gepäck sehr gut zu gehen. Einige Touren können sogar mit einer Hüttenübernachtung bereichert werden, z. B. Tour 22 (Sör-Lövvik – Halsviken über Valkallen) und 25 (Nipstugan-Jon-Nils-Berget-Rundweg), andere Touren führen an ArkNat Sheltern vorbei, die teilweise ebenfalls für – spartanische – Übernachtungen geeignet sind.

Weitwanderwege

In der Region Höga Kusten verlaufen mehrere Weitwanderwege, die mehrtägige Wandertouren ermöglichen.

Der **Höga kustenleden** ist unangefochten die Nr. 1 unter den Weitwanderwegen der Region. Der knapp 130 km lange Trekkingpfad erstreckt sich von der Mündung des Ångermanälven mit der imposanten Höga-Kusten-Brücke im Süden bis nach Örnsköldsvik im Norden. Er wird offiziell in 13 Etappen eingeteilt, die in beide Richtungen absolviert werden können. Der Höga kustenleden gilt als anspruchsvoller Weg mit zahlreichen Höhenmetern. Auf dem Weg erlaufen und erleben Wanderinnen und Wanderer die charakteristische Natur der Höga Kusten.

♦ weitere Informationen unter 💻 www.hogakusten.com/de/hogakustenleden

Der **Världarvsleden** verläuft über 100 km durch das Herz der Region Höga Kusten, welches als Welterbe der UNESCO ausgewiesen ist, daher der Name „Welterbeweg". Der Världarvsleden erschließt in 14 Etappen die wunderbaren

Landschaften, in denen sich Wasser und Land auf magische Weise verzahnen und spektakuläre Ausblicke und Naturerlebnisse ermöglichen.

- weitere Informationen unter www.hogakusten.com/de/varldsarvsleden

Der **Arnäsleden** ist einer der am leichtesten zu wandernden und familienfreundlichsten Wanderwege in der Region Höga Kusten. Er erstreckt sich über 70 km, eingeteilt in 8 Etappen, die durch ursprüngliche schwedische Kultur- und Naturlandschaften führen. Es handelt sich um einen Rundweg, der einen Kreis um die Gemeinde Arnäs beschreibt.

- Informationen unter www.hogakusten.com/de/arnasleden

Der **Urskogsleden** ist ein 48 km langer Wanderweg, der rund 30 km nördlich von Örnsköldsvik in Björna am Campingplatz beginnt. Er verläuft durch die Wälder Ångermanlands und dabei durch fünf Naturschutzgebiete mit Urwald (*urskog*) bzw. sehr altem, naturnahen Wald. Drei Wanderhütten liegen am Weg. Obwohl der Wanderweg 2008 instand gesetzt wurde, ist die Markierung streckenweise nicht ausreichend oder sie fehlt vollständig.

- Informationen zu diesem Wanderweg finden sich nur in schwedischer Sprache unter www.hogakusten.com/sv/urskogsleden und https://ettfriluftsliv.se/urskogsleden.

Updates

Der Conrad Stein Verlag veröffentlicht Updates zu diesem Buch, die direkt von der Autorin oder von den Lesern dieses Buches stammen. Sie finden diese auf der Verlagshomepage www.conrad-stein-verlag.de. Der abgebildete QR-Code führt Sie direkt dorthin.

GPS

Die GPS-Tracks zu den beschriebenen Wegen können Sie auf der Internetseite des Verlags (www.conrad-stein-verlag.de) herunterladen.

GPS *Grundlagen · Tourenplanung · Navigation* von Michael Hennemann, Conrad Stein Verlag, Basiswissen für draußen, ISBN 978-3-86686-769-7, ca. € 12,90, Neuauflage 2023

Schwedische Ostküste Nord

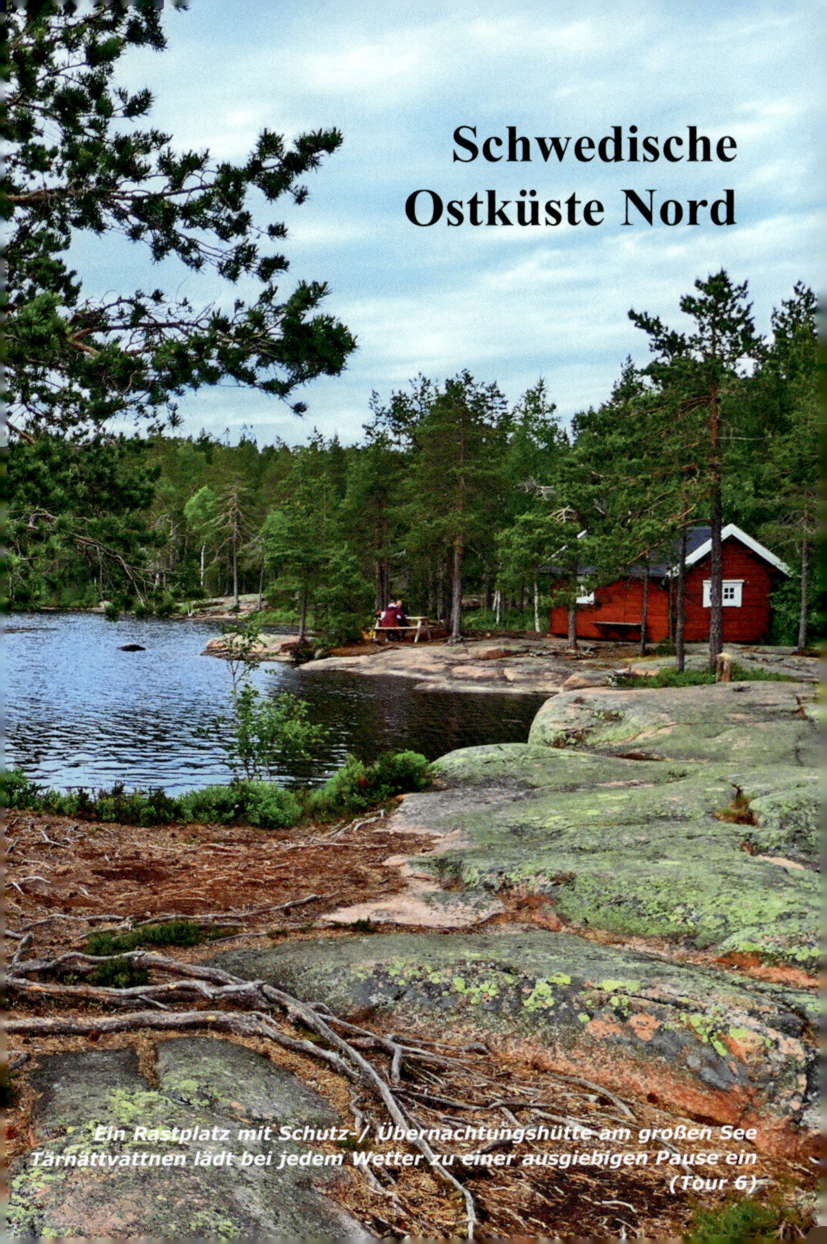

Ein Rastplatz mit Schutz-/ Übernachtungshütte am großen See Tärnättvattnen lädt bei jedem Wetter zu einer ausgiebigen Pause ein (Tour 6)

1 Gula Leden von Örnsköldsvik mit ArkNat Shelter A-Maze-Thing

Tour für Naturliebhaberinnen und -liebhaber sowie Architekturinteressierte

Diese Rundtour am Stadtrand von Örnsköldsvik ist leicht zu Fuß vom Stadtzentrum und vom Bahnhof aus erreichbar und lässt sich somit mit der Erkundung von Örnsköldsvik kombinieren. Der Gula Leden eignet sich für trittsichere Wandernde mit guter Grundkondition. Die Tour beinhaltet einige kurze, aber steile Auf- und Abstiege, dafür bietet sie tolle Ausblicke auf Örnsköldsvik und Umgebung und führt durch beeindruckende Felslandschaften und flechtenreiche Nadelwälder. Im Spätsommer sind die Blaubeeren reif, im Frühsommer blühen Siebenstern und Sumpf-Porst.

Die Wanderung eignet sich besonders gut als Halbtagestour mit fika (schwedisch für „(Kaffee-)Pause"). Das ArkNat Shelter A-Maze-Thing zeichnet sich durch seine architektonisch interessante Bauweise aus, es ist der beste Rastplatz der Tour, der gleichzeitig die beeindruckendste Aussicht bietet. Zum Ende der Tour liegen einige kleine, geheimnisvolle Höhlen am Weg. Wer dies mag, kann sich auch in eine Art Gipfelbuch eintragen.

- Start/Ziel: Hantverkaregatan Örnsköldsvik, GPS N 63°17.739‘ E 018°42.570‘
- 8,7 km
- 3 Std. 30 Min.
- ↑ ↓ 370 m/370 m
- ⇧ 53-209 m
- gelbe Raute, Zuweg: orangene Raute
- Felsen, Wald, sehr steinige und felsige Pfade, nicht befestigt. Auch die Abschnitte im Wald sind steinig und reich an Baumwurzeln. Z. T. steiles, felsiges Gelände und Blockfelder: technisch nicht schwierig, aber achtsame Fortbewegung wird empfohlen. Rutschgefahr bei Nässe!
- nicht direkt am Pfad, aber im Stadtzentrum (rund 0,5 km entfernt)
- Vier Rastplätze/Shelter/Schutzhütten liegen am Weg: Österåsberget (km 1,9), Himplamarka (km 3,1), ArkNat Shelter (km 3,5), Rastplatz am Gipfelbuch (km 5,9).
- nicht direkt am Pfad, aber im Stadtzentrum (rund 0,5 km entfernt)
- WC Klohäuschen (Plumpsklo) am zweiten Rastplatz (km 3,1)
- für ältere Kinder geeignet, wenn diese abenteuerlustig und an das Gehen auf Naturpfaden gewöhnt sind sowie kurze steile Auf- und Abstiege bewältigen können

🐕 für Hunde geeignet, sofern sie an das Gehen auf Naturpfaden gewöhnt sind, kein Trinkwasser über weite Wegabschnitte vorhanden

P Parkplätze in der Stadt, auch in den Straßen nahe dem Start/Ziel

🚆 Bahnhof in Örnsköldsvik

Die Tour startet im Stadtzentrum von Örnsköldsvik in der Hantverkaregatan.

Alternativ können Sie am Bahnhof von Örnsköldsvik starten. Von dort laufen Sie zunächst durch das Stadtzentrum in die Hantverkaregatan.

Vom Start in der Hantverkaregatan folgen Sie dem Zuweg zum Gula Leden, der mit einer **orangenen Raute** gekennzeichnet ist. Die orangene Raute führt Sie bereits nach 100 m an der kleinen Straße entlang auf einen Waldpfad. Sie folgen diesem und der Markierung durch Mischwald und hügeliges Gelände. Nach 1,2 km Wegstrecke, überwiegend bergauf, wird der Start-/Zielpunkt des Rundwegs des Gula Leden erreicht.

Ab hier dient das **Symbol der gelben Raute** an den Baumstämmen der Orientierung auf dieser Tour. Sie folgen der **gelben Markierung** und dem Pfad nach

Wegweiser für den Gula Leden und zurück ins Zentrum von Örnsköldsvik

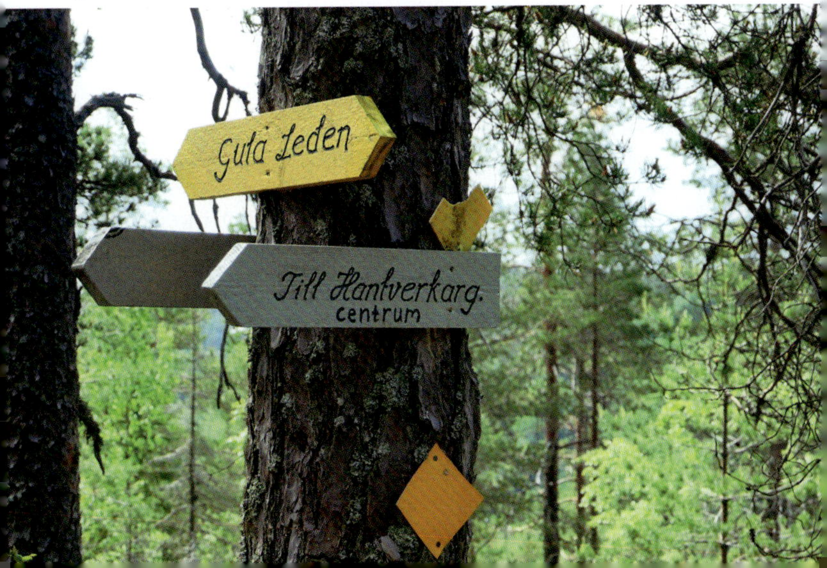

rechts (Westen). Es geht gleich wild los, der Pfad führt über Felsen und durch sehr lichten Kiefernwald, der auf den Felsen zusammen mit Flechten und niedrigen Pflanzen eher Vegetationsinseln als einen geschlossenen Wald bildet. Nach 580 m zweigt ein Pfad Richtung Glömdadalen (schwedisch für „das vergessene Tal") ab, diesen lassen Sie links liegen und folgen weiter dem gelb markierten Pfad. Das Gelände wird steil.

1,9 km (km 0,7 auf dem Gula Leden) nach dem Start ist der **Rastplatz** Österåsberget erreicht, der neben einer ersten tollen **Aussicht** eine überdachte Bank als Regenschutz bietet. Sie folgen weiter dem gelb markierten Pfad, das Gelände bleibt felsig und teilweise steil.

2,3 km nach dem Start zweigt der Gula Leden nach links ab ❶. Sie folgen diesem weiterhin.

Sie kommen an ein Klappersteinfeld (km 3). Dieses Wort bezeichnet fossile Steinfelder aus relativ großen, runden Steinen, die am Strand entstehen: durch die Kraft des Wassers und der Wellen werden die Steine zunächst rund geschliffen und dann von den Wellen bei Sturmereignissen an den Strand geworfen (☞ Infokasten Tour 8). Sie stehen hier also an einem sehr alten Strand, aufgrund der Landhebung nach der Eiszeit (☞ Einleitung) liegt dieses Klappersteinfeld nun rund 190 m über dem heutigen Meeresspiegelniveau! Eine Sensation, wenn man genauer darüber nachdenkt.

Achtung: Auf dem Klappersteinfeld besteht Rutsch- und Sturzgefahr.

Gleich nach dem Klappersteinfeld folgt ein kurzer, aber **steiler Aufstieg** über gewachsenen Fels.

Sie folgen weiter der **gelben Markierung**. Sie erreichen den zweiten **Rastplatz**, Himplamarka, mit Shelter und Klohäuschen (km 3,1). Wer noch nicht zu erschöpft ist, sollte weitere 400 m dem Gula Leden folgen. Hier erwartet Sie das **ArkNat Shelter** A-Maze-Thing ❷ (km 3,5) (☞ Unterkünfte und Standorte). Dieses interessante Holzbauwerk eignet sich hervorragend für eine ausgedehnte Pause. Bei gutem Wetter bietet es sonnige Sitzplätze und eine wunderbare Aussicht. Bei weniger schönem Wetter finden Sie dort geschützte Sitzplätze für die gemütliche *fika* (schwedisch für „(Kaffee-)Pause"). Auch nach dem ArkNat Shelter orientieren Sie sich weiterhin am Gula Leden mit der **gelben Markierung**. Es folgt ein weiterer kurzer, aber **steiler Aufstieg** über Felsen.

Sie folgen weiterhin dem **gelb markierten Pfad**, nicht dem orangenen markierten Abzweig (km 4). Sie laufen unter einer Stromleitung hindurch, hier ist der Boden teilweise moorig. Am Wegesrand blühen hier im Frühsommer der Sumpf-

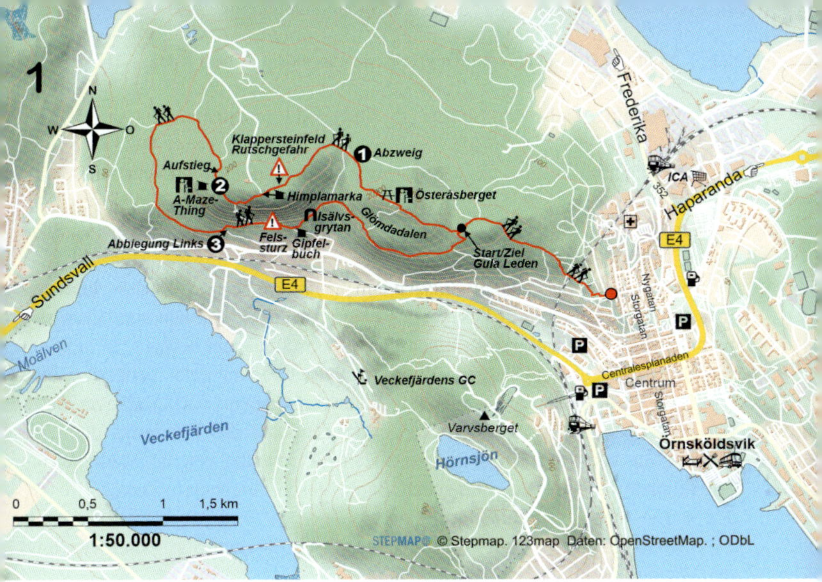

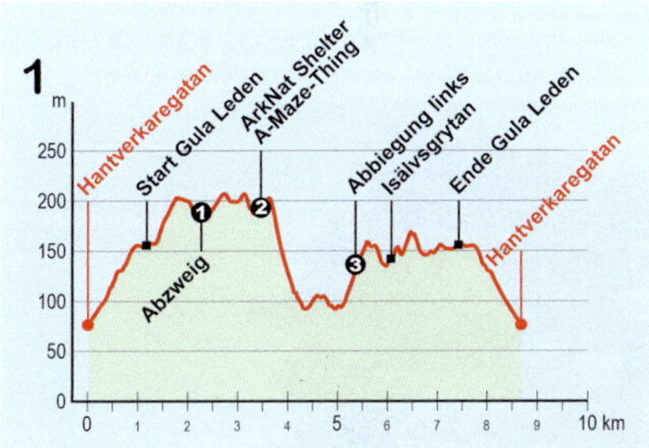

Post (*Ledum palustre*) sowie der Europäische Siebenstern (*Trientalis europaea*).

Auch an den folgenden Abzweigen bleiben Sie auf dem markierten Gula Leden.

Eine kurze **schlechte Wegstrecke** auf einem breiten Weg (km 4,8) erfordert Ihre Konzentration, denn auf einem kleinen Stück fehlt die Markierung: hier folgen Sie dem breiten Weg **bergab**, halten sich dann **links** (km 5,1) und folgen danach wieder der bekannten gelben Markierung.

Plötzlich biegt der Gula Leden **nach links** ab ❸ (km 5,4).

Es folgt zunächst ein kurzer **steiler Aufstieg** durch dichteren Fichtenwald, dann ein langer, aber sanfter Anstieg an einer steilen, schroffen Felswand entlang.

Bald quert Ihr gelb markierter Pfad einen alten Felsabsturz, ein großes **Steinfeld** (km 5,7).

Achtung: Es besteht Sturzgefahr aufgrund loser Steine.

Der Weg führt Sie zum vierten **Rastplatz** mit einer überdachten Bank (km 5,9). Oberhalb des kleinen Shelters befindet sich auch ein **Gäste-/Gipfelbuch**.

Bereits nach 200 m folgt ein weiterer Höhepunkt, die kleine Isälvsgrytan (km 6,1).

Sie wandern weiter auf dem **Gula Leden**, er führt Sie erneut durch Fichtenwald und Felsen ragen auf Ihrer linken Seite empor. Rechts von Ihnen erstrecken sich mehrere (Fels-)Blockfelder, auch hier laufen Sie weiter leicht bergauf. Sie ignorieren den Abzweig Glömdadalen und folgen weiter dem **gelb markierten Pfad** (km 6,6). Sie absolvieren einen letzten **steilen Aufstieg** (km 7,2). Nachdem dieser bewältigt ist, erreichen Sie den **Start- und Zielpunkt des Rundwegs** des Gula Leden. Nun kann der **Rückweg** in die Hantverkaregatan und ins Stadtzentrum erneut über den mit der **orangenen Raute** gekennzeichneten Zuweg (weitere 1,2 km) in Angriff genommen werden.

Nach insgesamt 8,7 km Wegstrecke erreichen Sie den Start- und Zielpunkt der Wanderung in der Hantverkaregatan.

Sie genießen Ausblicke über die hügelige Landschaft und die Själevadsfjärden, an der Örnsköldsvik liegt

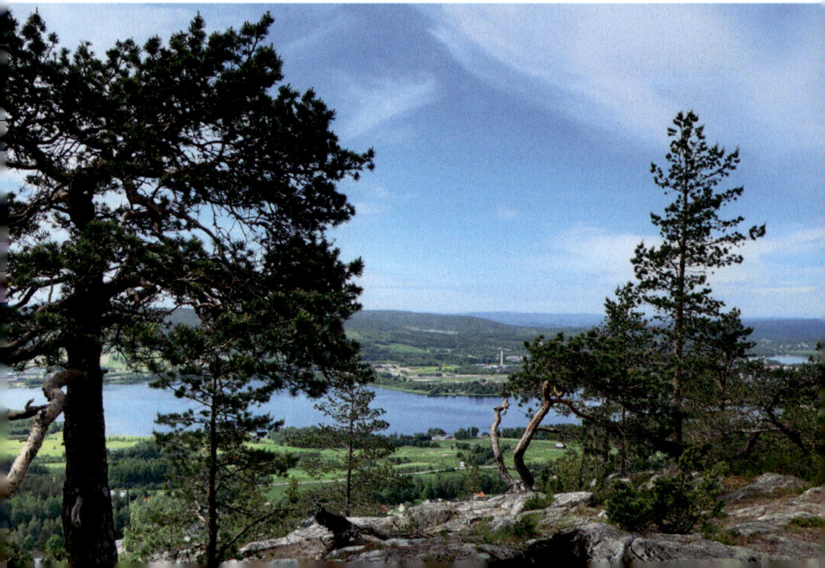

❷ Ögeltjärn-Bergtjärnsberget-Rundweg

Tour für alle, insbesondere für Fans von Natur und Genusswanderinnen und -wanderer

Eine einfache, sehr schöne Rundtour bei Gullvik mit den bewährten Ingredienzien: herrliche Aussichten über das Meer, schroffe Felslandschaften und verschiedene Waldtypen. Die Wanderung hier ist die Genießervariante: nicht zu lang und ***ohne*** *steile Anstiege oder Felskraxeleien. Zudem laden gemütliche Rastplätze zu ausgedehnten Pausen ein. Im Sommer können insbesondere in der Umgebung des Ögeltjärn zahlreiche besondere Pflanzenarten entdeckt werden.*

Start/Ziel: Parkplatz an der Straße Tallstigen bei Gullvik, GPS N 63°12.471' E 018°48.549'

8 km

3 Std.

324 m/324 m

0-110 m

orangene Punkte, blaue Wegweiser

Waldwege und -pfade (z. T. breit und befestigt, z. T. mit Wurzeln und Steinen), Fels, Schotterstraße

keine

Vier Rastplätze/Shelter liegen am Weg: am Ögeltjärnsberget (km 1,4), Rastplatz mit Feuerstelle und Shelter am See Ögeltjärn (km 2,2), Sitzbank mit Aussicht (km 4), Rastplatz Bergtjärnsberget (km 5,2).

WC Klohäuschen (Plumpsklo) am Ögeltjärnsberget (km 1,4), am See Ögeltjärn (km 2,2)

Die gesamte Tour ist für ältere Kinder gut geeignet.

Für Hunde sehr gut geeignet, Trinkwasserstellen am See vorhanden (km 2,2), kurze Abschnitte über Fels und Schotterstraßen. Hunde müssen in Ögeltjärns naturreservat an der Leine geführt werden.

P am Start der Wanderung an der Straße Tallstigen, Parkplatz Ögeltjärns naturreservat

Alternativen: In Ögeltjärns naturreservat sind kurze, sehr leichte Wanderungen beispielsweise zum Ögeltjärn oder zum Ögeltjärnsberget möglich. Die Hauptwege sind für Kinder aller Altersstufen geeignet, da sie sehr einfach zu gehen sind, auf den Hauptwegen können auch Kinderwagen, Buggys und Bollerwagen mit größeren Rädern fahren – ideal für Familien mit kleinen Kindern oder für kurze Entdeckungstouren.

Von dem kleinen Parkplatz Ögeltjärns naturreservat folgen Sie den **blauen Wegweisern** Richtung Ögeltjärnsberget und Ögeltjärn. Sie orientieren sich an der orangenen Markierung, ein gut ausgebauter Wanderweg führt Sie in lichten Kiefernwald hinein.

Nach 700 m Wegstrecke biegen Sie **nach links** ab ❶ und folgen dem Wegweiser Richtung Ögeltjärnsberget bergauf. An der folgenden Wegkreuzung (km 1) gehen Sie geradeaus (leicht links) Richtung Ögeltjärnsberget, der orangenen Markierung folgend wandern Sie nun durch Fichtenwald, z. T. über Holzstege. Kurz darauf wird der Pfad sehr felsig (km 1,2).

Achtung: Rutschgefahr bei Nässe auf Holzstegen und Felsen!

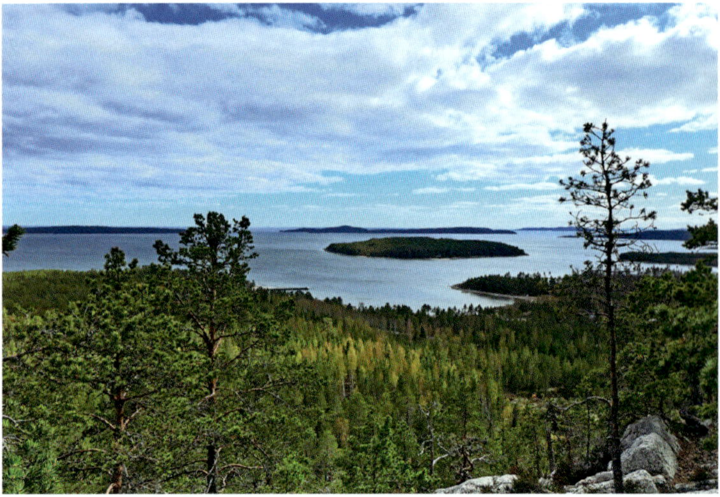

Wunderschöne Aussicht vom Ögeltjärnsberget

Nach 1,3 km Wegstrecke ist der **Ögeltjärnsberget** erreicht. Neben einer sehr schönen **Aussicht** über Meer und Küste steht Ihnen hier ein **Rastplatz** mit Shelter, Feuerstelle, Tisch-Bank-Kombinationen sowie Klohäuschen (Plumpsklo) zur Verfügung.

Anschließend gehen Sie 400 m zurück zum letzten Wegweiser (km 1,7).

An diesem angekommen gehen Sie nun **geradeaus** weiter Richtung Ögeltjärn. Sie folgen der orangenen Markierung durch Fichtenwald. Es folgt ein kurzer, recht

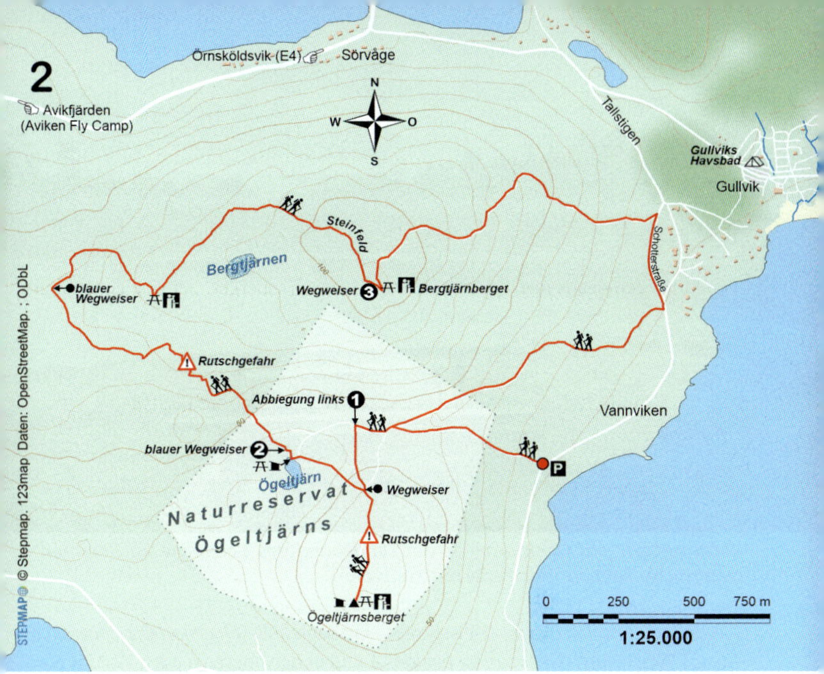

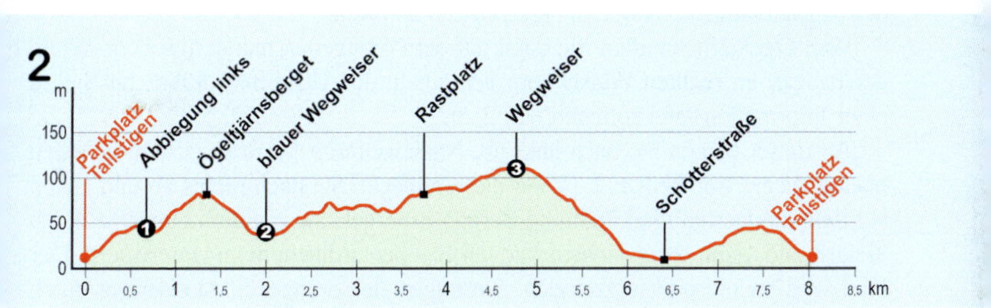

steiler Abstieg über einen Pfad mit zahlreichen Wurzeln und Steinen. Hier ist kurzzeitig erhöhte Aufmerksamkeit empfehlenswert, insbesondere bei Nässe besteht Rutschgefahr. Sie halten sich an die orangene Markierung bis zum **See Ögeltjärn**, den Sie nach 2 km Wegstrecke erreichen. Dieser idyllische Ort lädt zum Verweilen ein, eine Bank steht unmittelbar am See, der ⩩ **Rastplatz** hält außerdem ein Shelter, eine Feuerstelle, Tisch-Bank-Kombinationen sowie ein Klohäuschen (Plumpsklo) bereit. Während der Sommermonate können in der Umgebung des Sees mehrere Orchideenarten entdeckt werden, z. B. Großes

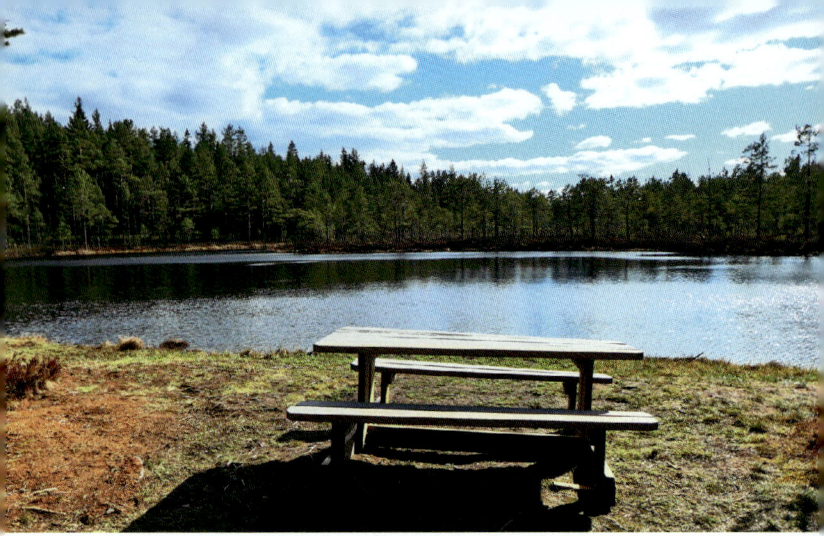

Picknickbank am Ögeltjärn – in der Umgebung des Sees sind im Sommer zahlreiche seltene Pflanzenarten zu finden

Zweiblatt (*Listera ovata*), Fleischrotes Knabenkraut (*Dactylorhiza incarnata*), Sumpf-Weichwurz (*Hammarbya paludosa*) und in den angrenzenden Waldbeständen sogar Blattloser Widerbart (*Epipogium aphyllum*).

Vom Ögeltjärn wandern Sie dann auf dem orangenen markierten Weg weiter, der nahezu **im rechten Winkel** vom See aus in den Wald hineinführt, bis Sie zu einer Informationstafel kommen (km 2,1).

An dieser biegen Sie **nach links** ab. Nach weiteren 50 m erreichen Sie einen blauen Wegweiser ❷ (km 2,1). An diesem biegen Sie **nach rechts** ab und laufen auf dem markierten Pfad Richtung Bergtjärnsberget. Sie wandern zunächst durch Kiefernwald, dann durch Fichtenwald mit Blaubeersträuchern im Unterwuchs. Der Pfad wird steinig und wurzelreich. Sie folgen der orangenen Markierung durch den Fichtenwald. Über feuchte Wegstellen führen Holzstege, die bei Nässe sehr rutschig sein können. Sie erreichen eine große **Kahlschlagfläche** (km 2,8) und orientieren sich weiter an der orangenen Markierung, die sich nun an abgesägten Baumstämmen befindet.

Nach 3,2 km Wegstrecke erreichen Sie einen **blauen Wegweiser**, an dem Sie **nach rechts** Richtung Bergtjärnsberget abbiegen. Die orangene Markierung führt Sie zunächst weiter über die Kahlschlagfläche, dann wird das Gelände felsig (km 3,4). Felsen und Felsen-Kiefern-Wald mit dichten Flechtenteppichen dominieren nun die Landschaft.

3,7 km nach dem Start wartet ein kleiner ⛼ **Rastplatz** auf Sie, eine Tisch-Bank-Kombination mit wunderbarer Aussicht in herrlicher Felslandschaft. Felsen, so weit das Auge reicht, dazu der charakteristische Felsen-Kiefern-Wald mit Heidekraut und Flechten im Unterwuchs – dies ist genau der richtige Ort für eine ausgiebige Pause. Danach folgen Sie der orangenen Markierung weiter über die Felsen. Wenig später (km 4) steht ein altes, blaues Schild mit der Aufschrift „**Bergtjärn**" am Wegesrand – ein See ist hier allerdings nicht zu erkennen, vermutlich ist der Bergtjärn vermoort und auf der ehemaligen Seefläche wächst nun junger Kiefernwald mit Heidekraut. Nun folgen Sie dem **verblichenen Wegweiser** Richtung Gullvik, die orangene Markierung ist gut erkennbar. Der Pfad führt weiter über Felsen und durch lichten Kiefernwald. Bei km 4,6 befindet sich ein flechtenüberwachsenes **Steinfeld** links vom Pfad, die orangene Markierung weist Ihnen weiterhin den Weg. Kurz darauf (km 4,8) erreichen Sie zunächst einen **Wegweiser** ❸, dann den ⛼ **Rastplatz Bergtjärsnberget**, eine Tisch-Bank-Kombination mit fantastischer Aussicht über das Meer und die wilde Küste. Sie folgen der orangenen Markierung und biegen **nach links** ab Richtung Gullvik. Der Pfad führt durch Felsen-Kiefern-Wald bergab.

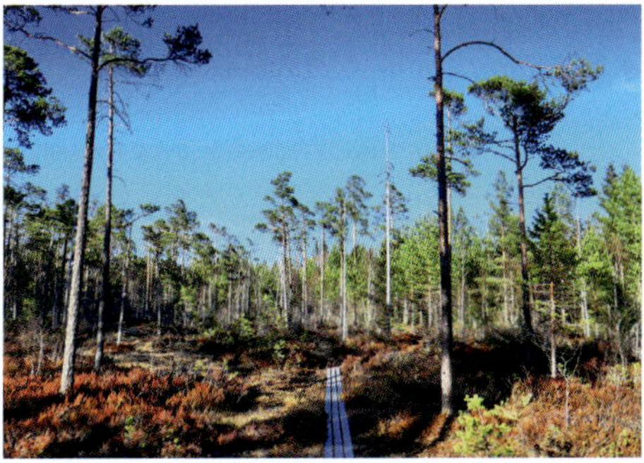

Der Rundweg führt Sie immer wieder durch lichten Kiefernwald mit Heidekraut

Unten auf tiefgründigem Boden angekommen ist der Kiefernwald dunklem Fichtenwald gewichen (km 5,8). Der Weg führt auf **Holzstegen** über ein Moor (km 5,9), hier können Torfmoose, Rosmarinheide (*Andromeda polifolia*) und Moosbeere (*Vaccinium oxycoccos*) bewundert werden. Die orangene Markierung führt Sie bis zu einer **Schotterstraße** (km 6,1). An dieser biegen Sie **nach rechts** ab. Sie folgen der Schotterstraße für gut 350 m (km 6,5), dann biegen Sie an einem blauen Wegweiser **nach rechts** ab und folgen der orangenen Markierung Richtung Ögeltjärn. An der nächsten Weggabelung (km 6,8) halten Sie sich links, der Weg führt Sie erneut durch Kiefernwald. Am folgenden blauen **Wegweiser** (km 7,5) biegen Sie scharf **nach links** ab Richtung Parkplatz Tallstigen. Sie folgen der orangenen Markierung für die letzten rund 500 m bis zum Ausgangspunkt der Wanderung.

③ Lotsstigen: Stubbsand – Skeppsmalen mit Tennudden

Tour für Fans von Natur, Badebegeisterte und Genusswanderinnen und -wanderer

Auf dieser Wanderung gibt es besonders viel raue Küstennatur zu entdecken – die Landzunge Tennudden ist eine wilde, ungezähmte Felsküste, die z. T. weglos erwandert wird. Die übrige Wanderung ist leicht zu bewältigen und bietet Bademöglichkeiten und wunderbare Aussichten über das Meer. Am Ziel der einfachen Wegstrecke warten im Hochsommer ein Restaurant und ein Surströmmings-Museum sowie ein idyllischer kleiner Hafen als Höhepunkte der Tour.

⇆ Start/Ziel: Stubbsand, GPS N 63°12.942' E 018°57.816'

12,7 km

4 Std. 30 Min.

↑↓ 370m/370m

⇧ 0-24 m

rote Bakensymbole, Wegweiser, blaue Markierungen, z. T. unmarkiert

Fels, Sand, Schotterstraßen, steinige und wurzelreiche Waldwege/-pfade, unbefestigter Wegabschnitt über Felsen auf Tennudden. Z. T. sehr felsiges Gelände: technisch nicht schwierig, aber achtsame Fortbewegung wird empfohlen. Felsen können bei Nässe sehr glatt sein.

am Ziel der einfachen Wegstrecke in Skeppsmalen (km 7,4)

Acht Rastplätze/Shelter liegen am Weg: auf Tennudden (km 0,4, km 0,9, km 1,2 und km 1,4), am Lotsstigen (km 3,9/km 10,4), am Vårdkasberget (km 5,3), Aussichtspunkt Vårdkasberget (km 5,5) und am Ziel der einfachen Wegstrecke in Skeppsmalen (km 7,4).

WC WC am Parkplatz am Ziel der einfachen Wegstrecke in Skeppsmalen (km 7,4), nur im Hochsommer geöffnet

Bademöglichkeit in der Sandbucht (km 2,5/km 11,8) und am Sandstrand (km 3,6/km 10,6)

Die Tour ist lang, aber technisch nicht anspruchsvoll, daher für ältere Kinder geeignet.

für Hunde geeignet, allerdings längere Abschnitte über Schotterstraßen sowie Felsen, kein Trinkwasser über weite Wegabschnitte vorhanden

P direkt am Start in Stubbsand, nur für ein bis zwei Pkw, sowie am Ziel der einfachen Wegstrecke in Skeppsmalen

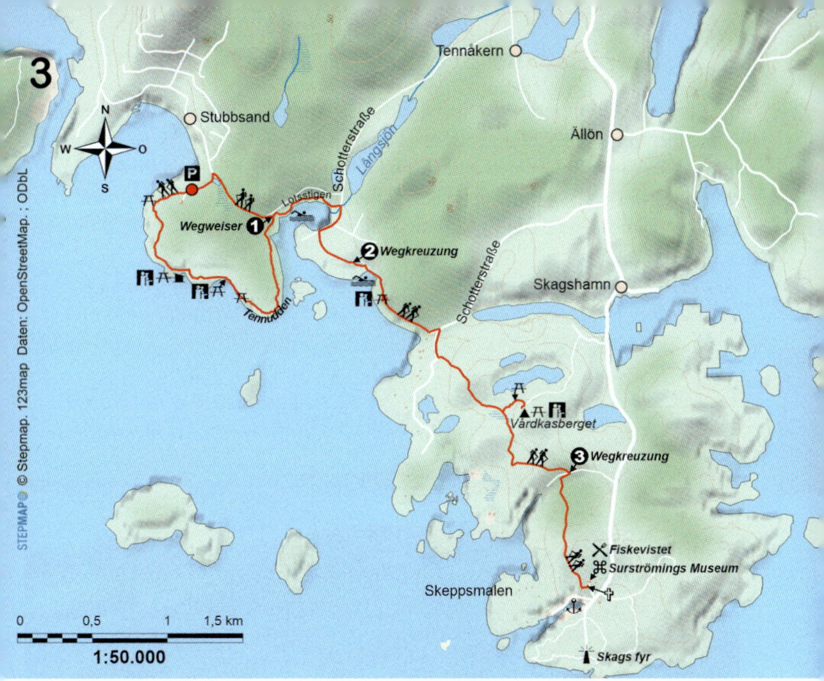

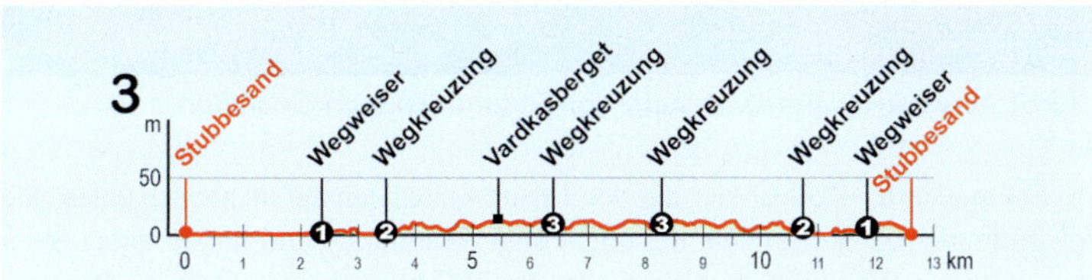

☺ Skeppsmalen ist ein beliebtes Ausflugsziel, ein pittoresker Fischereihafen in wunderschöner Landschaft und zu jeder Jahreszeit einen Besuch wert. Hier starten zahlreiche lokale Wanderwege, z. B. zum Leuchtturm Skags fyr,
💻 www.fiskevistet.se/omradet.

Diese Tour startet südlich von Stubbsand, am Ende der Straße mit Parkmöglichkeit für ein bis zwei Pkw. Sie gehen zunächst geradeaus Richtung Grundstück Stubbsand 365, nach 20 m folgen Sie dem **Wegweiser** Richtung Labyrint **nach rechts**. Sie wandern zunächst auf einem Pfad im küstennahen Kiefernwald, aber bereits nach 200 m erreichen Sie offene Felslandschaft. Sie laufen über die Felsen in Gehrichtung weiter und genießen die herrliche Landschaft: die Felsen reichen bis ins Meer hinein, Flechten und kleine Kiefern trotzen Wind und Wetter auf diesem unwirtlichen Standort, der Blick zurück auf die Bucht von Stubbsand zeigt dagegen eine sanftere Landschaft mit Sandstrand und Ferienhäusern.

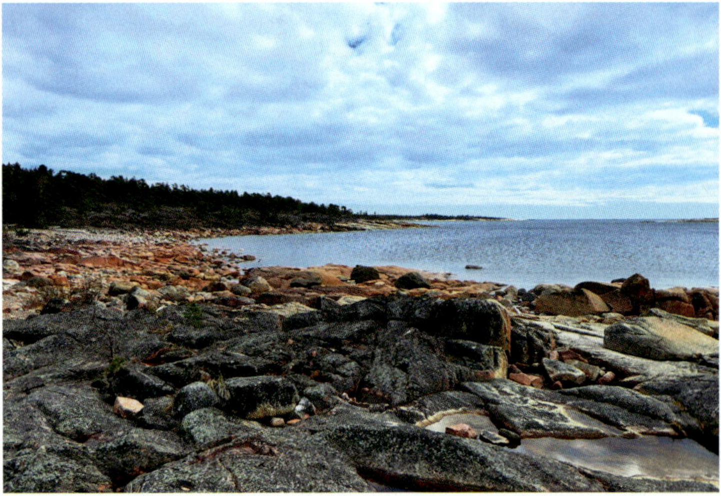

Herrliche wilde Küstenlandschaft auf Tennudden zum Genießen

Ein markierter Pfad ist hier auf den Felsen weitestgehend nicht vorhanden, Sie folgen immer der Küstenlinie der Landzunge Tennudden und finden dabei Ihren ganz eigenen Weg über die Felsen. Bereits 400 m nach dem Start ist der erste **Rastplatz** erreicht, eine Tisch-Bank-Kombination mit Aussicht aufs Wasser. Sie folgen weiter pfadlos der Küstenlinie der Udde über die Felsen, Verlaufen ist hier unmöglich. Nach 800 m Wegstrecke passieren Sie einen sehr steinigen Strand. Immer an der Küstenlinie entlang erreichen Sie bald darauf den zweiten **Rastplatz** (km 0,9) mit Shelter, Bänken, Feuerstelle und wunderbarer Aussicht über das Meer und die felsige Küste. Sie folgen weiterhin der Küstenlinie und erreichen schnell den nächsten **Rastplatz** (km 1,2) mit Tisch-Bank-Kombination, Feuerstelle und wieder einer herrlichen Aussicht übers Wasser. Dies ist eine Landschaft zum Genießen: die rauen Felsen, der Blick über das weite Meer, die Ursprünglichkeit und Ungezähmtheit der Natur.

Sie folgen weiter der Küstenlinie und erreichen einen weiteren ⛼ **Rastplatz** (km 1,4), eine Tisch-Bank-Kombination direkt am Wasser. Anschließend halten sich zunächst weiter an die Küstenlinie. Ab etwa km 1,8 sind **blaue Markierungen** und ein Pfad zu finden, an denen Sie sich nun orientieren. Zunächst bleibt der Weg sehr felsig, aber Sie tauchen nun in schütteren Felsen-Kiefern-Wald ein, der Windschutz und neue Eindrücke bietet. Sie folgen dem Pfad und der blauen Markierung hinunter von der Landzunge Tennudden und erreichen bald darauf eine Kahlschlagfläche (km 2,2). Der Pfad ist nun gut erkennbar. Sie erreichen den ersten **Wegweiser** des Lotsstigen ❶ (km 2,3). Sie biegen **nach rechts** ab und folgen ab hier dem **Lotsstigen**, der durch ein **rotes Bakensymbol** gekennzeichnet ist. Nach weiteren 50 m biegen Sie erneut **nach rechts** ab (km 2,4) und folgen weiter dem Lotsstigen. Direkt darauf gelangen Sie an einen kleinen Sandstrand (km 2,5), eine perfekte **Bademöglichkeit**.

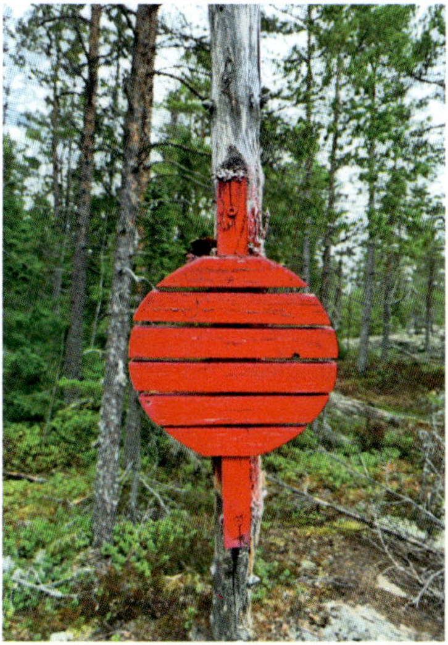

Die Wegmarkierung des Lotsstigen, rote Baken-Symbole

Sie folgen dem roten Bakensymbol und laufen Richtung Osten. Das Meer begleitet Sie rechter Hand, links passieren Sie zunächst eine weitere Rodungsfläche. Die Orientierung an dem roten Bakensymbol des Lotsstigen funktioniert sehr gut.

Nach 2,9 km Wegstrecke erreichen Sie eine **Schotterstraße**, an der Sie nach rechts abbiegen. Sie folgen dem Lotsstigen geradeaus auf der Straße (km 3). Bei km 3,1 biegen Sie nach links ab und Sie folgen der Schotterstraße und dem roten Bakensymbol zwischen Sommerhäusern entlang. Bald darauf erreichen Sie eine **Wegkreuzung** ❷ (km 3,5), an der Sie **nach rechts** abbiegen. Sie laufen weiter auf dem Lotsstigen durch strandnahen Wald. Eine weitere verlockende **Bademöglichkeit** in einer wunderschönen Sandbucht mit einem richtigen Sandstand erwartet Sie bei km 3,6.

Nach dem Strand folgen Sie weiter dem roten Bakensymbol, nun wieder an Felsen entlang über einen steinigen Pfad. Schnell ist ein weiterer ⛼ **Rastplatz** (km 3,9) erreicht, eine Tisch-Bank-Kombination mit Feuerstelle und toller Aussicht über das Meer. Der Lotsstigen führt Sie nun durch Felsen-Kiefern-Wald mit dichten Flechtenteppichen im Unterwuchs, bis der Pfad erneut auf eine **Schotterstraße** trifft (km 4,4). Sie biegen an der Straße **nach rechts** ab Richtung Skeppsmalen. Bereits 200 m weiter (km 4,6) biegt der Lotsstigen **nach links** ab und führt Sie nun durch jungen Kiefernwald. Kurz darauf kommen Sie an einen Wegweiser (km 5,2), der einen Abstecher zum **Aussichtspunkt** Vårdkasberget ausweist. Sie folgen dem Pfad über Felsen hinauf zum Aussichtsberg. Bei Nässe besteht Rutschgefahr auf den Felsen. Bereits nach 100 m ist ein **Rastplatz** mit einer Tisch-Bank-Kombination erreicht. Oben angekommen wartet nicht nur eine herrliche **Aussicht**, sondern auch ein weiterer **Rastplatz** mit Picknickbank und Feuerstelle.

Nach dem Abstieg folgen Sie zurück am Wegweiser dem Lotsstigen **nach links**. Das rote Bakensymbol führt Sie kurzzeitig unter einer Stromleitung entlang, dann durch Felsen-Kiefern-Wald, bis der Lotsstigen erneut auf einen Schotterweg trifft (km 5,9). Sie biegen nach links ab und wandern auf dem Schotterweg weiter (km 6) durch Felsen-Kiefern-Wald. An der folgenden **Wegkreuzung** ❸ (km 6,5) biegen Sie **nach rechts** ab und bereits 75 m weiter biegen Sie **nach links** ab. Sie folgen immer dem roten Bakensymbol des Lotsstigen. Nach weiteren 550 m biegen Sie erneut **nach links** ab und folgen dem Lotsstigen unter einer Stromleitung entlang und durch Felsen-Kiefern-Wald. Kurz darauf ist **Skeppsmalen,** das **Ziel** der einfachen Wegstrecke erreicht, ein idyllischer, kleiner Hafen mit dem Restaurant Fiskevistet, dem ⌘ Surströmmings-Museum, einem Rastplatz und Kinderspielplatz, Fischerhütten und einer kleinen Kirche.

Fiskevistet, Skagsudde, Skeppsmalen, +46 (0)76/130 98 53 oder + 46 (0)76/232 68 17, www.fiskevistet.se/fiskevistet, Anfang Juni bis Ende August Montag bis Donnerstag 12:00-18:00, Freitag & Wochenende 11:00-20:00

⌘ Surströmmings-Museum, Skagsudde, Skeppsmalen
+46 (0)70/277 04 56, www.fiskevistet.se/museet, Öffnungszeiten entsprechen denen des Restaurants

Surströmming

Surströmming (= „saurer Hering") bezeichnet in der schwedischen Sprache eine vergorene Fischspezialität mit fauligem Geruch. Hergestellt wird Surströmming an der norrländischen Küste durch Einlegen von Ostseeheringen in einer Salzlake, in der der Gärungsprozess beginnt. Wird der Fisch in Dosen verpackt, wird die

Gärung dort fortgesetzt und die Konserve wölbt sich aufgrund der entstehenden Gase. Surströmming stammt ursprünglich aus Norwegen und wurde in früheren Zeiten als haltbarer Proviant geschätzt. Heute werden „Surströmming Challenges" (das Essen des Fisches) in YouTube-Videos dokumentiert.

☺ Von Skeppsmalen starten weitere zahlreiche Wandermöglichkeiten, z. B. zum Leuchtturm Skags fyr.

Der Rückweg verläuft vollständig über den Lotsstigen ohne den Abstecher über Tennudden und ist 5,2 km lang. Von Skeppsmalen folgen Sie dem Hinweg zurück bis zum Wegweiser des Lotsstigen ❶. Hier folgen Sie weiter dem Lotsstigen **geradeaus**. Am **Wegweiser** bei km 12,4 biegen Sie **nach links** ab Richtung Labyrint – hier **verlassen** Sie den Lotsstigen und folgen der **Schotterstraße** bis zum Ausgangspunkt der Wanderung.

Ankunft im idyllischen Skeppsmalen

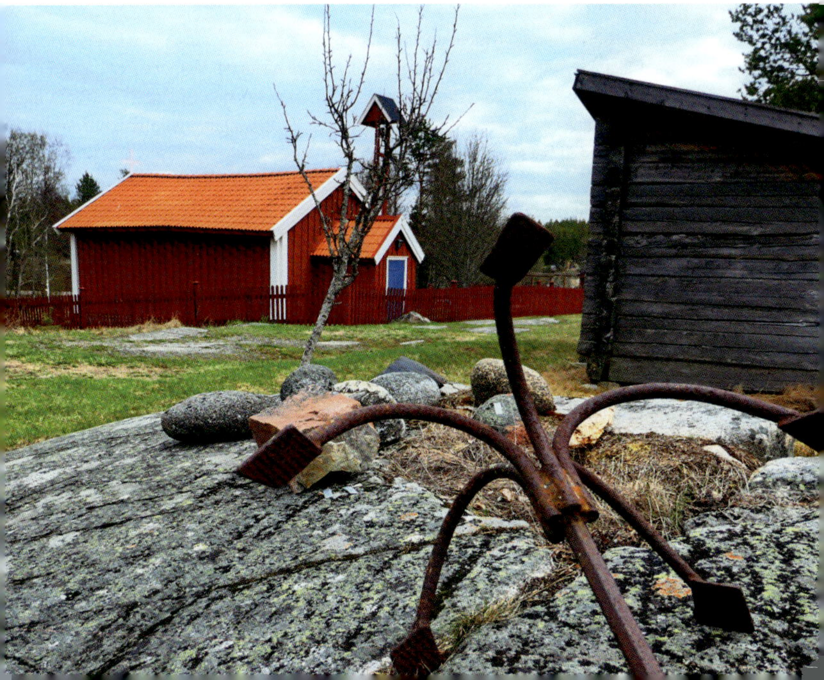

④ Sandlågan – Balesudden

Tour für Fans von Natur,
Fotografinnen und Fotografen sowie Badebegeisterte

Diese Wanderung führt Sie in ein ganz besonderes Naturschutzgebiet, eine felsige Landzunge, die weit ins Meer hineinragt. Großartige Aussichten und ein Eindruck von Wildnis – nichts als rote Felsen und Wasser umgeben Sie am Ziel dieser Tour. Teile des Kiefernwaldes auf den Felsen wurden durch einen Brand zerstört – erleben Sie die Urkraft, mit der ein neuer Wald auf diesem kargen Standort entsteht.

⇆ Start/Ziel: Parkplatz Sandlågan, GPS N 63°12.067' E 018°42.104'

12,1 km

5 Std.

↑↓ 451 m/451 m

⇧ 0-117 m

orangene Markierung (Höga kustenleden) und blaue Markierung (Pfad Balesudden)

Sehr steinige, wurzelreiche Waldwege/-pfade, unbefestigter Wegabschnitt über Felsen zum Aussichtspunkt Balesudden. Z. T. sehr felsiges Gelände und Blockfelder: technisch nicht schwierig, aber achtsame Fortbewegung wird empfohlen. Die Felsen können bei Nässe sehr glatt sein.

keine

Drei Rastplätze/Shelter liegen am Weg: Shelter am Strand (km 0,6/km 11,5), Schutzhütte Bodviken (km 2,5/km 9,6), Rastplatz Balesudden (km 3,9/km 8,2).

trinkbares Wasser in zwei Bächen (km 2,1 und km 2,4) und im Balestjärn (km 4,2/km 7,9) (☞ Reise-Infos)

WC Klohäuschen (Plumpsklo): am Shelter am Strand (km 0,6/km 11,5), bei der Schutzhütte Bodviken (km 2,5/km 9,6), am Rastplatz Balesudden (km 3,9/km 8,2)

Bademöglichkeit in Balesudden (km 3,9/km 8,2) und am Balestjärn (km 4,2/km 7,9)

Die Tour ist lang, da sie hin- und zurückgegangen werden muss, und z. T. anspruchsvoll sowie felsig, daher für Kinder ungeeignet. Variante: Eine gute Variante für Kinder ist, bis zur Hütte Bodviken (km 2,5/km 9,6) und von dort zurückzuwandern, mit einer Übernachtung in der Hütte.

Für Hunde bedingt geeignet, allerdings längere Abschnitte über Felsen. Kein Trinkwasser über weite Wegabschnitte vorhanden. Hunde müssen in Balesuddens naturreservat an der Leine geführt werden.

P in Sandlågan, direkt am Start der Wanderung

☺ Als Zweitagestour mit Zelt wanderbar! Eine herrliche Zeltmöglichkeit mit Klohäuschen und Badestrand gibt es am Rastplatz Balesudden (km 3,9/km 8,2) und in nur 300 m Entfernung befindet sich eine weitere Badestelle in einem (Süßwasser)See, dem Balestjärn, aus dem auch Trinkwasser entnommen werden kann (auf eigene Gefahr). Die Wanderung kann auch als Zweitagestour mit Hüttenübernachtung in der Hütte Bodviken (km 2,5/km 9,6) durchgeführt werden. Die Hütte kann nicht reserviert werden, hat eine sehr einfache Ausstattung und ist kostenfrei nutzbar.

Diese Tour startet am Parkplatz Sandlågan/Balesuddens naturreservat. Sie folgen der orangenen Markierung des Höga kustenleden und dem Pfad Richtung Naturreservat und Strand. Auf dem Weg zum Strand überqueren Sie eine Kahlschlagfläche. Bereits nach 600 m ist der erste **Rastplatz** mit Shelter, Bänken, Feuerstelle und Klohäuschen (Plumpsklo) am Strand erreicht. Nachdem Sie den Rastplatz passiert haben, folgen Sie der **orangenen Markierung** leicht bergauf. Der Pfad verläuft durch den Wald oberhalb des Strandes. Er führt ein Stück bergauf und quert den Rand eines Moores auf Holzstegen (km 1,1), dann werden Sie über Felsen und in den lichten Felsen-Kiefern-Wald hineingeleitet. Es ist wunderschön hier, Sie können die Ausblicke über das weite Meer und die felsige Küste und bei warmem Wetter den Duft des Kiefernharzes genießen.

Die Landzunge Balesudden mit ihrer fantastischen, wilden Felslandschaft

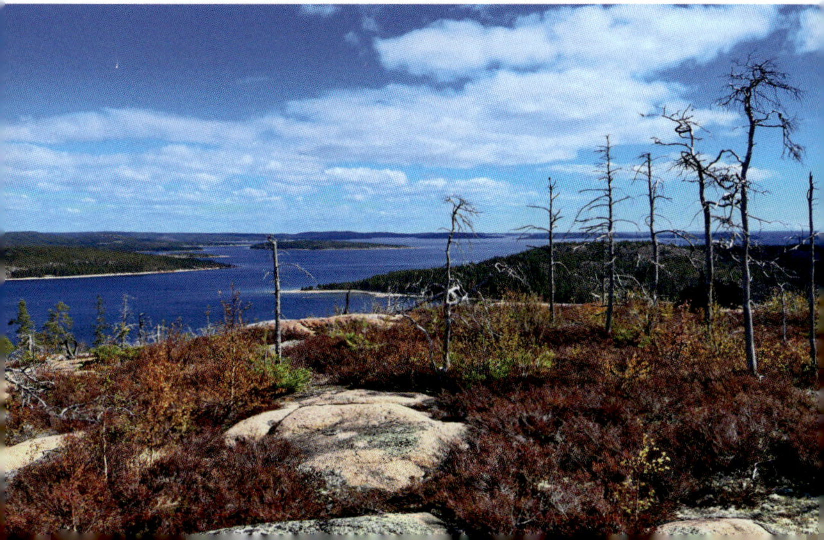

Die orangene Markierung auf den Felsen ist hier undeutlich und leicht zu verlieren (km 1,2 bis km 1,5).

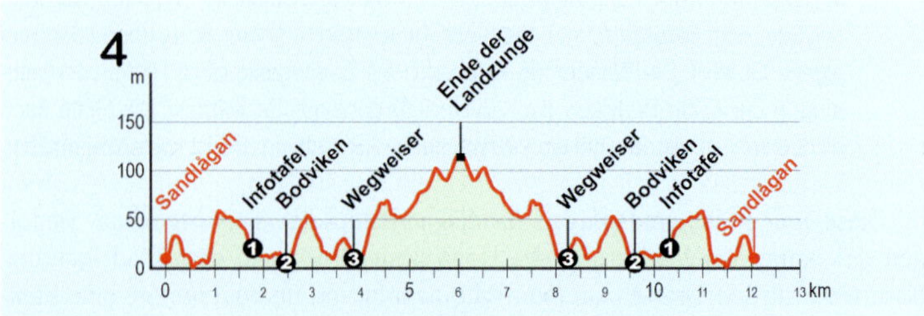

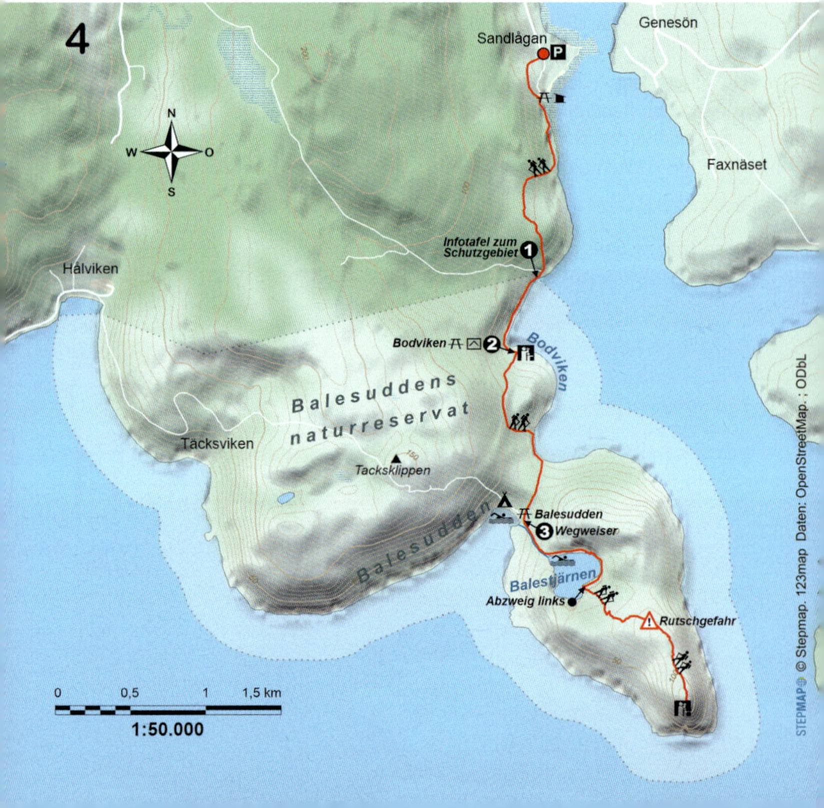

Dann taucht der Pfad für kurze Zeit in einen Birken-Fichten-Wald ein (km 1,5), er führt zum Strand hinunter und ist hier sehr steinig. Nach 1,8 km Wegstrecke ist die Grenze des Naturreservats Balesudden erreicht, hier befindet sich eine **Informationstafel** zum Schutzgebiet ❶. Sie folgen weiterhin der orangenen Markierung, der Pfad führt Sie durch den Wald direkt oberhalb des Strandes und auf einer kleinen Holzbrücke über einen Bach. 2,5 km nach dem Start erreichen Sie die Bucht **Bodviken** ❷ mit einer ⌂ **Schutz-/Übernachtungshütte**, einem ⩚ **Rastplatz** mit Feuerstelle, Tischen und Bänken, einem Klohäuschen (Plumpsklo) und einer wunderschönen Aussicht über das Meer mit seinen bewaldeten Buchten. Bodviken ist ein ideales Ziel für eine Tour für Familien mit Kindern, vielleicht sogar mit einer Übernachtung in der Hütte oder im Zelt an diesem märchenhaften Ort.

Kleiner aber feiner Sandstrand mit der Schutz-/ Übernachtungshütte Bodviken im Hintergrund

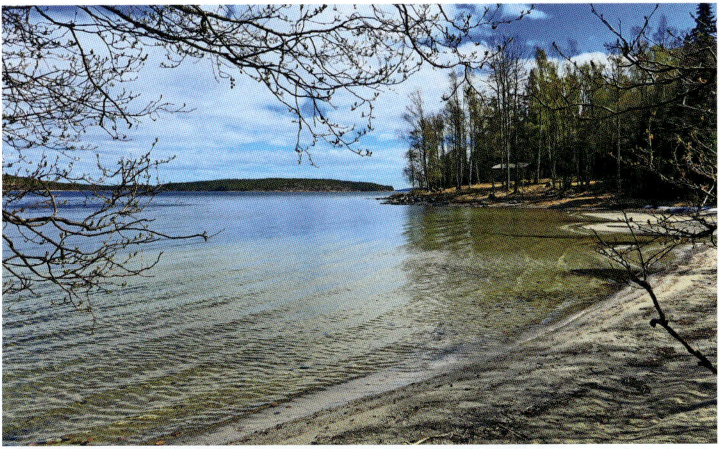

☺ Bei der Hütte Bodviken handelt es sich um eine kleine, sehr einfache Schutz- und Übernachtungshütte, die allen Wandernden offensteht und kostenfrei genutzt werden kann. Die Hütte kann nicht im Voraus reserviert werden, ggf. muss sie mit anderen Wandernden geteilt werden. Sie ist sehr einfach ausgestattet, Schlafsäcke, Kochgeschirr, Kocher und Brennstoff sowie Lebensmittel müssen mitgebracht werden. Wasser ist in einem Bach in der Nähe der Hütte vorhanden. In der Regel ist auch Feuerholz für den Ofen verfügbar.

Sie folgen dem Wegweiser und der orangenen Markierung Richtung Balestjärn durch dunklen Fichtenwald. An der nächsten Weggabelung (km 3,2) gehen Sie auf dem Höga kustenleden nach rechts Richtung Balestjärn. Nach weiteren 300 m (km 3,5) folgen Sie der orangenen Markierung nach rechts. Der Wald öffnet sich, Sie erreichen eine wunderschöne Bucht mit einem Sandstrand, eingerahmt von Felsen und Wald (km 3,9). Der **Rastplatz** Balesudden mit Tischen und Bänken, Feuerstelle, Klohäuschen (Plumpsklo) und einer herausragend schönen **Bademöglichkeit** lädt zu einer ausgiebigen Pause ein. Wenn Sie Zelt und Schlafsack dabeihaben, können Sie auch die Nacht hier verbringen, ein bis zwei sehr gute **Zeltplätze** sind hier vorhanden.

Um die Wanderung fortzusetzen, wenden Sie sich dem **Wegweiser** zu ❸ (km 3,9). Sie biegen **nach links** ab Richtung Balestjärn und folgen ab hier der **blauen Markierung**. Es geht kurz einen sehr steinigen Weg bergauf, auch Reste orangener Markierungen sind hier und dort zu erkennen. Davon lassen Sie sich nicht beirren und folgen dem neu blau markierten Pfad. Bereits nach weiteren 300 m (km 4,2) erreichen Sie einen Süßwassersee, den **Balestjärn**, verwunschen im Wald gelegen. Hier gibt es eine perfekte **Badestelle** mit kristallklarem Wasser für alle, die lieber im Süßwasser baden als im Meer. Wer am Rastplatz Balesudden sein Zelt aufschlägt, kann sich hier mit trinkbarem Wasser versorgen (☞ Reise-Infos).

Am Balestjärn – mit einer mystischen (Süßwasser)Badestelle

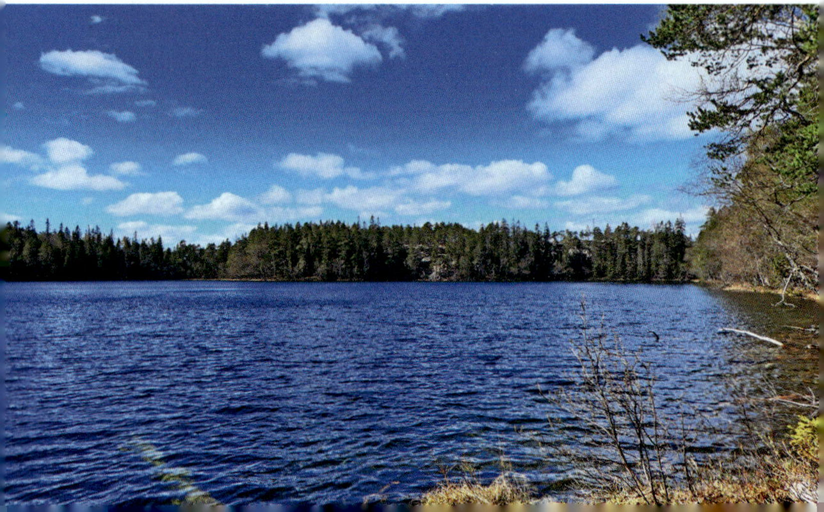

Der **blau markierte Pfad** führt Sie am östlichen Ufer des Balestjärn entlang, durch wilden Wald und mit schönen Ausblicken über den idyllischen See.

Unerwartet zweigt Ihr Pfad am Ende des Sees **nach links** ab (km 4,8). Sie entfernen sich vom Balestjärn und folgen der blauen Markierung bergauf. Plötzlich ändert sich die Landschaft dramatisch, Sie treten aus dem dunklen Wald hinaus in eine offene **Felslandschaft**!

Achtung: Rutschgefahr! Die Felsen können bei Nässe glatt sein. Auf der folgenden Wegstrecke über unbefestigte Felsen erhöht achtsame Fortbewegung die Sicherheit.

Die anspruchsvolle Wegbeschaffenheit verlangsamt Ihr Vorankommen, die karge Felslandschaft ist aber überwältigend schön und entschädigt für jede Mühe. Bald stellen Sie fest, dass hier die Landschaft nicht immer so karg war, Sie wandern durch einen abgebrannten Kiefernwald. Ein berührendes Naturerlebnis: Neben der Zerstörung, die das Feuer 2008 hinterlassen hat, und verkohlten Baumstämmen entdecken Sie neu entstehendes Leben – ein neuer (Kiefern-)Wald beginnt heranzuwachsen. Die unbändige Urkraft der Natur scheint hier greifbar zu sein.

Sie folgen der **blauen Markierung** über die Felsen. Ein richtiger Pfad ist nicht mehr erkennbar. Bald lassen Sie die verkohlten Kiefernstämme hinter sich und verlieren sich in der **fantastischen Felslandschaft**. Es eröffnen sich wunderbare **Ausblicke** über das umgebende Meer – Sie befinden sich auf einer Halbinsel, die sich wie eine „Felsnase“ weit ins Meer hinaus erstreckt.

Achtung: Zwischen den Felsen ist die blaue Markierung leicht zu verfehlen. Es sollte darauf geachtet werden, diese nicht zu verlieren, um sich nicht in der Felslandschaft zu verlaufen.

Der Pfad zieht sich über die rötlichen Felsen dahin. Sie genießen die urtümliche Landschaft und die wunderbaren Ausblicke. Nach 6 km ist das **Ziel** der einfachen Wegstrecke erreicht. Es geht einfach nicht mehr weiter, die Felsen sind zu stark zerrüttet, das Vorankommen wird sehr mühsam, das Ende der Landzunge ist fast erreicht.

Sie genießen ausgiebig die **überwältigende Aussicht**, die wilde Landschaft und die Abgeschiedenheit dieses besonderen Ortes. Eine lange Pause auf den sonnenwarmen Felsen aus Nordingrå-Granit wird empfohlen, bevor der **Rückweg** auf demselben Weg angetreten wird.

5 Hummelvik-Rundweg

Tour für Fans von Natur sowie Fotografinnen und Fotografen

Kurz, aber herrlich lautet das Motto dieser Tour. Auf einem gut 5 km langen Rundweg erleben Sie hier Höga Kusten in Miniatur: alter Fichtenwald, ein See, beeindruckende Felsen, Moore, Klappersteinfelder, Kiefernwald und natürlich fantastische Aussichten. Mit etwas Glück bekommen Sie Elche oder Auerhühner zu sehen. Für eine kurze Tour erleben Sie richtig viel Wildnisgefühl.

Start/Ziel: Stråsundsviken bei Köpmanholmen, GPS N 63°08.256‘ E 018°35.267‘

5,3 km

2 Std. 30 Min.

268 m/268 m

0-191 m

blaue Punkte

Felsen, Wald: sehr steinige, felsige und wurzelreiche Pfade, nicht befestigt, z. T. sehr nass. Z. T. sehr steiles, felsiges Gelände: technisch nicht schwierig, aber achtsame Fortbewegung wird empfohlen. Rutschgefahr bei Nässe!

keine

Ein Rastplatz liegt am Weg: Rastplatz am See (km 1,8).

Bademöglichkeit am See Stortjärnen (km 1,8)

Für Kinder ist die Tour ungeeignet, weil die Pfade zu anspruchsvoll sind.

Für Hunde ungeeignet, Pfad z. T. sehr steil und sehr felsig, kein Trinkwasser über weite Wegabschnitte vorhanden.

Parkplatz direkt am Start/Ziel in Stråsundsviken

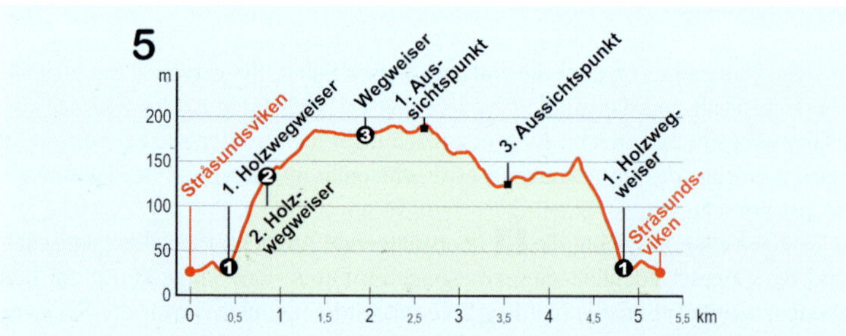

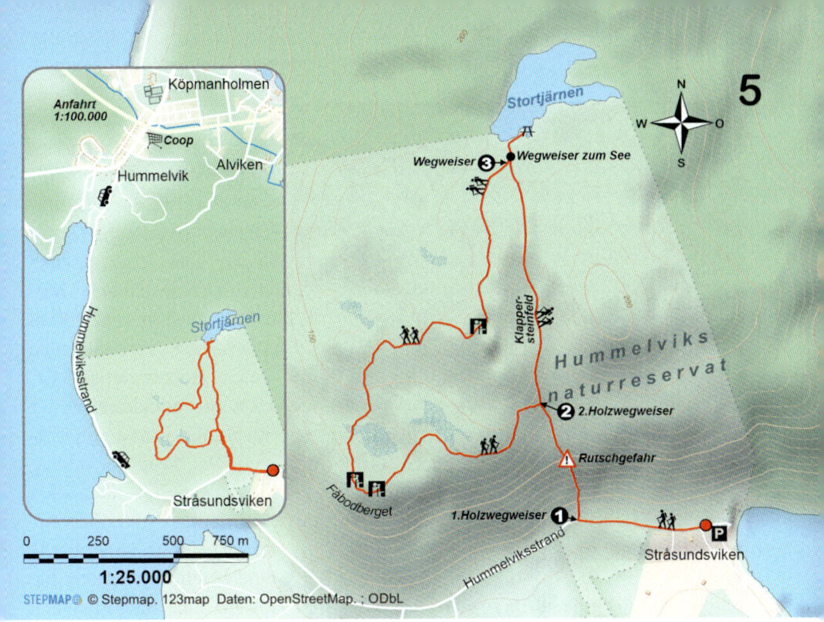

Start der Wanderung ist Stråsundsviken bei Köpmanholmen, Sie fahren mit dem Auto die Straße nach Stråsundsviken ganz bis zum Ende, kurz bevor Sie den Strand erreichen, befindet sich rechter Hand ein kleiner Parkplatz mit einer Informationstafel zu Hummelviks naturreservat.

Sie starten die Wanderung, indem Sie die **Schotterstraße**, über die Sie mit dem Auto gekommen sind, für 500 m zurücklaufen. Dort am **Holzwegweiser** Richtung Stigslinga und Stortjärnen ❶ (km 0,5) biegt ein Pfad **nach rechts** ab, in den Wald hinein und steil bergauf.

Achtung: Der Pfad beginnt sofort sehr wurzelreich und sehr steinig, er führt steil bergauf! Insbesondere bei Nässe besteht Rutschgefahr. Achtsame Fortbewegung wird empfohlen.

Kaum haben Sie die Straße hinter sich gelassen, kommt ein Gefühl von Ursprünglichkeit und Wildnis auf. Sie laufen durch einen schwedischen Urwald – oder zumindest einen über lange Zeit weitestgehend ungestörten Fichtenwald. Die zahlreichen herabhängenden Baumflechten verstärken das Wilde und Geheimnisvolle, das Unterholz knackt und Sie sehen vielleicht das Hinterteil eines Elchs im dichten Grün verschwinden.

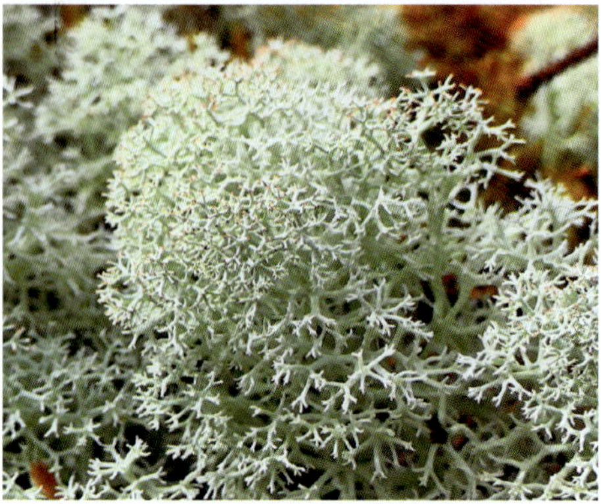

Dichte Teppiche aus Rentierflechten (Cladonia spec.) bedecken Waldboden und Felsen – nach Regen sind sie besonders beeindruckend

Sie folgen dem Pfad und der **blauen Markierung.** Bald treten beeindruckende Felswände aus rötlichem Nordingrå-Granit rechts vom Weg zwischen den Fichtenstämmen hervor. Nach insgesamt 900 m Wegstrecke erreichen Sie einen **Holzwegweiser** ❷, dem Sie **geradeaus** weiter Richtung Stortjärnen folgen. Die blaue Markierung führt Sie weiter durch alten Fichtenwald mit Beerensträuchern im Unterwuchs und bemoosten Felsen. Sie wären vermutlich nicht überrascht, wenn ein Troll zwischen den Baumstämmen hervorkommen würde. Nach weiteren 200 m (km 1,1) stehen Sie plötzlich vor einem großen **Klappersteinfeld**, komplett mit Strandwällen und beeindruckenden Ausmaßen, direkt vor einer Felswand. Ein ganz besonders schöner Ort und einer der Höhepunkte der Tour. Sie folgen weiterhin der **blauen Markierung** über Stock und Stein durch Fichtenwald und an Felsen vorbei. Nach 1,7 km Wegstrecke erreichen Sie den See Stortjärnen und den dortigen Wegweiser. Wenn Sie eine Pause machen möchten, biegen Sie zunächst **nach rechts** ab und folgen dem Pfad am Seeufer entlang für rund 100 m bis zum **Rastplatz** (km 1,8) mit Feuerstelle und provisorischen Bänken. Sie gehen zurück zum Hauptweg und zum Wegweiser und biegen nun **nach links** ab Richtung Stråsundsviken.

Sie gehen für wenige Meter in die Richtung zurück, aus der Sie gekommen sind, und biegen dann am nächsten Wegweiser ❸ (km 2) **nach rechts** ab.

Sie folgen dem Weg **Richtung Stigslinga** (Rundweg) und orientieren sich wieder an der blauen Markierung. Der Pfad führt Sie zunächst durch einen lichten Kiefernwald mit Heidekraut, dann über Felsen und durch schütteren Felsen-Kiefern-Wald (km 2,3). Kurz darauf erreichen Sie einen weiteren Höhepunkt, den ersten **Aussichtspunkt** (km 2,7) mit einer wirklich fantastischen Aussicht über die tiefen Wälder des Nationalparks Skuleskogen auf der anderen Seite des Meeresarms Näskefjärden. Wasser, Schären und bewaldete Inseln – Meer und Land verzahnen sich auf einzigartige Weise, typisch für die Landschaft der Höga Kusten. Der Weg führt Sie weiter durch Kiefernwald auf Fels, durch Kiefernwald mit Heidekraut und über Steinfelder. Dann taucht der Pfad kurz in dunklen Fichtenwald ein, es geht an Felsen vorbei und über ein Moor – Höga Kusten in Miniatur. Anschließend erreichen Sie weitere **Aussichtspunkte** (km 3,6) mit einer leicht veränderten, grandiosen Aussicht über den Nationalpark und die Näskefjärden mit ihren Schären und Inseln. Sie folgen weiterhin der **blauen Markierung**, erneut über Felsen und durch Fichtenwald. Einzelne Moore werden gequert, hier müssen einige **sehr nasse Wegstellen** bewältigt werden. Sie folgen der blauen Markierung bis zum Holzwegweiser ❷ (km 4,5), an dem Sie **nach rechts** abbiegen. Sie folgen dem Pfad steil bergab.

Achtung: Der Weg ist sehr steil und übersät mit Steinen und Baumwurzeln! Bei Nässe besteht Rutschgefahr, erhöhte Aufmerksamkeit wird empfohlen.

Zurück am Wegweiser an der Schotterstraße ❶ biegen Sie **nach links** ab und gehen die letzten Meter auf der Straße zurück zum Ausgangspunkt der Wanderung.

Auch kleine Klappersteinfelder gibt es im Naturreservat Hummelvik zu bewundern – Höga Kusten in Miniatur

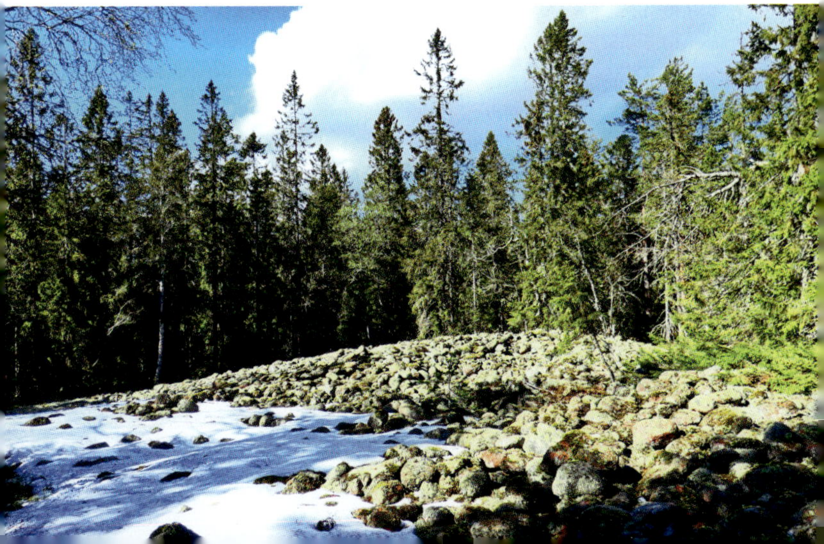

❻ Nationalpark Skuleskogen vom Entré Nord – Rundwanderung über die Slåtterdalsskrevan

Tour für Fans von Natur, Geologieinteressierte sowie Fotografinnen und Fotografen

Eine fantastische Wanderung – und zwar eine der schönsten im Wandergebiet Höga Kusten! Es ist aber auch eine der längsten und anspruchsvollsten Rundwanderungen, kleinere Klettereien über große Felsblöcke inbegriffen. Bei dieser Tour sollte keinesfalls von den Kilometern auf die Gehzeit geschlossen werden, 7 bis 8 Stunden sollten für die 14,5 km mindestens eingeplant werden, da in dem anspruchsvollen Gelände achtsame und vorsichtige Fortbewegung geboten ist. Neben einer der größten Sehenswürdigkeiten der Region Höga Kusten, der Slåtterdalsskrevan, führt diese Wanderung zu magisch schönen Aussichtspunkten und durch verzauberte (Ur-)Wälder. Die Tour ist anstrengend und erlebnisreich. Vier Badestellen und zahlreiche Rastmöglichkeiten laden zum Verweilen ein und wunderschöne Wildcampingareale können über kleine Abstecher erreicht werden. Wer sich darauf einlassen kann, wird eine Tour wie im Märchen erleben: magische Ausblicke, verzauberte Wälder, mystische Felsformationen, geheimnisvolle Seen, brausende Wellen und eine Insel mit zwei Bergen. Eine Wanderung, eine Million ungewöhnliche Eindrücke und Erlebnisse.

↻ Start/Ziel: Eingangsbereich/Entré Nord des Nationalparks Skuleskogen, GPS N 63°08.060‘ E 018°31.068‘

➲ 14,4 km

⌛ 7-8 Std.

↑↓ 615 m/615 m

⇧ 0-278 m

✎ orangene Markierung (Höga kustenleden) und blaue Markierung (Pfade Skuleskogen)

Anspruchsvoll: gewachsener Fels, Abschnitte über Geröllfelder und Felsblöcke, sehr steinige Waldpfade mit zahlreichen Wurzeln und Steinen sowie einfache Waldpfade. ✋ Z. T. sehr steiles, felsiges Gelände und Blockfelder: z. T. technisch etwas schwieriger, achtsame und vorsichtige Fortbewegung wird empfohlen. Felsen können bei Nässe sehr glatt sein.

✕ keine

Fünf Rastplätze/Shelter/Schutzhütten liegen am Weg: am Entré Nord am Start/Ziel, Sitzbank am See (km 0,8), Tärnättvattnen (km 3,6), Kälaviken (km 7,5), Näskebodarna (km 10,1).

💧 trinkbares Wasser: am Bach Skravelbäcken (km 2 und km 12,6); See Tärnättvattnen (km 3,6), am Bach am Rastplatz Kälaviken (km 7,5) und am Bach bei Näskebodarna (km 10,1) (☞ Reise-Infos)

WC am Entré Nord am Start/Ziel, Klohäuschen (Plumpsklo) bei der Bucht Salsviken (km 1), an der Hütte Tärnättvattnen (km 3,6), an der Bucht Kälaviken (km 7,5)

Bademöglichkeit in der Bucht Salsviken (km 1), See Tärnättvattnen (km 3,6), in der Bucht Kälaviken (km 7,5), in der Bucht bei Näskebodarna (km 10,1)

Die Tour ist sehr lang und anspruchsvoll sowie felsig, daher ist sie für Kinder ungeeignet. **Variante mit Kindern und Hunden**: Der blau markierte Küstenwanderweg zwischen Entré Nord und Entré Syd ist auch für abenteuerlustige Kinder gut geeignet, allerdings rund 15 km lang (hin und zurück, bei Bedarf früher umkehren). Dabei ist zu beachten, dass im Nationalpark strenge Leinenpflicht für Hunde herrscht.

Für Hunde ungeeignet, da z. T. große Felsen und Blockfelder zu überwinden sind und an einzelnen Stellen leicht geklettert werden muss, dies ist mit Hunden nicht gefahrlos möglich. In der Slåtterdalsskrevan ist eine steile Treppe zu überwinden. Alternative siehe Variante mit Kindern/Hunden

P am Entré Nord

☺ Die Tour kann mit einer Zeltübernachtung in der Bucht Salsviken (km 13,5) am Ende der Tour bereichert werden oder mit einer Übernachtung in der Hütte am See Tärnättvattnen (km 3,6) oder in der Hütte Näskebodarna (km 10,1) am Strand als Zweitagestour unternommen werden. Die Hütten können nicht reserviert werden, haben eine sehr einfache Ausstattung und sind kostenfrei nutzbar. An den Übernachtungshütten darf auch gezeltet werden.

Nationalpark Skuleskogen

Da die folgenden Touren durch den Nationalpark Skuleskogen verlaufen, soll dieser hier kurz vorgestellt werden.

Der Nationalpark Skuleskogen liegt in der Provinz Västernorrland, wurde 1984 gegründet und umfasst eine Fläche von 30,62 km². Der Skuleskogen (*skog* bedeutet „Wald") ist eines der letzten zusammenhängenden ursprünglichen Waldgebiete der Höga Kusten, der Nationalpark umfasst einen Landschaftsausschnitt von dramatischer Schönheit, hohen Bergen, tiefen Tälern, dunklen Wäldern und kargen Felsen unmittelbar anschließend an die wilde Küste. **„Skuleskogen – Wald zwischen Felsen und Meer"** – ist ein sehr treffender Slogan. Größte ❀ Sehenswürdigkeit im Nationalpark ist die **Slåtterdalsskrevan**, eine tiefe, enge Schlucht mit senkrecht aufragenden Felswänden, ein beeindruckendes Erlebnis. Einer der besten Aussichtspunkte des Nationalparks ist in direkter Nähe der **Slåtterdalsberget** – bei schönem Wetter ein unbedingt empfehlenswerter Abstecher! Idyllische

Seen sowie eine alte norrländische Alm (*fäbod* auf Schwedisch) mit bunt blühenden Wiesen und einer gemütlichen Hütte bieten weitere Landschaftserlebnisse. Das bergige, felsige Hinterland ist nur für geübte und trittsichere Wanderinnen und Wanderer geeignet. Wer sich lieber auf einfacheren Wegen bewegt oder mit kleinen Kindern unterwegs ist, nutzt den ebenfalls wunderschönen Küstenweg mit Ausblicken auf die Bottensee, bronzezeitlichen Grabhügeln, alten Fischerhütten, Badebuchten sowie den bewaldeten Inseln Tärnättholmarna.

Mit etwas Glück lassen sich seltene Tiere wie verschiedene Spechtarten, Baummarder (*Martes martes*) oder der Große Kiefernprachtkäfer (*Chalcophora mariana*) beobachten. Pflanzenliebhaber machen sich auf die Suche nach botanischen Besonderheiten wie Engelshaarflechte (*Usnea longissima*) und Alpen-Lichtnelke (*Viscaria alpina* var. *alpina*).

Im Nationalpark gelten bestimmte **Verhaltensregeln**. Tier- und Pflanzenleben dürfen nicht gestört werden, Angeln ist nicht gestattet, Feuer darf nur an ausgewiesenen Plätzen entfacht werden (im Zeitraum 1.05.-30.09.) und Hunde sind an der Leine zu führen. Außerdem darf im Zeitraum 1.05.-30.09. nur an ausgewiesenen Stellen und für höchstens drei Nächte gezeltet werden. Diese Einschränkung ist allerdings leicht zu akzeptieren, da zu den ⛺ **Wildcampingarealen** so wunderschöne Orte gehören wie die Buchten Salsviken und Kälaviken, Teile der Inseln Tärnättholmarna, die Alm Norrsvedjebodarna sowie eine idyllische Halbinsel im See Tärnättvattnen.

Der Nationalpark besitzt **drei Eingänge** (Nord, West und Süd) mit Parkplätzen, Toiletten und Informationstafeln. Hier liegt auch eine sehr gute, **kostenfreie Karte des Nationalparks** mit Wanderwegen, Zeltmöglichkeiten, Toiletten etc. aus.

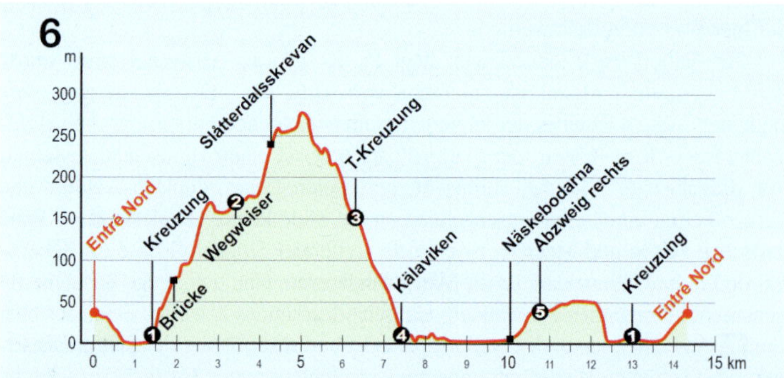

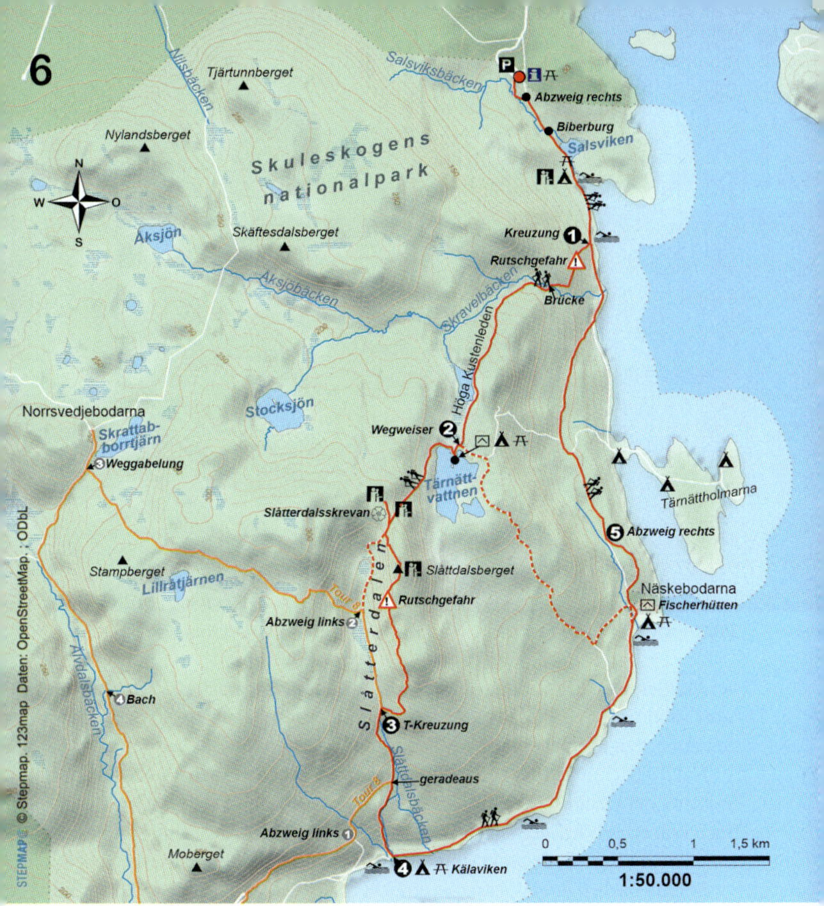

Start- und Endpunkt dieser großen Rundtour ist der **Entré Nord des Nationalparks Skuleskogen.** Dieser Eingangsbereich bietet alles, was zu einem guten Start der Wanderung beiträgt: P Parkplatz, Toiletten, **Rastplätze** mit Bänken, Feuerstelle, Informationstafeln sowie **Informationsfaltblätter** mit einer sehr guten Karte des Nationalparks zum Mitnehmen. Ausgestattet mit der Nationalparkkarte starten Sie Ihre Wanderung und folgen zunächst dem Hauptweg vom Entré Nord.

Nach 280 m folgen Sie dem **Abzweig nach rechts** und damit der orangenen Markierung des Höga kustenleden sowie der Beschilderung Richtung Salsviken/Slåtterdalsskrevan. Bereits auf diesen ersten Metern fällt die Besonderheit

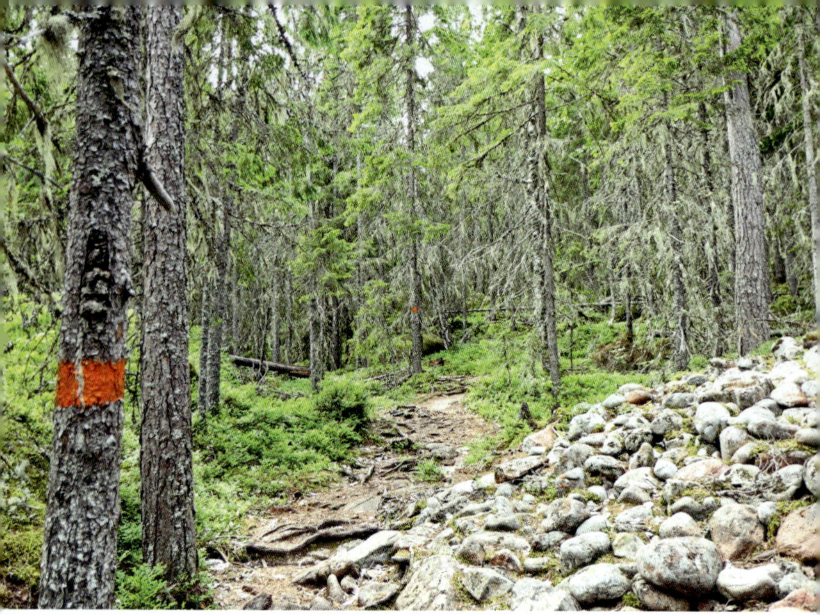

Wildnisgefühl direkt hinter dem Entré Nord des Nationalparks Skuleskogen

des Waldes auf – er ist wild und ungenutzt mit **Urwaldcharakter**. 570 m nach dem Start kann ein ↳ Abstecher zu einer Biberburg unternommen werden – Sie folgen aber dem **Hauptweg** und der orangenen Markierung.

Nach weiteren 230 m (km 0,8) erreichen Sie einen kleinen ⩚ **Rastplatz**, eine Sitzbank mit einem schönen Ausblick über einen kleinen See. Ist das wirklich ein See? Früher ein Teil der Meeresbucht Salsviken ist der See heute aufgrund der Landhebung (☞ Einleitung) vom Meer abgeschnürt und in Aussüßung begriffen.

Bereits nach 1 km Wegstrecke erreichen Sie die wunderschöne **Bucht Salsviken**, eine sehr flache **Badebucht** mit einem kleinen **Sandstrand**, auf dem ⛺ gezeltet werden darf. Auch ein Klohäuschen ist im angrenzenden Wald vorhanden. Nachdem Sie die herrliche Aussicht über die Bucht genossen haben, folgen Sie weiter dem orangenen markierten Pfad durch den Wald, zwischen einer Felswand rechter Hand und dem Meer linker Hand.

An der folgenden Kreuzung ❶ (km 1,5) folgen Sie dem **Abzweig nach rechts** und der orangenen Markierung des Höga kustenleden Richtung Slåtterdalsskrevan. Nun beginnt einer der anspruchsvollsten Abschnitte Ihrer Wanderung mit einem **langen, steilen Aufstieg**. Sie folgen einem **Bachlauf**, dem Skravelbäcken, bergauf. Wer Wasser benötigt, kann hier seine Flaschen auffüllen (☞ Reise-

Infos). Sie folgen dem Pfad und der orangenen Markierung über die Brücke auf die andere Bachseite.

Sie wandern weiter auf dem **orangenen markierten Pfad** und genießen die wilde Landschaft. Zunächst führt Ihr Weg weiter bergauf, dann wird das Gelände flacher und moorig. Sie laufen auf einem Holzsteg an einem Hang entlang, der mit großen Felsblöcken regelrecht übersät ist. Auf der anderen Seite breitet sich ein Gewässer in einer vermoorten Senke aus, auf seiner gegenüberliegenden Seite ragen felsige Bergkuppen empor – was für eine wunderschöne, urtümliche Landschaft!

Nach 3,4 km Wanderung gilt es, die Augen offen zu halten, hier wächst die **Moltebeere** (*Rubus chamaemorus*), die nordische Verwandte unserer Brombeeren, Wahrzeichen Lapplands und des hohen Nordens. Wer hier im Herbst wandert, hat gute Chancen, reife Moltebeeren ernten zu können, große, orangene leuchtende Früchte mit einem ganz besonderen Geschmack und hohem Vitamingehalt.

☺ **Achtung**: Die Beeren sind reif, wenn sie leuchtend orangen gefärbt sind, solange sie rot aussehen, sind sie noch nicht reif und nicht genießbar.

Im Frühsommer ziehen die großen, weißen Blüten dieses Rosengewächses bewundernde Blicke auf sich. Der **Bohlenweg** ist nicht zu verfehlen, Sie folgen ihm weiterhin.

Nach 3,5 km Wegstrecke erreichen Sie einen **Wegweiser ❷**. Sie entscheiden sich für den **Abzweig nach rechts** Richtung Slåtterdalsskrevan.

↳ Auch nach links gibt es einen Abzweig, die blaue Wegmarkierung führt Sie zunächst nördlich des Tärnättvattnen entlang. An der folgenden Wegkreuzung biegen Sie **nach rechts** ab, laufen weiter am See entlang, bis ein sehr langer, sanfter Abstieg durch eine fantastische Felslandschaft Sie hinunter Richtung Küste führt. Nach den Felsen mit ihrem schütteren Kiefernbewuchs folgt Fichtenwald. Kaum sind Sie in den dunklen Fichtenwald eingetaucht, gelangen Sie an eine Weggabelung, an der Sie sich **links** halten. Nach weiteren 200 m Abstieg durch den Wald erreichen Sie eine offene Fläche mit kleinen Hütten, direkt an der Küste – die Fischerhütten Näskebodarna. Um der Hauptroute zurück zum Entré Nord zu folgen, biegen Sie **nach links** ab auf den Küstenweg. Die öffentliche ⌂ (⛺) **Schutz- und Übernachtungshütte** erreichen Sie, wenn Sie von dort **nach rechts** abbiegen und einige Meter dem Waldrand folgen. Eine sehr gute Möglichkeit, die Tour erheblich abzukürzen und dennoch eine Rundtour zu wandern.

Sie gehen 50 m geradeaus und erreichen unmittelbar hinter dem Wegweiser den **Tärnättvattnen**, einen großen See in einer wunderschönen felsigen Landschaft mit Schutz-/Übernachtungshütte, Zeltmöglichkeit, **Rastplatz** mit Bänken und Feuerstelle sowie Klohäuschen (S. 19). Von dort gehen Sie entweder auf demselben Weg zum Wegweiser zurück oder nutzen einen anderen der zahlreichen Pfade, um auf den orangenen markierten Hauptweg zurückzugelangen.

Vom Tärnättvattnen aus folgen Sie weiter der **orangenen Markierung** des Höga kustenleden Richtung Slåtterdalsskrevan. Das Gelände wird nun **extrem felsig**. Sie arbeiten sich einen teilweise **sehr steilen Aufstieg** über große Felsblöcke und blanken Fels hinauf. Dieser Abschnitt ist beschwerlich und anspruchsvoll, Sie kommen nur sehr langsam voran. Sobald Sie aber etwas an Höhe gewonnen haben, wird der **Ausblick** fantastisch. Sie blicken weit über Felsen, Wald und Meer!

Eine erste wunderbare Aussicht entschädigt für den anstrengenden Aufstieg

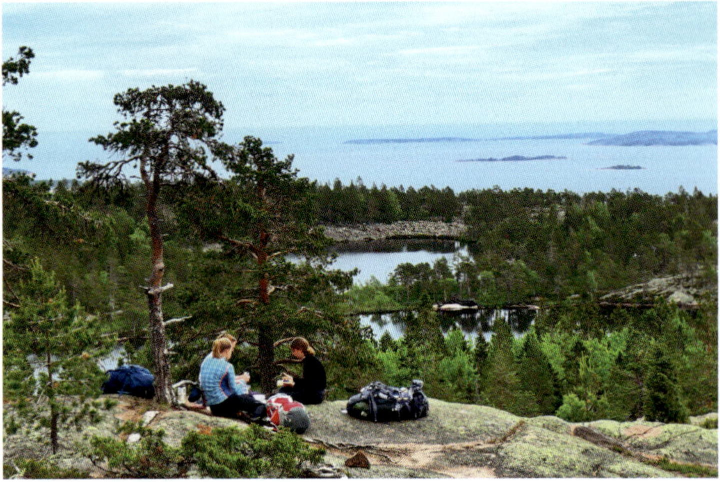

Nach 4,3 km Wegstrecke erreichen Sie die **Slåtterdalsskrevan** – zu Recht eine der größten Sehenswürdigkeiten der Region, eine Felsschlucht gigantischen Ausmaßes. Die Felswände ragen lotrecht 30 m hoch in den Himmel. Der Weg durch die Schlucht ist 200 m lange, aber nur 7 m breit. Entstanden ist die Spalte im Nordingrå-Granit, als noch die Wellen des Meeres diesen Ort umspülten. Ein Diabasgang im Granit wurde durch die erosive Tätigkeit des Wassers ausgespült, während der viel härtere Granit zurückblieb. Ein wirklich beeindruckender Anblick. Sie wandern durch die Schlucht hindurch, genießen das besondere Erlebnis, blicken die senkrechten Felsen zum Himmel hinauf. Am anderen Ende der Schlucht wartet eine **Treppe** auf Sie, über die Ihr Weg Sie hinaufführt – gar nicht einfach, wenn zahlreiche andere Menschen Ihnen entgegenkommen. Dennoch sollten Sie von den oberen Treppenstufen unbedingt **einen Blick zurück** in die Schlucht werfen – auch aus dieser Perspektive ein beeindruckender Anblick.

Oben angekommen ist **optional** ein kurzer Aufstieg nach rechts auf die ausgedehnten Felsen zu empfehlen, hier genießen Sie eine großartige **Aussicht** über Felsen, Wald und Meer und können sich bei Bedarf Ihren ganz privaten **Pausenplatz** auf dem sonnenwarmen Granit suchen.

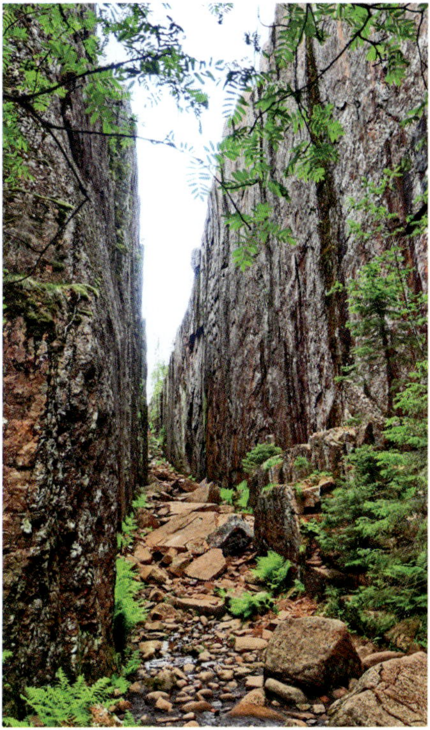

Die Slåtterdalsskrevan ist eine der größten Attraktionen der Region – zu Recht, durch diese gigantische Felsschlucht zu gehen ist ein unvergessliches Erlebnis

Zurück auf dem orangenen markierten Pfad folgen Sie diesem 50 m geradeaus. Dann gibt es zwei Möglichkeiten (km 4,8): durch das **Slåtterdalen** (das Tal) oder über den **Slåtterdalsberget** (den Berg). Bei schönem Wetter mit guter Sicht sei allen, die eine ganz kleine **Kletterei** beim Aufstieg nicht scheuen, empfohlen, über den Berg zu gehen und die fantastische *Aussicht* von dort zu erleben!

➪ Wem das zu viel Kletterei ist, der folgt dem orangenen markierten Pfad durch das Slåtterdalen. Beide Pfade treffen nach rund 1,6 km wieder zusammen.

Über den **Slåtterdalsberget** folgen Sie der **blauen Markierung** auf Steinen und Felsen. Von oben bietet sich bei guter Sicht eine absolut **fantastische Aussicht** über die felsige und bewaldete Küstenlandschaft, welche die Anstrengungen des Aufstiegs schnell vergessen lässt. Bei sonnigem Wetter bietet sich hier auch eine aussichtsreiche **Pause** auf sonnengewärmten Felsen an. Dies ist einer der besten Aussichtspunkte der gesamten Region Höga Kusten und er macht diese Tour zusammen mit dem Urwald- und Küstenerlebnis des Nationalparks sowie der Slåtterdalsskrevan zu einer Wanderung voller Highlights und Naturerlebnisse.

Sie folgen der **blauen Markierung** über den **Slåtterdalsberget** und genießen dabei die felsige Landschaft und die wunderbare Aussicht. Der **Abstieg** zurück auf den orangen markierten Pfad durch das Tal ist viel sanfter als der Aufstieg und bei trockenem Wetter völlig unproblematisch.

Achtung: Rutsch- und Sturzgefahr – insbesondere bei Nässe!

An der T-Kreuzung, an welcher der blau markierte Pfad über den Slåtterdalsberget auf den orangen markierten Weg durch das Slåtterdalen trifft ❸ (km 6,4), biegen Sie **nach links** ab und folgen nun dem **orangen markierten Pfad** weiter.

Achtung: An der folgenden Weggabelung (km 7) folgen Sie nicht der orangenen Markierung nach rechts, sondern gehen **geradeaus** weiter!

Sie folgen dem **Pfad geradeaus**, auch hier sind ab und zu noch alte orangene Markierungen erkennbar.

An der T-Kreuzung beim **Rastplatz Kälaviken**, wo Ihr Pfad auf den Küstenweg trifft ❹ (km 7,5), biegen Sie nach **links ab** und folgen fortan der **blauen Markierung** parallel zum Strand und zur Küste. Der kleine **Rastplatz Kälaviken** liegt am nördlichen Rand der Bucht Kälaviken und bietet neben einer schönen Aussicht auf das Meer Sitzbänke, eine Feuerstelle, ein Klohäuschen, einen **Badestrand**, einen **Bach**, aus dem trinkbares Wasser entnommen werden kann (☞ Reise-Infos). Außerdem besteht hier eine **Zeltmöglichkeit** – dies ist einer der Orte im Nationalpark, an denen gezeltet werden darf.

Nachdem Sie nach links abgebogen sind, folgen Sie der **blauen Markierung** über eine lange Strecke immer **parallel zum Strand** und zur Küste. Dabei passieren Sie entlang der gesamten Küste unzählige Bademöglichkeiten. Sie wandern durch den lichten Kiefernwald in Strandnähe, bis Sie die **Näskebodarna** – alte Fischerhütten, die auch als **Übernachtungshütten** genutzt werden dürfen – erreichen (km 10,1). Dies ist auch ein toller **Rastplatz** mit Bänken,

Feuerstelle, Klohäuschen, **Zeltmöglichkeit** und einem **Bach**, aus dem trinkbares Wasser entnommen werden kann (☞ Reise-Infos). Selbstverständlich gibt es hier auch eine wunderbare **Badebucht** mit Sandstrand.

Sobald Sie die Näskebodarna hinter sich gelassen haben, folgen Sie weiter der **blauen Markierung** immer parallel zum Strand Richtung Entré Nord.

Nach 10,8 km Wegstrecke folgen Sie dem blau markierten Pfad, der **nach rechts** abbiegt ❺. Bald wandern Sie an Gräberfeldern **bronzezeitlicher Grabhügel** vorbei. Die Steinhügel liegen heute mitten im lichten Küstenkiefernwald, deutlich oberhalb des Meeresspiegelniveaus. Archäologinnen und Archäologen haben aber herausgefunden, dass die bronzezeitlichen Bewohnerinnen und Bewohner Skandinaviens derartige Grabhügel aus lose aufeinandergelegten Steinen direkt am Strand errichtet haben. Möglicherweise sollten diese Grabhügel Neuankömmlingen auf dem Meer anzeigen, dass dieser Küstenabschnitt bereits besiedelt ist. Auch diese bronzezeitlichen Grabhügel zeigen somit eindrucksvoll, wie stark die nacheiszeitliche Landhebung an dieser Küste am Bottnischen Meerbusen ausfällt.

Nach 11,5 km Wanderung erreichen Sie einen **Wegweiser**, der den **Abzweig zu den Inseln Tärnättholmarna** anzeigt.

↳ Wer auf die Inseln möchte, beispielsweise um dort in den Wildcampingarealen die Nacht unterm Sternenhimmel zu verbringen, biegt hier scharf nach rechts ab (ebenfalls blaue Wegmarkierung, dieser Pfad führt zunächst recht steil bergab).

Wer Richtung Entré Nord weiter gehen möchte, folgt dem Wegweiser und der blauen Markierung, zweigt leicht nach rechts ab, folgt aber der Richtung des bisherigen Weges **nach Norden** parallel zur Küste, die nun aber nicht mehr direkt sichtbar ist. Der **blau markierte Pfad** führt Sie mitten durch den Wald, das Meer scheint hier weit entfernt zu sein. Plötzlich und unvermittelt taucht doch wieder die Küste auf Ihrer rechten Seite auf. Wer noch einmal baden gehen möchte, kann hier die Bademöglichkeiten an den einsamen kleinen Stränden nutzen.

Nach 13 km Wegstrecke gelangen Sie an den **Abzweig**, an dem Sie auf dem ersten Teil des Rundwegs Richtung Slåtterdalsskrevan abgebogen sind. Ab hier folgen Sie der **orangenen Markierung geradeaus** und damit demselben Weg, dem Sie am Beginn der Wanderung in die Gegenrichtung gefolgt sind, vorbei an der Badebucht Salsviken und an dem Abzweig zur Biberburg zurück zum Entré Nord. Nach **14,4 km** erreichen Sie nach einer besonders erlebnisreichen Tour den Start und das Ziel, den **Entré Nord** des Nationalparks Skuleskogen.

7 Nationalpark Skuleskogen vom Entré Väst zur Lillrutenstugan

Tour für Familien, Fans von Natur und Genusswanderinnen und -wanderer

Eine schöne, kurze Tour, um einen Eindruck vom westlichen Teil des Nationalparks zu erhalten. Diese Wanderung ist an einem halben Tag gut zu schaffen, sie führt überwiegend über gut begehbare Wald- und Bohlenwege. Diese Tour eignet sich gut für ältere Kinder und Wandernde mit Hund. Verwunschene Wälder, ein geheimnisvoller See, eine magische Aussicht und karge Felsen machen den Reiz dieser Streckenwanderung aus. Zwei Rastplätze mit Bänken und Shelter liegen am Weg und sorgen für Schutz bei Regenwetter.

- Start/Ziel: Entré Väst des Nationalparks Skuleskogen, GPS N 63°07.291' E 018°25.473'
- 5,5 km
- 2 Std. 30 Min.
- 146 m/146 m
- 215-319 m
- blaue Markierung und Ausschilderung
- Waldwege mit Steinen und Wurzeln, präparierte Waldwege, Bohlenwege, unbefestigter Wegabschnitt über Felsen zum Aussichtspunkt. Die Bohlenwege sowie Abschnitte über Felsen können bei Nässe sehr glatt sein.
- keine
- Zwei Rastplätze/Shelter liegen am Weg: Aussichtspunkt Långtjärnshällorna (km 1,4), Lillrutenstugan (km 3,3).

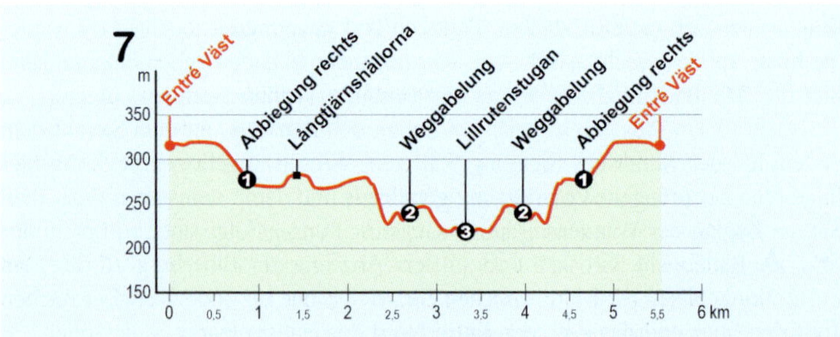

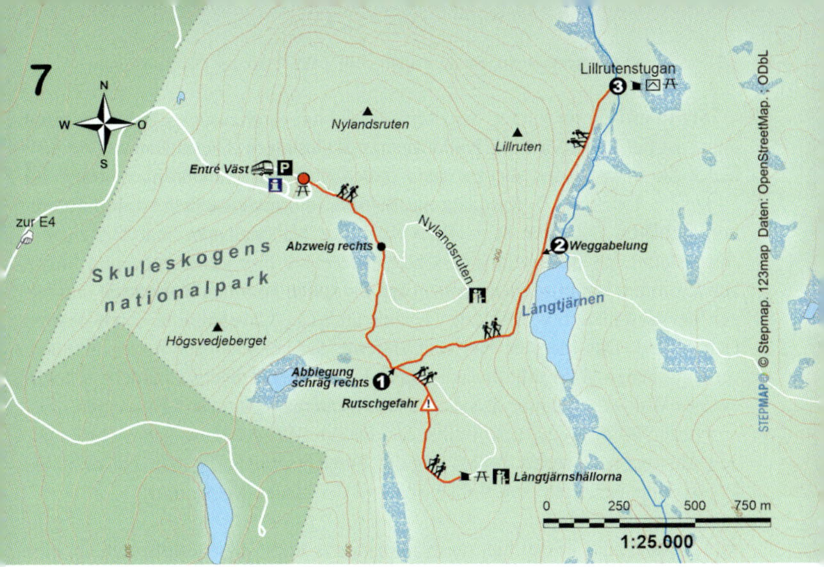

- trinkbares Wasser: am See Långtjärnen (km 2,6/km 4), am Bach an der Lillrutenstugan (km 3,3) (☞ Reise-Infos)

WC am Entré Väst (km 0), Klohäuschen (Plumpsklo) am Aussichtspunkt Långtjärnshällorna (km 1,4), an der Lillrutenstugan (km 3,3)

Die Tour ist nicht sehr lang und nicht anspruchsvoll, daher ist sie für abenteuerlustige Kinder geeignet, allerdings liegen keine besonderen Highlights für Kinder am Weg. Eine Variante für Familien mit Kinderwagen ist der Rundweg Nylandsruten vom Entré Väst – dieser ist eine kurze Wanderung mit Aussichtspunkt, die für Rollstühle, Kinderwagen etc. geeignet ist.

Für Hunde gut geeignet, Trinkwasser im See Långtjärnen sowie im Bach bei der Lillruten-Hütte vorhanden, allerdings längere Abschnitte über Bohlenwege. Hunde müssen im Nationalpark Skuleskogen an der Leine geführt werden.

P am Entré Väst

Världsarvsbussen zum Entré Väst etwa von Ende Juni bis Mitte August, bitte Fahrpläne prüfen (www.hogakusten.com/sv/varldsarvsbussen), oder Linienbusse zur Haltestelle Entré Skuleskogen V E4 an der E4, diese ist aber 3 km Fußweg vom Entré Väst entfernt, bitte Fahrpläne prüfen (www.dintur.se)!

☺ Die Tour kann mit einer Übernachtung in der Lillruten-Hütte auch als Zweitagestour unternommen werden. Bei der Lillruten-Hütte handelt es sich um eine ältere, sehr einfache Hütte, die nicht reserviert werden kann und kostenfrei nutzbar ist. Auch ein offenes Shelter zum Übernachten steht an der Hütte zur Verfügung.

Startpunkt dieser kurzen Streckentour, die hin- und zurückgegangen werden muss, ist der **Entré Väst** des **Nationalparks Skuleskogen**. Dieser Eingangsbereich bietet die Infrastruktur, die zu einem guten Start der Wanderung beiträgt: P Parkplatz, Toiletten, **Rastplatz** mit Bänken, Informationstafeln sowie **Informationsfaltblätter** mit einer sehr guten **Karte des Nationalparks** zum Mitnehmen. Ausgestattet mit der Nationalparkkarte starten Sie Ihre Wanderung und folgen zunächst dem Hauptweg vom Entré Väst. Sie laufen über den **Bohlenweg** und folgen der Beschilderung Richtung Nylandsruten/Långtjärnshällorna durch dichten Fichtenwald. Das Meer ist hier weit entfernt, Sie befinden sich mitten in einem verwunschenen Wald. Mit etwas Fantasie meinen Sie, Trolle und andere geheimnisvolle Waldwesen hinter den dicken Baumstämmen entdecken zu können.

Nach 500 m Wegstrecke treffen Sie auf eine Weggabelung, hier nehmen Sie den Abzweig nach **rechts** in Richtung des Aussichtspunkts Långtjärnshällorna, Sie folgen dabei weiterhin dem Bohlenweg und der **blauen Markierung**.

Nach links zweigt hier der blau markierte Rundweg **Nylandsruten** ab, eine Rundtour, die für Rollstühle, Kinderwagen o. Ä. geeignet ist und ebenfalls einen beeindruckenden Aussichtspunkt bietet. Der Rundweg Nylandsruten ist ab diesem Abzweig rund 1 km lang.

Nach 900 m Wanderung wenden Sie sich nach **schräg rechts** ❶ Richtung Aussichtspunkt Långtjärnshällorna. Dabei folgen Sie erneut der blauen Markierung und dem Bohlenweg. Bald lichtet sich der Wald und der Untergrund wird felsig. Kurze Zeit später führt der blau markierte Pfad über blanke Felsen und der dichte Fichtenwald ist einem lichten Kiefernwald gewichen.

Achtung: Rutschgefahr bei Nässe!

Nach 1,4 km Wegstrecke ist der **Aussichtspunkt Långtjärnshällorna** erreicht. Sie genießen den Blick über die urtümliche Wald-Fels-Landschaft des Nationalparks. Außer direkt am Weg sind keine Spuren menschlicher Tätigkeit erkennbar. Was für eine magische Aussicht – hier können Sie sich in längst vergangene Zeiten oder in abenteuerliche Fantasiewelten hineinträumen. Am Aussichtspunkt befindet sich auch ein **Rastplatz** mit Shelter/überdachter Bank sowie einem Klohäuschen, das sich dahinter im Wald versteckt.

Nachdem Sie die Pause ausgiebig genossen haben, folgen Sie dem Pfad **zurück zum Abzweig** zum Aussichtspunkt ❶. Dort angekommen biegen Sie nun nach **rechts** ab und folgen der blauen Markierung und der Ausschilderung Richtung Skrattabborrtjärn und Slåtterdalsskrevan. Nun tauchen Sie wieder in den dunklen Fichtenwald ein.

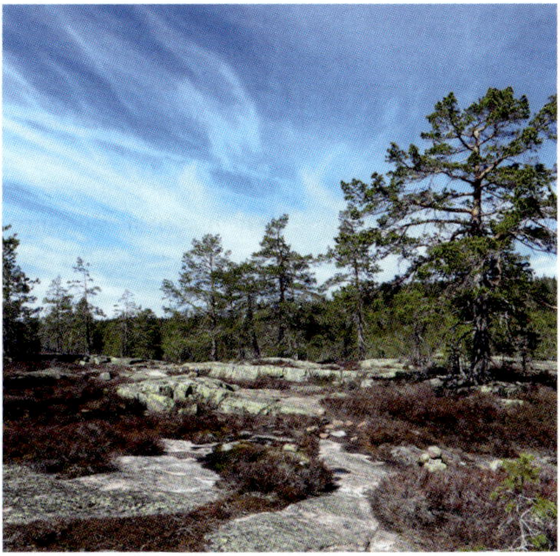

Knorrige Kiefern behaupten sich auf den trockenen Felsstandorten

An der nächsten Weggabelung ❷ (km 2,7) gehen Sie **geradeaus**, biegen also nicht Richtung Skrattabborrtjärn und Slåtterdalsskrevan ab. Sie folgen nun der blauen Markierung Richtung **Lillrutenstugan**. Rechts vom Weg schimmert das Wasser des Sees Långtjärnen zwischen den Bäumen hindurch. Der **blau markierte Pfad** führt Sie durch den verwunschenen Fichtenwald, linker Hand erhebt sich eine steile Felswand, rechter Hand erkennen Sie typische Moorvegetation. Moore sind ein weiterer geheimnisvoller Lebensraum, der hier wenige Meter neben dem Wanderweg entdeckt werden kann.

Nach 3,3 km Wanderung ist das **Ziel** der einfachen Wegstrecke erreicht, die **Lillrutenstugan ❸** – eine kleine ⌂ Hütte, die auch als ⩫ **Rastplatz** ideal geeignet ist. Außerhalb der Hütte stehen Sitzbänke, eine Feuerstelle, ein Klohäuschen sowie ein neu gebautes ■ Shelter zur Verfügung.

Um **zurück** zum **Entré Väst** des Nationalparks Skuleskogen zu gelangen, folgen Sie demselben blau markierten Weg zurück. Da die umgekehrte Laufrichtung noch einmal neue Eindrücke bietet, ist es nicht unbedingt ein Nachteil, dass derselbe Weg zurückgegangen werden muss. Der Umweg zum Aussichtspunkt Långtjärnshällorna wird auf dem Rückweg ausgelassen.

↳ Wenn Sie den Abstecher über den rund 1 km langen Rundweg Nylandsruten auf dem Hinweg nicht unternommen haben, lohnt es sich, den Weg nun zu begehen (der Ausschilderung am Weg Richtung Nylandsruten folgen).

8 Nationalpark Skuleskogen vom Entré Syd – 2-Seen-Rundwanderung

Tour für Fans von Natur sowie Fotografinnen und Fotografen

Dies ist eine sehr abwechslungsreiche Tour vom beliebten Südeingang des Nationalparks aus, optional mit einem kurzen Abstecher zur äußerst beeindruckenden Slåtterdalsskrevan, einer gigantischen Felsspalte. Dunkler, wilder Wald, herrliche Aussichten, urige Felslandschaften sowie moorige Abschnitte über Bohlenwege machen diese Wanderung zu einem besonderen Erlebnis. Sie gehört zu den erlebnisreichsten und beeindruckendsten Touren in der Region Höga Kusten. Bei dieser Tour sollte nicht von den Kilometern auf die Gehzeit geschlossen werden, 5 bis 6 Stunden sollten für die 10,3 km eingeplant werden, da in dem anspruchsvollen Gelände achtsame und umsichtige Fortbewegung geboten ist. Einer der Höhepunkte dieser Wanderung ist eine Rast in oder an der Übernachtungshütte Norrsvedjebodarna am See Skrattabborrtjärn. Die gemütliche, neue Hütte steht auf einem historischen fäbod, *einer norrländischen Alm, mit bunt blühenden Wiesen und einem sehr idyllischen Ambiente – zumindest bei schönem Wetter. Bei Regen eignet sich diese Hütte ideal zum Abwettern. Im Herbst stehen zudem die Chancen, Moltebeeren in direkter Nähe des* fäbod *zu finden, besonders gut.*

Start/Ziel: Eingangsbereich/Entré Syd des Nationalparks Skuleskogen, GPS N 63°05.145' E 018°28.898'

10,3 km

5-6 Std.

434 m/434 m

0-290 m

orangene Markierung (Höga kustenleden) und blaue Markierung (Pfade Skuleskogen)

Anspruchsvoll: gewachsener Fels, Abschnitte über Geröllfelder und Felsblöcke, sehr steinige Waldpfade mit zahlreichen Wurzeln sowie einfache Waldpfade und Bohlenwege. Z. T. sehr steiles, felsiges Gelände und Blockfelder: z. T. technisch etwas schwieriger; achtsame Fortbewegung wird empfohlen. Felsen können bei Nässe sehr glatt sein.

keine

Zwei Rastplätze/Shelter/Schutzhütten liegen am Weg: am Entré Syd am Start/Ziel, Norrsvedjebodarna (km 5,4).

trinkbares Wasser: am See Skrattabborrtjärn (km 5,3/km 5,6), am Bach parallel zum Pfad (km 6,4-km 9,2) sowie am querenden Bach (km 7,5) (☞ Reise-Infos)

WC am Entré Syd am Start/Ziel, Klohäuschen (Plumpsklo) an der Hütte Norrsvedjebodarna (km 5,4)

Die Tour ist lang und anspruchsvoll sowie felsig, daher ist sie für Kinder ungeeignet. **Variante mit Kindern**: Der blau markierte Küstenwanderweg zwischen Entré Syd und Entré Nord ist auch für abenteuerlustige Kinder gut geeignet, allerdings rund 15 km lang (hin und zurück, bei Bedarf vorher umkehren).

Für Hunde bedingt geeignet, allerdings längere Abschnitte über Felsen und Geröllfelder sowie Bohlenwege. Kein Trinkwasser über weite Wegabschnitte vorhanden. Hunde sind im Nationalpark an der Leine zu führen.

P am Entré Syd

Världsarvsbussen zum Entré Syd etwa von Ende Juni bis Mitte August, bitte Fahrpläne prüfen (www.hogakusten.com/sv/varldsarvsbussen)!

☺ Die Tour kann mit einer Übernachtung in der Hütte Norrsvedjebodarna sehr gut als Zweitagestour unternommen werden. Die Hütte ist recht neu, aber einfach ausgestattet, sie ist nicht reservierbar und kostenfrei nutzbar. An der Hütte darf auch gezeltet werden.

Start- und Endpunkt dieser Rundtour ist der **Entré Syd** des **Nationalparks Skuleskogen**. Dieser Eingangsbereich bietet die Infrastruktur, die zu einem guten Start der Wanderung beiträgt: P Parkplatz, Toiletten, Informationstafeln sowie **Informationsfaltblätter** mit einer sehr guten **Karte des Nationalparks** zum Mitnehmen. Ausgestattet mit der Nationalparkkarte starten Sie Ihre Wanderung und folgen zunächst dem **Hauptweg** vom Entré Syd. Sie folgen der orangenen Markierung und der Beschilderung Richtung Slåtterdalsskrevan.

Logo des Nationalparks Skuleskogen am Entré Syd

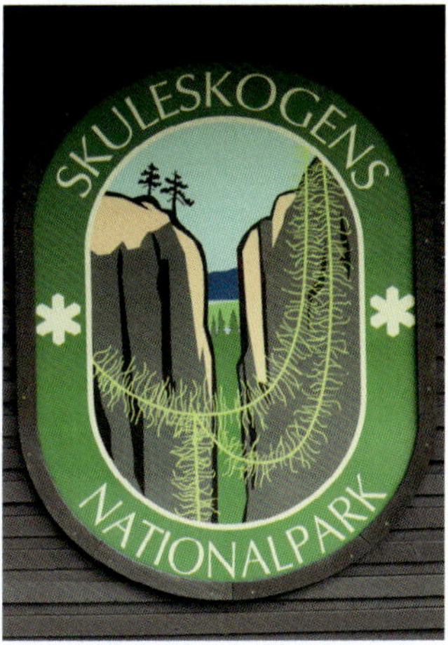

Weite Strecken verlaufen über **Bohlenwege**, die den empfindlichen Boden schützen sollen. Der Entré Syd ist der beliebteste Eingang des Nationalparks und es ist deutlich sichtbar, dass das hohe Besucheraufkommen auch eine Belastung für die empfindliche Natur darstellt. Der gesamte Besucherverkehr ist aber (fast) ausschließlich auf einige wenige Wege und Pfade konzentriert, die daher einerseits teilweise stark ausgetreten sind, andererseits aber dafür sorgen, dass sich in weiten Teilen des Schutzgebietes die Natur vom Menschen ungestört entwickeln kann. Mit diesem Gedanken im Kopf ist es auch gut erträglich, wenn es auf den Bohlenwegen nur langsam vorangeht oder etwas eng wird. Gegenseitige Rücksichtnahme ist hier das Zauberwort, alle Besucherinnen und Besucher möchten die großartige Natur des Nationalparks erleben und das ist auch gut so. Sind die ersten paar Hundert Meter auf den Bohlenwegen geschafft, verläuft sich der Besucherstrom und es gibt durchaus ungestörte und einsame Orte zu entdecken.

Achtung: Rutschgefahr auf den Bohlenwegen!

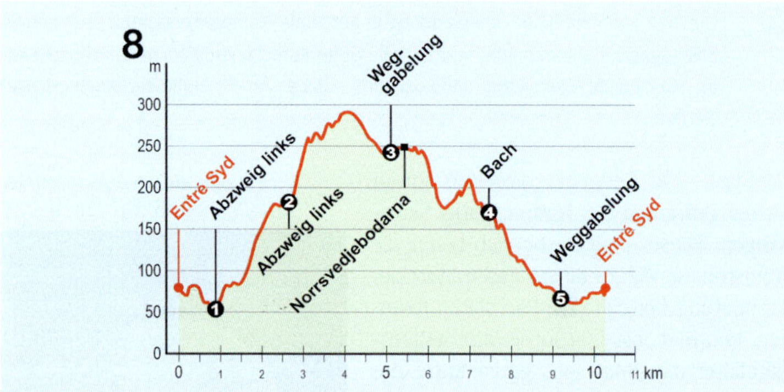

Nach 900 m nehmen Sie den **Abzweig nach links** ❶ und folgen weiter der orangenen Markierung.

An der nächsten Kreuzung (km 1,5) folgen Sie erneut dem **Abzweig** und dem Höga kustenleden Richtung Slåtterdalsskrevan **nach links**. Sie genießen das Gefühl, mitten in einem wilden, ungezähmten Wald zu sein, den natürliche Prozesse geformt haben. Dabei führt der Weg sanft **bergauf**, teilweise über Bohlenwege.

Nach 2 km Wegstrecke gehen Sie weiter **geradeaus** und folgen der **orangenen Markierung** Richtung Slåtterdalsskrevan. Hier biegt nach rechts der Pfad über den Slåtterdalsberget ab, der in ☞ Tour 6 beschrieben wird und blau markiert ist. Kurz darauf betreten Sie ein ausgedehntes Klappersteinfeld.

Achtung: Sturzgefahr aufgrund loser Steine!

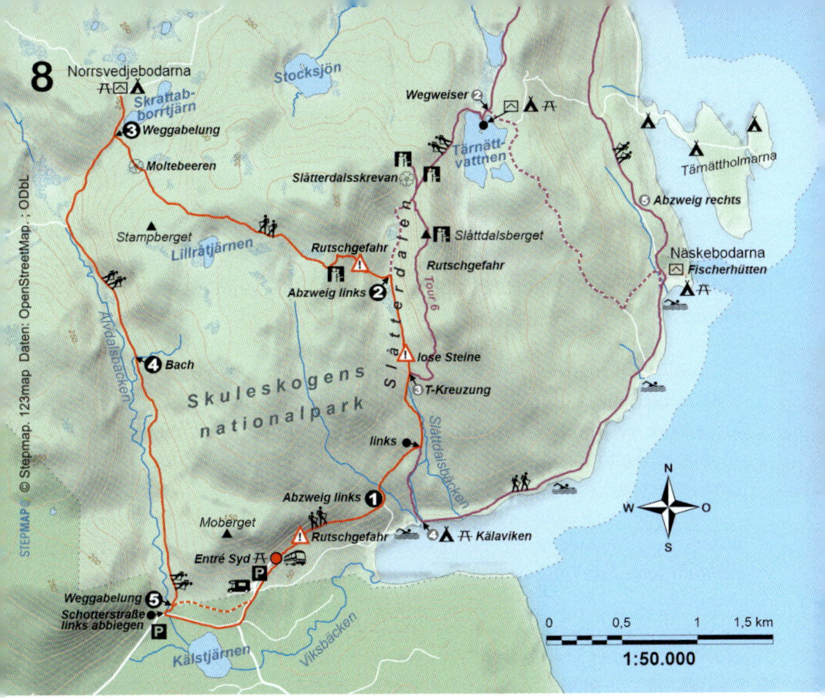

Klapperstenfält/klapperfält – Klappersteinfeld/historischer Strandwall

Klappersteinfelder werden auf Meeresspiegelniveau gebildet, wenn Steine und Felsblöcke durch die Kraft der Wellen oder des Eises gegeneinandergerollt werden („Geröll"). Die Steine erhalten dadurch ihre runden Formen, während Sand und Kies fortgespült werden.

Es gibt Klappersteinfelder mit welligen Formen, die aussehen wie versteinerte Wogen des Meeres. Diese werden als Strandwälle bezeichnet, sie entstehen im Winter bei Eisgang und starkem Wind. Das Meereseis wird durch die Wellen auf den Strand geworfen und nimmt dabei das Geröll mit, das dort wellige Strukturen bildet, welche die Zeiten überdauern.

Aufgrund der besonders starken nacheiszeitlichen Landhebung an der Höga Kusten befinden sich die Klappersteinfelder hier heute weit über dem Meeresspiegelniveau. Das am höchsten gelegene Klappersteinfeld der Welt befindet sich an der Höga Kusten, auf dem Berg Högklinten (☞ Tour 13) auf 260 m über dem Meeresspiegel.

An der folgenden Weggabelung (km 2,7) nehmen Sie den **Abzweig nach links** ❷ Richtung Entré Väst und Skrattabborrtjärn und folgen somit der **blauen Markierung.**

↳ Wer einen Abstecher zur beeindruckenden **Slåtterdalsskrevan** unternehmen möchte, geht hier geradeaus und folgt der orangenen Markierung sowie der Ausschilderung. Die Slåtterdalsskrevan wird nach 600 m über einen sehr felsigen Pfad erreicht.

Auf Ihrer **blau markierten Route** führt der Pfad deutlich bergauf und nach rund 550 m erreichen Sie einen dieser wunderbaren **Aussichtspunkte** der Höga Kusten mit weitem Blick über den Wald, die felsige Landschaft und das Meer. Bei sonnigem Wetter bietet sich hier auf den warmen Felsen mit bester Aussicht auch eine Pause an.

Sie folgen weiterhin der **blauen Markierung**, zunächst über Felsen und dann wieder durch lichten Wald. Die Landschaft wird insgesamt felsiger und offener. Auf den schroffen Felsen gedeiht kein dichter Wald mehr, Kiefern wachsen in Fels-

Wunderbare Moor-Fichtenwälder laden zum Entdecken ein – was für ein Kontrast zu den trockenen Kiefernwäldern auf Felsstandorten

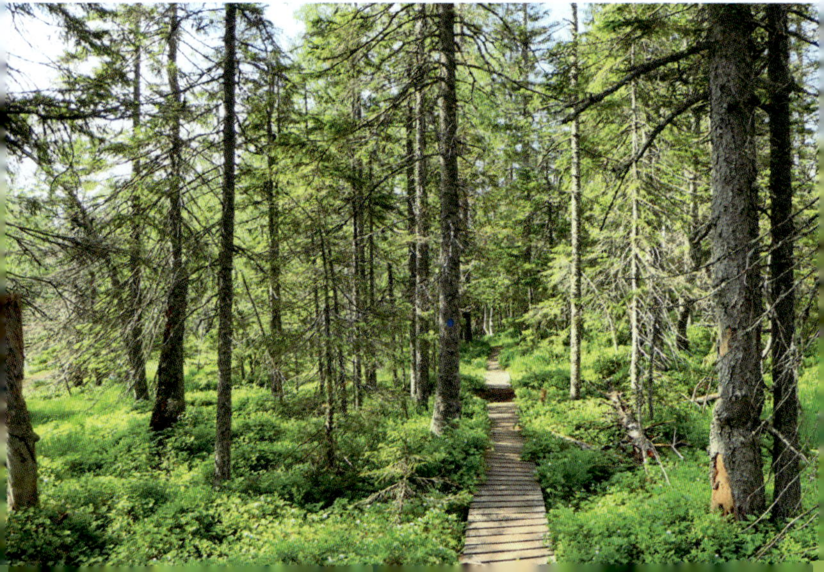

spalten, auf Erdansammlungen und am Rand von Mooren. Sie sehen es den zierlichen, knorrigen Bäumen nicht auf den ersten Blick an, aber viele der Kiefern sind über 500 Jahre alt. Ihr Weg führt an kleineren Mooren vorbei und Sie können die schroffen, rötlichen Felsformationen aus dem landschaftstypischen Nordingrå-Granit bewundern, die Ihr Blick in der Umgebung erfasst. Erst wenn der Pfad wieder leicht bergab führt, wird auch der Wald wieder dichter, Fichten übernehmen hier die Vorherrscht. Sie laufen auf einem **Bohlenweg** über ein weiteres kleines Moor und entdecken die charakteristischen Blätter der **Moltebeere** (*Rubus chamaemorus*), der nordischen Verwandten unserer Brombeeren, Wahrzeichen Lapplands und des hohen Nordens. Wer hier im Herbst wandert, hat gute Chancen, reife Moltebeeren ernten zu können, große, orangen leuchtende Früchte mit einem ganz besonderen Geschmack und hohem Vitamingehalt.

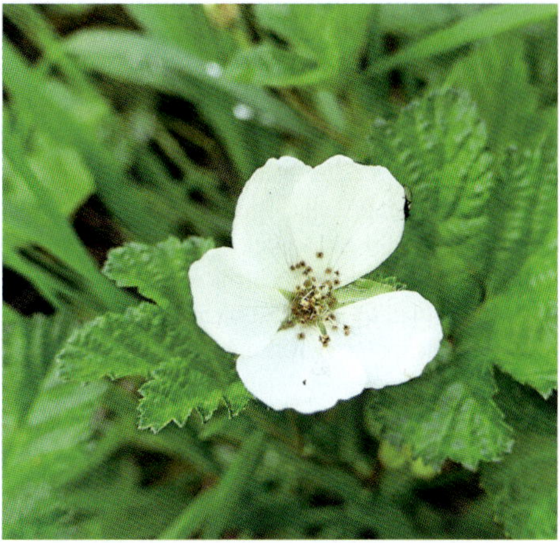

Blühende Moltebeere (Rubus chamaemorus) im Moor-Fichtenwald

☺ **Achtung**: Die Beeren sind reif, wenn sie leuchtend orangen gefärbt sind, solange sie rot aussehen, sind sie noch nicht reif und nicht genießbar.

Im Frühsommer ziehen die großen, weißen Blüten dieses Rosengewächses bewundernde Blicke auf sich.

An der folgenden Weggabelung (km 5,1) ❸ zweigt der Pfad zur Hütte Norrsvedjebodarna ab. Um diese zu erreichen, unternehmen Sie einen kurzen Abstecher **nach rechts**.

Nach 300 m erreichen Sie den ⩚ **Rastplatz** und die ⌂ **Übernachtungshütte** Norrsvedjebodarna. Die schöne, neue Holzhütte steht auf einem historischen *fäbod*, einer norrländischen Alm, mit bunt blühenden Wiesen und einem sehr idyllischen Ambiente. Bei schönem Wetter genießen Sie die Sonne auf den Bänken an der Feuerstelle und erfreuen sich an der Blütenpracht der Wiesen. Bei

Regen ist diese Hütte eine der besten und gemütlichsten Unterschlupfmöglichkeiten im Nationalpark Skuleskogen. In der Hütte darf übernachtet, auf den Wiesen des *fäbod* ⛺ gezeltet werden und auch ein Klohäuschen ist vorhanden. Die Hütte Norrsvedjebodarna ist recht neu, aber einfach ausgestattet, sie ist nicht reservierbar und kostenfrei nutzbar. Da dieser schöne Ort von allen drei Eingängen sowie der Slåtterdalsskrevan maximal weit entfernt ist, eignet er sich besonders gut für eine Übernachtung inmitten des Nationalparks in Zeiten mit hohem Besucheraufkommen. Und natürlich darf in dieser Landschaft aus Wald und Wasser auch ein See nicht fehlen, der Skrattabborrtjärn liegt versteckt mitten im Wald und die Bäume spiegeln sich auf seiner Wasseroberfläche.

Nach einer ausgiebigen Rast gehen Sie die 300 m **zurück zur Weggabelung ❸**. Nun folgen Sie der **blauen Markierung** und dem Pfad **geradeaus** weiter (von links sind Sie ursprünglich gekommen) Richtung Süden.

Der Pfad führt Sie an einem Hang entlang durch dichten, schattigen Fichtenwald. Es ist kühl und feucht hier. Bei km 7,5 kreuzt ein fröhlich plätschernder Bach Ihren Pfad ❹. Wald ist nicht gleich Wald, nicht einmal innerhalb des Nationalparks. Dieser hier hat keine Ähnlichkeiten mit dem lichten, knorrigen Kiefernwald auf den extremen Felsstandorten, durch den Sie noch vor einigen Stunden gelaufen sind. Es handelt sich um einen entspannten Wegabschnitt, lange geradeaus und leicht bergab, ruhig und einsam.

Nach 9,3 km Wegstrecke erreichen Sie eine **Weggabelung ❺** und stoßen auf den orangen markierten Höga kustenleden. Hier ist die Wegeführung recht verwirrend und der orangen markierte Pfad nicht gut erkennbar. Sie haben zwei Möglichkeiten, Ihr Ziel, den Entré Syd, zu erreichen. Am einfachsten ist es, ⇨ an der Weggabelung nach links abzubiegen und dem orangen markierten Pfad durch das Unterholz zu folgen. Dieser ist allerdings leicht zu übersehen, daher wird hier die leichter zu findende Alternative beschrieben: Sie folgen dem **orangen markierten Pfad** nach **rechts**, aber nur für wenige Meter. Dann trifft der Pfad auf eine Schotterstraße. Nun verlassen Sie die orangene Markierung, stattdessen folgen Sie der **Schotterstraße nach links**. Der Abschnitt auf der Schotterstraße ist nur einen knappen Kilometer lang, Sie erreichen den **Entré Syd** nach 10,3 km Wegstrecke.

⇨ Alternativ kann der orangen markierte Pfad des Höga kustenleden genutzt werden, der nahezu parallel zur Schotterstraße nur wenige Meter von dieser entfernt verläuft.

Schwedische Ostküste
Mitte

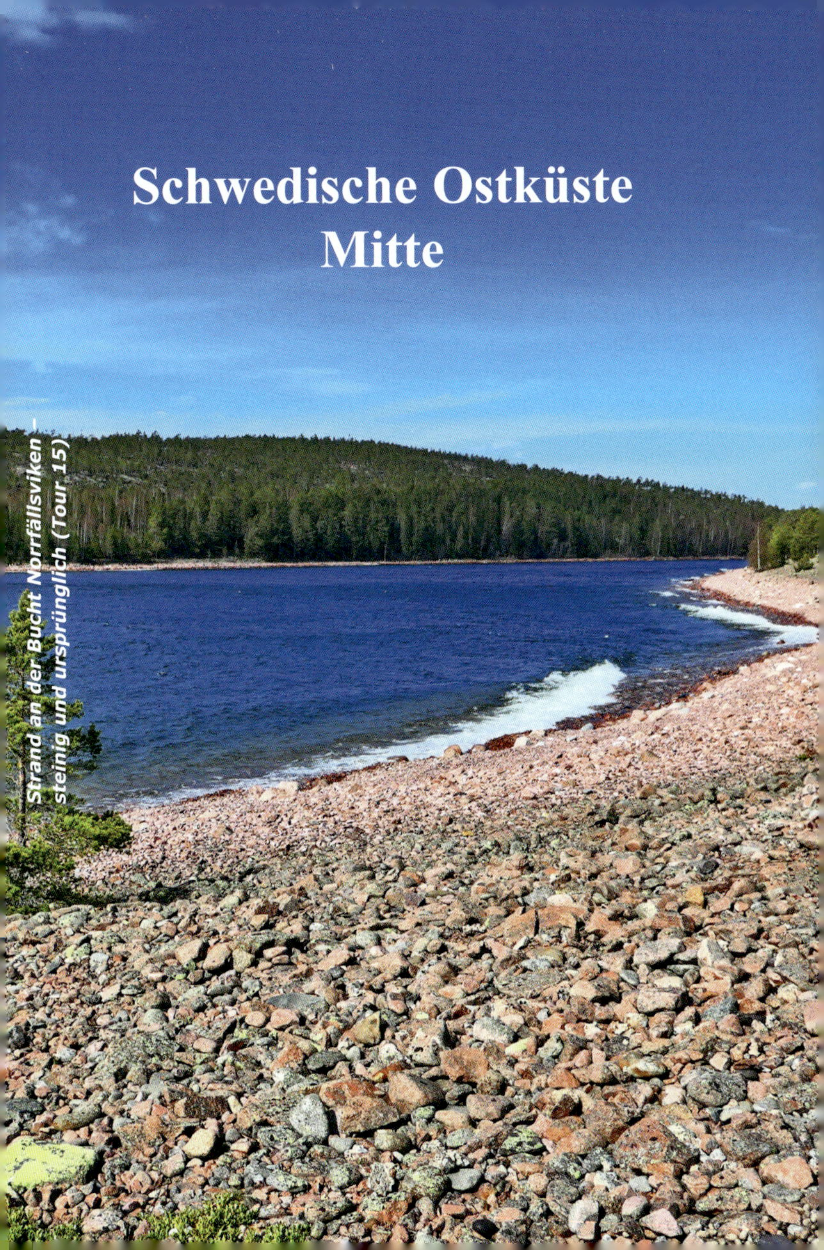

Strand an der Bucht Norrfällsviken – steinig und ursprünglich (Tour 15)

9 Skuleberget mit Kalottstigen

Tour für Fans von Natur, Fotografinnen und Fotografen sowie Geologieinteressierte

Dies ist ***der*** *Höga-Kusten-Wanderklassiker! Der Skuleberget ist eine der größten Sehenswürdigkeiten der Region und bietet vielfältige Erlebnismöglichkeiten. Hier wird ein Rundweg über normal begehbare Wege beschrieben – alternativ stehen diverse Via-Ferrata-Routen/Klettersteigrouten sowie ein sehr steiler Pfad zur Verfügung. Die Aussicht vom Gipfel ist fantastisch, wilde Felslandschaften dürfen natürlich nicht fehlen. Eine unbedingt empfehlenswerte Tour, die mit Kindern etwas modifiziert werden kann.*

Start/Ziel: Naturum Höga Kusten, GPS N 63°04.377' E 018°21.387'

6,6 km (mit Abstecher zum ArkNat Shelter 7,5 km)

3 Std. 30 Min. (mit Abstecher zum ArkNat Shelter 4 Std.)

364 m/364 m

26-281 m

blaue Punkte und rote Punkte

Anspruchsvoll: gewachsener Fels, sehr steinige und wurzelreiche Waldpfade, Bohlenwege, Schotterweg. Z. T. sehr steiles, felsiges Gelände, achtsame Fortbewegung wird empfohlen.

Restaurant/Café im Naturum am Start/Ziel, Restaurant/Café in der Toppstuga Skuleberget (km 2,7 und 3,8)

Sieben Rastplätze/Shelter/Schutzhütten liegen am Weg: am Start/Ziel Naturum, am Pkw-Rastplatz (km 0,2), Rastplatz am Aufstieg (km 1,6), große Schutzhütte am Gipfel (km 2,6), am Restaurant Toppstuga (km 2,7 und 3,8), Rastplatz mit Shelter am Kalottstigen (km 3,4), Rastplatz am Abstieg (km 5,1); Abstecher zum ArkNat Shelter möglich.

Wasserhahn außen am WC am Pkw-Rastplatz (km 0,2) und außen an der Toppstuga (km 2,7)

WC Naturum am Start/Ziel, am Pkw-Rastplatz (km 0,2), an der Toppstuga (2,7)

Diese Tour mit Abstieg über den Östra Bergstigen ist für Kinder ungeeignet. **Variante mit Kindern/Hunden:** Aufstieg über den Södra Bergstigen und Kalottstigen wie hier beschrieben, aber Abstieg anstatt über den Östra Bergstigen ebenfalls über den Södra Bergstigen; für ältere Kinder, die Erfahrungen mit Wanderungen abseits befestigter Wege haben, gut geeignet

Diese Tour mit Abstieg über den Östra Bergstigen ist für Hunde ungeeignet. Alternative siehe Variante mit Kindern/Hunden; dennoch sehr lange Abschnitte über Fels, kein Trinkwasser über weite Wegabschnitte vorhanden.

P am Start/Ziel Naturum Welterbe Höga Kusten

Världsarvsbussen zum Naturum etwa von Ende Juni bis Mitte August (www.hogakusten.com/sv/varldsarvsbussen), Linienbusse (www.dintur.se), bitte Fahrpläne prüfen!

Wo der Pfad über steilen Fels aufwärts führt, wird er durch blau markierte Holzstäbe gekennzeichnet

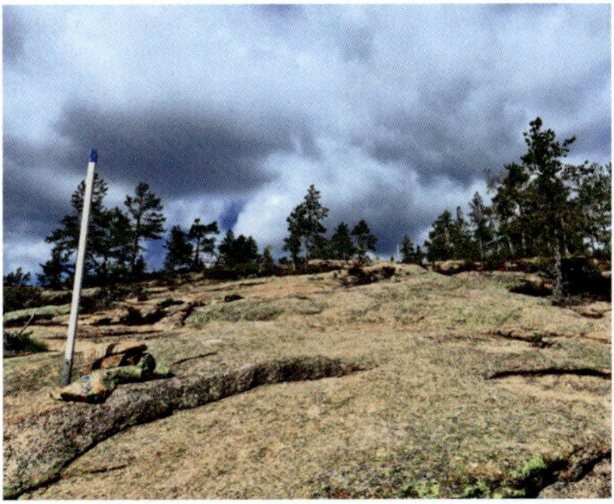

Die Tour startet am Naturum Höga Kusten, direkt an der Straße E4 nördlich von Docksta. Dort befindet sich auch ein großer Pkw-Rastplatz mit WC-Anlage. Das große Gelände bietet neben Parkplätzen auch Rastplätze mit Tischen und Bänken, einen Kinderspielplatz und im Naturum ein Restaurant/Café sowie eine Ausstellung zum Weltnaturerbe Höga Kusten

⌘ ✕ Naturum Höga Kusten mit Restaurant/Café, Skuleberget, 870 33 Docksta, +46 (0)6 13/70 02 00, info@naturumhogakusten.se, www.varldsarvethogakusten.se/en, Ende März bis Anfang November täglich 10:00-17:00, im Hochsommer 9:00-19:00, Eintritt frei

Hier befindet sich auch das Via-Ferrata-Büro, wo die Ausrüstung (Helm, Klettergurt, Klettersteigset in Y-Form und mit passenden Karabinern) geliehen werden kann und Kletterbegeisterte eine Einführung in die vorhandenen Klettersteigrouten am Skuleberget bekommen (www.schwedentipps.se/hoega-kusten/via-ferrata-skuleberget, http://www.viaferrata.se/english). Im Naturum gibt es außerdem Informationen zu den verschiedenen normal begehbaren Wanderwegen auf den Skuleberget. Der hier beschriebene Rundweg führt über den Södra Bergstigen (Aufstieg, weniger anspruchsvoll), den Kalottstigen (auf dem Gipfelplateau, leicht) und den Östra Bergstigen (Abstieg, steil und anspruchsvoller). Hier nicht beschrieben wird neben den Klettersteigrouten der Grottstigen, der unweit der Klettersteige sehr steil, z. T. über Leitern, den kürzesten Weg darstellt und Schwindelfreiheit sowie sehr gute Kondition erfordert. Im Hochsommer führt auch ein Sessellift (Linbane) auf den Skuleberget.

Am **Hauptwegweiser** links vom Eingang des Naturums biegen Sie **nach links** ab, um dem **Södra Bergstigen** (S Bergstigen) und der blauen Markierung zu folgen. Sie gehen zunächst am Pkw-Rastplatz entlang und passieren nach rund 150 m mehrere ⛩ **Rastplätze** mit Tisch-Bank-Kombinationen, die z. T. überdacht sind. Auch eine WC-Anlage mit Außenwasserhahn ist hier vorhanden (km 0,2). Sie folgen dem Schotterweg, der neben der blauen Markierung auch die orangene Markierung des Höga kustenleden trägt, und Sie in den Wald hineinführt. Bereits nach wenigen Metern wird der Schotterweg zu einem Waldweg, der sich einfach erwandern lässt. Nach insgesamt 500 m Wegstrecke erreichen Sie einen **Wegweiser ❶**, an dem Sie **nach rechts** abbiegen. Sie folgen dem **Södra Bergstigen** (S Bergstigen) und der blauen Markierung bergauf, der Waldpfad wird bald sehr felsig, der Wald wird lichter. Nach weiteren 500 m gelangen Sie erneut an einen Wegweiser (km 1), an dem Sie **nach rechts** Richtung Toppen (Gipfel) abbiegen.

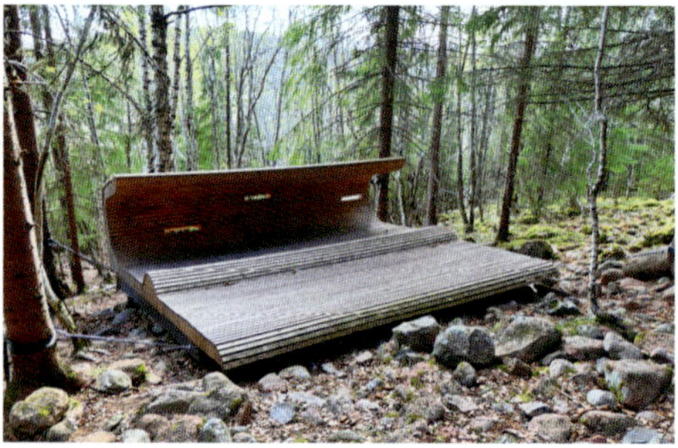

Das ArkNat Shelter Forest Cradle am Fuß des Skuleberget unweit des Friluftsbyn

↳ Gehen Sie stattdessen weiter Richtung Friluftsbyn, erreichen Sie nach knapp 500 m das ArkNat Shelter Forest Cradle, ein interessantes Holzkunstwerk, das zu einer Rast einlädt. Hin und zurück benötigen Sie für diesen **Abstecher** rund 30 Min.

Nun führt der Pfad über gewachsenen Fels, Nordingrå-Granit, immer bergauf. Bald wird das Gelände steiler. Hier kann nur noch der Kiefern-Flechten-Wald auf diesen extremen Felsstandorten überleben.

✋ **Achtung**: Bei Nässe besteht Rutschgefahr auf den Felsen. Auch bei Trockenheit wird erhöhte Aufmerksamkeit empfohlen.

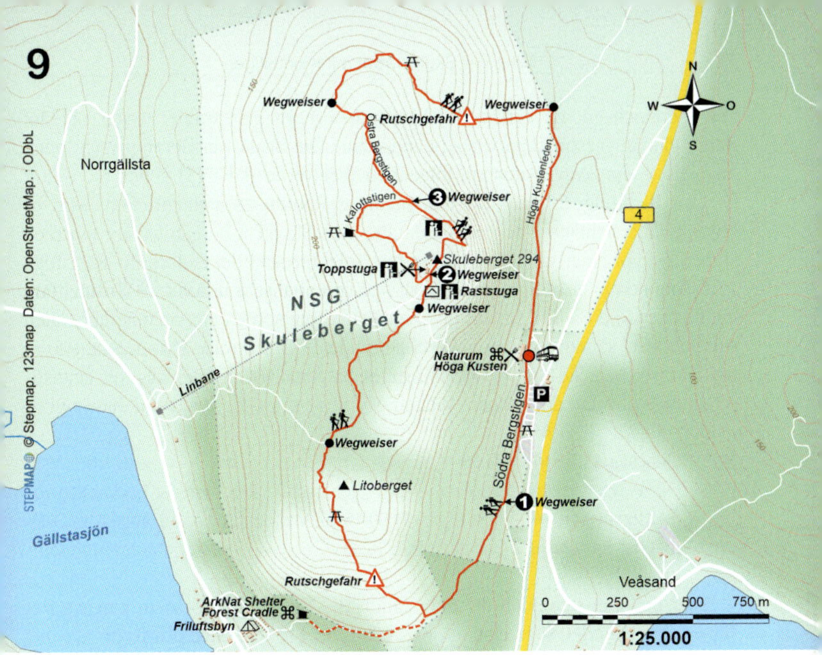

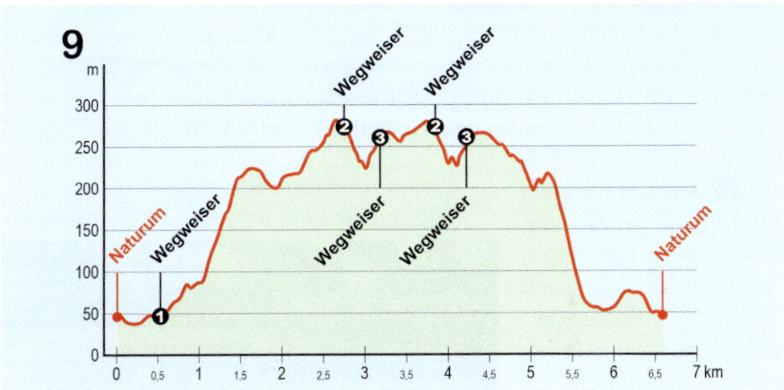

Nach 1,6 km Wegstrecke wartet ein kleiner ⛬ **Rastplatz** auf erschöpfte Wanderinnen und Wanderer: eine Tisch-Bank-Kombination mit einer fantastischen Aussicht über die Landschaft südlich des Skuleberget. Sie folgen weiter der blauen Markierung bergauf. Bald erreichen Sie erneut einen Wegweiser (km 1,9), dem Sie **geradeaus** Richtung Toppen folgen. Der Weg bleibt weiterhin sehr felsig, ist aber dennoch gut zu gehen und blau markiert. Es geht immer weiter bergauf durch eine ausgesprochen felsige Landschaft. Die blaue Markierung weist Ihnen zuverlässig den Weg. Auch am folgenden Wegweiser (km 2,5) gehen Sie weiter bergauf **Richtung Toppen**. Da hier mehrere Routen zusammentreffen, wird es etwas unübersichtlich – achten Sie darauf, dass Sie nicht bergab laufen. Plötzlich stehen Sie vor einer großen, einladenden Holzhütte mit der Aufschrift „Raststuga – Välkommen in" (km 2,6). Es handelt sich um eine sehr schöne **Schutzhütte** mit Tischen und Bänken, einem Ofen mit Feuerholz sowie einer atemberaubenden Aussicht! Bei kaltem, windigem Wetter der ideale Ort für eine Pause. Nur 100 m weiter erreichen Sie die **Toppstuga**, selbstverständlich ebenfalls mit fantastischer Aussicht und auch einem WC.

Toppstuga, +46 (0)7 08/74 32 04, www.friluftsbyn.se/skuleberget-toppstuga-hoga-kusten, in der Hochsaison von Mittsommer bis 14. August täglich 11:00-16:00, Mai, Juni und ab 15. August bis Oktober nur Samstag und Sonntag 11:30-15:00

Hier befindet sich auch die Bergstation des Sessellifts. Vor dem Eingang der Toppstuga befindet sich eine große, hölzerne **Aussichtsplattform**, die bei schönem Wetter zum Genießen der Aussicht einlädt. Von dieser Aussichtsplattform, mit der Einkehr im Rücken, folgen Sie dem **Holzsteg** nach links Richtung Kalottstigen und gelangen nach wenigen Metern an einen **Wegweiser** ❷ (km 2,8). Sie biegen nun auf dem **Holzsteg nach rechts** ab und folgen dem Wegweiser sowie dem Holzsteg Richtung Kalottstigen und Ö Bergstigen. Schnell gelangen Sie auf eine weitere **Aussichtsplattform** (km 2,9), auf der Sie **nach links** Richtung Kalottstigen (rote Markierung) und Ö Bergstigen (blaue Markierung) abbiegen. Sie folgen den Markierungen.

Dies ist die höchste Küstenlinie der Welt. 286 m über dem (heutigen) Meeresspiegel.

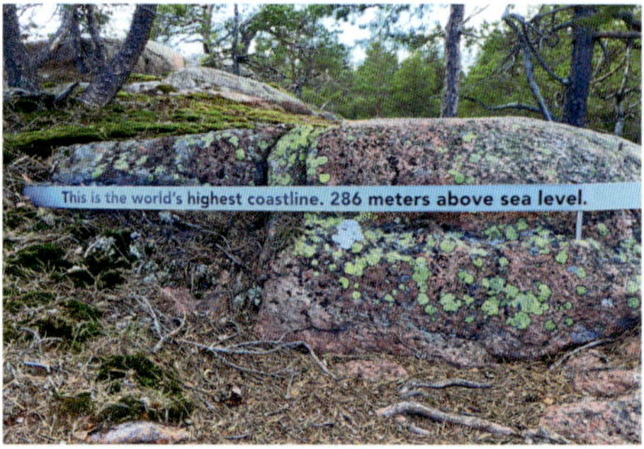

☺ Sie befinden sich nun oberhalb der höchsten Küstenlinie! Die Erdkappe des Skuleberget, die sog. Kalotte, ist niemals von den

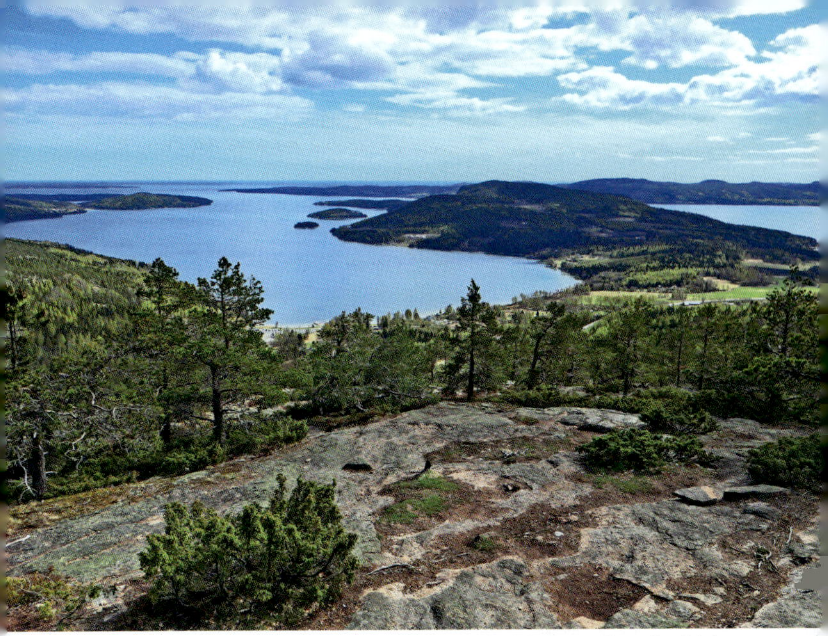

Fantastische Aussichten vom Skuleberget über die felsige, bewaldete Küstenlandschaft

Wellen abgewaschen worden, daher befindet sich hier eine relativ mächtige, humusreiche Erdschicht, auf der Fichtenwald wächst – im Gegensatz zu anderen Teilen des Berges, auf denen Sie über blanken Fels oder durch Flechten-Kiefernwälder gewandert sind. Ein faszinierendes Phänomen. Unglaublich, dass der Skuleberget so viel tiefer lag, dass die Wellen die gesamte Erde, außer die von der Kalotte, abwaschen konnten. Wie gewaltig die nacheiszeitliche Landhebung wirkt! Dies ist die höchste marine Küstenlinie der Welt!

Kalotte/Kalottberg

Als Kalotte wird ein nicht von Wellen ausgewaschener Berggipfel mit einer Erdkappe oberhalb der höchsten Küstenlinie bezeichnet. Im Gebiet Höga Kusten können Berge, die heute höher als 280 m sind, Kalottberge sein. Eine Kalotte ist daran zu erkennen, dass sie mit Fichtenwald bewachsen ist (Fichtenwald auf den höchsten Arealen eines Berges). Unterhalb des Waldes befindet sich häufig ein kahler Bergabschnitt, an dem die Erde komplett von den Wellen weggewaschen wurde. Im Welterbe Höga Kusten gibt es etwa zehn Kalottberge, die meisten im oder unmittelbar am Nationalpark Skuleskogen.

Bei km 3 folgen Sie der roten und der blauen Markierung nach rechts. Am folgenden **Wegweiser ❸** (km 3,2) erreichen Sie den **Abzweig des Östra Bergstigen**. Hier haben Sie zwei Möglichkeiten. Entweder Sie steigen hier direkt über den Ö Bergstigen ab, dann folgen Sie ab hier der blauen Markierung abwärts. Oder Sie wandern zunächst den Rundweg des Kalottstigen einmal ganz herum (1,2 km) und laufen anschließend erneut bis an diesen Abzweig.

Die zweite Variante wird hier beschrieben. Sie folgen daher zunächst der roten Markierung des Kalottstigen. Die Kalotte mit ihrem Fichtenwald auf der einen Seite und den schroffen, felsigen Bergflanken auf der anderen Seite ist ein ganz besonderer Ort. Einst schlugen hier die Wellen an die felsigen Flanken des Skulebergets. Nach 3,4 km Wegstrecke erreichen Sie einen ⊼ **Rastplatz** mit Shelter, Bänken und Feuerstelle sowie einer beeindruckenden Aussicht. Sie folgen der roten Markierung und erreichen bald wieder die Seilbahnstation, wandern an der Toppstuga entlang und über den Holzsteg. Es ist ein kurzer Rundweg, dann sind Sie bereits zurück am **Wegweiser ❸** (km 4,2) und beginnen mit dem **Abstieg über den Ö Bergstigen** – somit folgen Sie nun der blauen Markierung. Der Östra Bergstigen erwartet Sie mit einem steilen Abstieg, erhöhte Aufmerksamkeit wird empfohlen.

Bei nassen Bedingungen sollte der Abstieg aus Sicherheitsgründen wieder über den Södra Bergstigen erfolgen.

Die blaue Markierung führt Sie steil über Felsen und durch lichten Kiefern- und Fichtenwald bergab. Nach 4,8 km Wegstrecke biegen Sie am Wegweiser **nach rechts** ab Richtung Naturum. Die blaue Markierung führt Sie nun durch dichteren Fichtenwald und wenig später (km 5,1) lädt ein ⊼ **Rastplatz** mit Tisch-Bank-Kombination zu einer Pause ein. Hier genießen Sie den Ausblick auf die steile, felsige Bergflanke des Skuleberget. Der Pfad bleibt sehr steil und führt über große Felsblöcke bergab, ein achtsamer und umsichtiger Abstieg wird empfohlen.

Vorsicht: Rutsch- und Sturzgefahr, insbesondere bei Nässe!

Nach 5,7 km Wegstrecke ist der Abstieg bewältigt und Sie biegen am Wegweiser **nach rechts** ab. Nun wandern Sie auf einem ausgebauten Schotterweg, der sowohl mit der blauen Markierung als auch mit der orangenen Markierung des Höga kustenleden versehen ist. Sie folgen dem **Schotterweg** weiter geradeaus und ignorieren die abzweigenden Wege. Nach 6,6 km Wanderung erreichen Sie den Ausgangspunkt und das Ziel der Tour, das Naturum Höga Kusten.

⑩ Vårdkallberget (Värnsberget) mit ArkNat Shelter He

Tour für Fotografinnen und Fotografen, Architekturinteressierte und Fans von Natur

Der Vårdkallberget bietet eine der besten Aussichten der Region Höga Kusten – die zudem über eine recht einfache Wanderung zu erreichen ist. Sie erleben nahezu eine Rundumsicht über den zentralen Teil der Höga Kusten. Die Felslandschaft um den Aussichtspunkt herum ist ebenfalls rekordverdächtig wild und schön. Auch ein spezielles ArkNat Shelter gibt es zu entdecken. Die übrige Wanderung führt durch z. T. sehr urwüchsigen Fichten- und Kiefernwald.

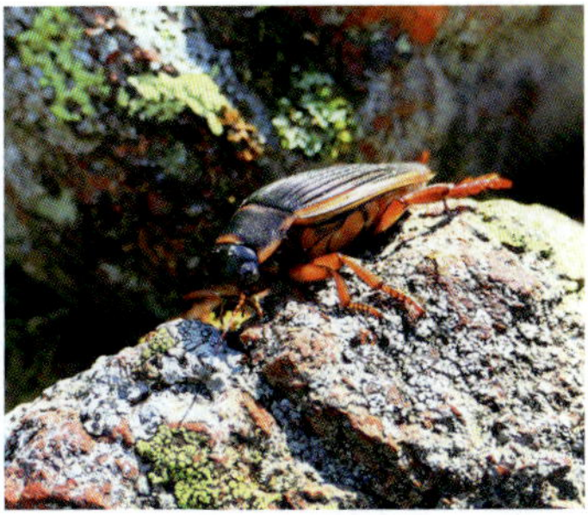

Begegnung mit einem interessanten Waldbewohner

- ⇆ Start/Ziel: kleiner Parkplatz bei Myre (bei Docksta), GPS N 63°02.961‘ E 018°22.039‘
- 5,5 km
- 4 Std.
- ↑↓ 227 m/227 m
- ⇧ 55-266 m
- kaum vorhanden, aber Pfad gut erkennbar
- Schotterstraße, steinige Waldwege/-pfade mit zahlreichen Baumwurzeln, Fels. Z. T. steiles, felsiges Gelände, Abschnitte über Felsen können bei Nässe sehr glatt sein.
- keine
- ein Rastplatz/Shelter am Ziel der einfachen Wegstrecke (km 2,8)
- Die Tour ist für ältere Kinder mit Geländeerfahrung gut geeignet, aber am Aussichtspunkt besteht Absturzgefahr.
- Für Hunde geeignet, allerdings kein Trinkwasser vorhanden. Am Aussichtspunkt besteht Absturzgefahr auch für Hunde.
- P kleiner Parkplatz am Startpunkt bei Myre nahe der E4/Docksta, Gebühr SEK 20/Tag
- ☺ Die Tour kann mit einer spartanischen Übernachtung im ArkNat Shelter He auch als Zweitagestour mit Panoramablick beim Sonnenauf- und -untergang unternommen werden.

☺ Von der Europastraße E4 fahren Sie nördlich von Docksta Richtung Värns ab. Bei dem Hof Myre befindet sich ein kleiner, privater Wanderparkplatz, für den eine Parkgebühr von SEK 20/Tag anfällt, die allerdings nur via Swish bezahlbar ist. Da die Voraussetzung für die Nutzung von dieser App ein schwedisches Bankkonto ist, kann dieses Bezahlsystem in der Regel von Urlauberinnen und Urlaubern nicht genutzt werden. Als Notlösung wird empfohlen, einen 20-Kronen-Schein unter die Scheibenwischer zu klemmen. Das zeigt den guten Willen, die Parkgebühren bezahlen zu wollen.

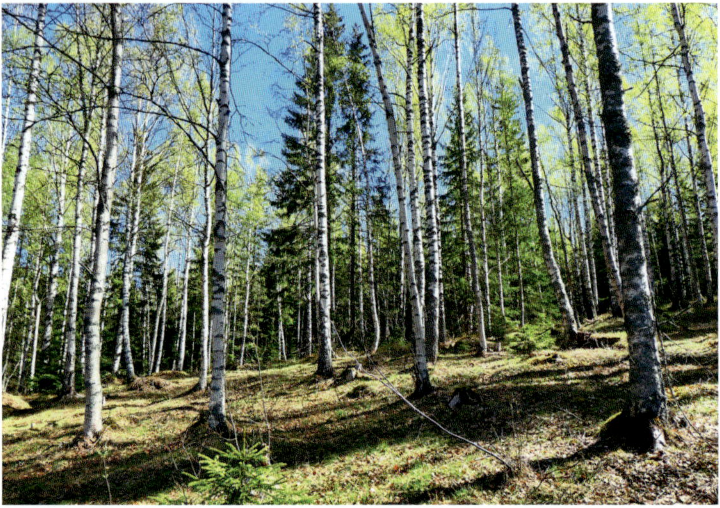

Die Wanderung auf den Vardkallberget/Värnsberget beginnt im lichten Birkenwald

Der Pfad Richtung Vårdkallberget/Värnsberget startet direkt **links vom Parkplatz**, ein handgemaltes Hinweisschild ist vorhanden. Sie wandern auf dem Pfad in einen lichten Birkenwald hinein, der Sie kurz darauf auf eine Schotterstraße führt. Sie folgen der **Schotterstraße** bergauf. 600 m nach dem Start erreichen Sie einen Mast. Auf Höhe des Mastes biegen Sie an der Weggabelung ❶ **nach rechts** ab und folgen dem Waldweg. Einige alte rote und gelbe Markierungen helfen bei der Orientierung. Der Pfad führt über eine große **Kahlschlagfläche**, hier weisen Steine auf abgesägten Baumstämmen den Weg. Hinter der Kahlschlagfläche folgen Sie dem deutlichen Pfad in den Fichtenwald hinein.

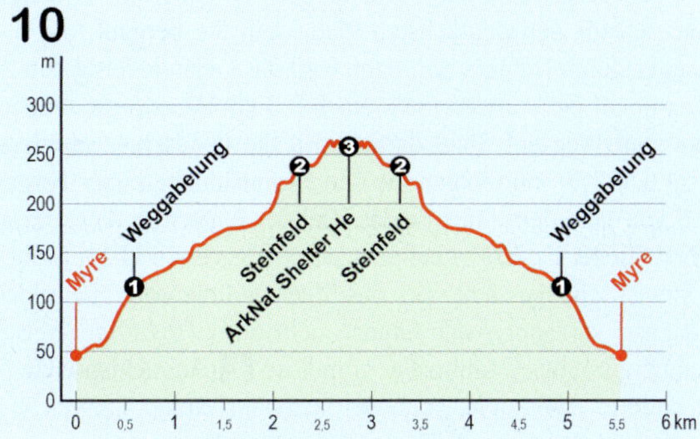
10
m
300
250
200
150
100
50
0
Myre
Weggabelung
Steinfeld
ArkNat Shelter He
Steinfeld
Weggabelung
Myre
0
0,5
1
1,5
2
2,5
3
3,5
4
4,5
5
5,5
6 km

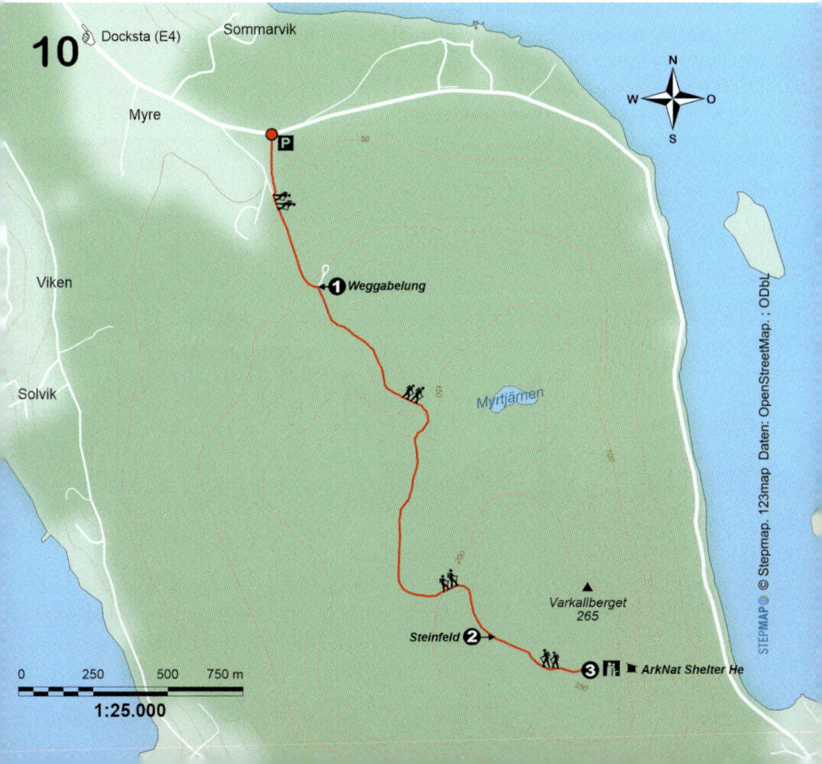
10
Docksta (E4)
Sommarvik
Myre
Viken
Solvik
Weggabelung
Myrtjärnen
Varkallberget
265
Steinfeld
ArkNat Shelter He
N
W
O
S
0
250
500
750 m
1:25.000
STEPMAP © Stepmap. 123map Daten: OpenStreetMap ; ODbL

Nach 1,5 km Wegstrecke führt der Weg an einem Moor entlang, hier entscheiden Sie sich für den deutlichsten Pfad, dem Sie **bergauf** folgen. Zunächst gehen Sie weiter durch Fichtenwald, dann wird das Gelände felsig (km 2) und Kiefernwald übernimmt die Vorherrschaft. Nach 2,3 km Wegstrecke taucht ein Steinfeld ❷ links vom Weg auf. Bald darauf wird die Landschaft wunderschön und herrlich felsig (km 2,5), nun folgen Sie den Steinmännchen über Felsen und Heidekraut. 2,8 km nach dem Start ist das **Ziel** der einfachen Wegstrecke erreicht, das ArkNat **Shelter** He ❸. Es befindet sich etwas versteckt am Hang und bietet damit eine fantastische Aussicht über das Meer und die wilde, bewaldete Küste – Wasser und Land verzahnen sich einmal mehr auf einzigartige Weise. Hier auf dem Vårdkallberget gibt es zahlreiche grandiose **Aussichtspunkte**, einer besser als der andere. Außerdem laden bei schönem Wetter zahlreiche Felsen zu einer Pause ein, bei der die wunderbare Aussicht in Ruhe genossen werden kann. Bei nassem Wetter bietet sich das ArkNat Shelter als geschützter **Rastplatz** an.

Nach einer ausgiebigen Pause treten Sie den Rückweg auf demselben Weg an.

Das ArkNat Shelter He – ein architektonisches Holzkunstwerk in absolut spektakulärer Lage

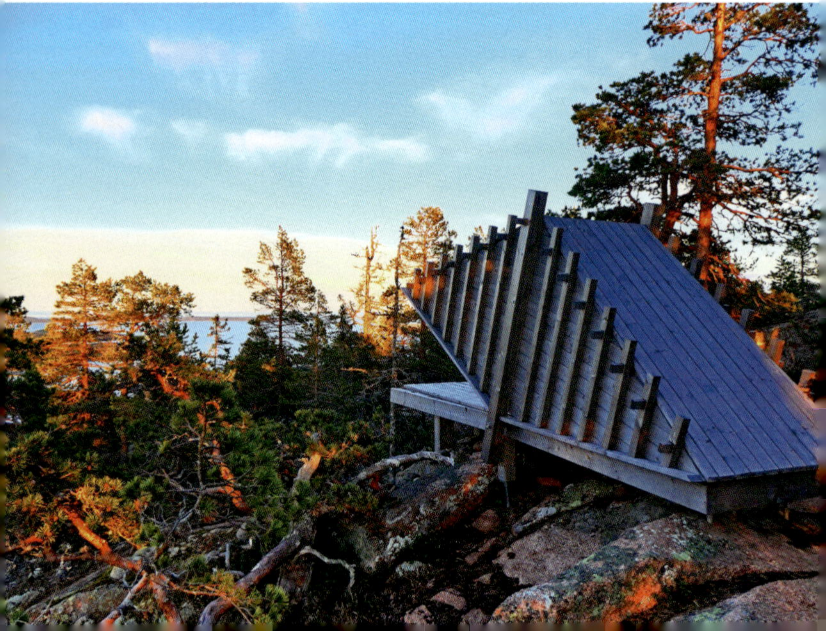

11 Fäberget von Skoved/Kustladan

Tour für Fans von Natur sowie Fotografinnen und Fotografen

Eine kurze Wanderung zu einem der besten Aussichtspunkte der Höga Kusten! Dieser Weg ist nicht lang und eher durchschnittlich schön. Aber er hat ein klares Ziel: die Aussicht vom Fäberget ist so grandios, dass die Tour in diesem Wanderführer nicht fehlen darf. Gestartet wird direkt an der Europastraße E4 an der Kustladan/Docksta Camping in Skoved bei Docksta, Parkplatz und Einkehrmöglichkeit sind hier vorhanden.

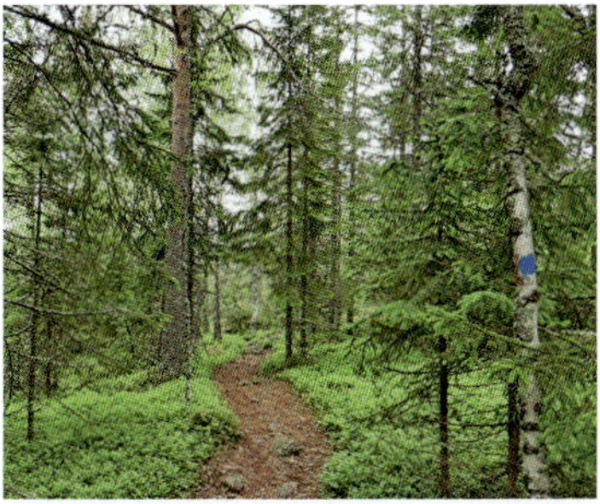

Blaue Punkte markieren den Weg

⇆ Start/Ziel: Kustladan/Docksta Camping in Skoved bei Docksta direkt an der Europastraße E4, GPS N 63°01.759‘ E 018°18.456‘

5,2 km

4 Std.

↑↓ 224 m/224 m

⇧ 23-188 m

blaue Markierung

Schotterstraße, Asphaltweg, steinige Waldwege/-pfade mit zahlreichen Baumwurzeln, Fels. Z. T. sehr steiles, felsiges Gelände, Abschnitte über Felsen können bei Nässe sehr glatt sein.

nur am Startpunkt an der E4 an der Kustladan/Docksta Camping in Skoved

ein Rastplatz/Shelter am Ziel der einfachen Wegstrecke (km 2,6)

WC auf Nachfrage an der Kustladan/Docksta Camping WC nutzbar (km 0)

Die Tour ist für Kinder **nicht** geeignet, da einige Wegabschnitte sehr steil und anstrengend sind und am Aussichtspunkt erhebliche Absturzgefahr besteht!

Für Hunde bedingt geeignet, allerdings längere Abschnitte über Asphaltwege und z. T. sehr steile Anstiege. Kein Trinkwasser vorhanden. Am Aussichtspunkt besteht Absturzgefahr für Hunde!

P am Startpunkt an der E4 an der Kustladan/Docksta Camping in Skoved

Världsarvsbussen zur Kustladan etwa von Ende Juni bis Mitte August (www.hogakusten.com/sv/varldsarvsbussen),
Linienbusse (www.dintur.se), bitte Fahrpläne prüfen!

Start dieser Tour ist die Kustladan/Docksta Camping in Skoved bei Docksta direkt an der Europastraße E4.

✕ Kustladan/Docksta Camping, Skoved 302, 870 32 Ullånger, +46 (0)70/603 69 06 und ☏ +46 (0)6 13/130 64, info@kustladan.se, www.dockstavandrarhem.nu/restaurang/, 26. Mai (Muttertag in Schweden) bis Ende August Montag bis Donnerstag 12:00-17:00, Freitag und Samstag 12:00-20:00

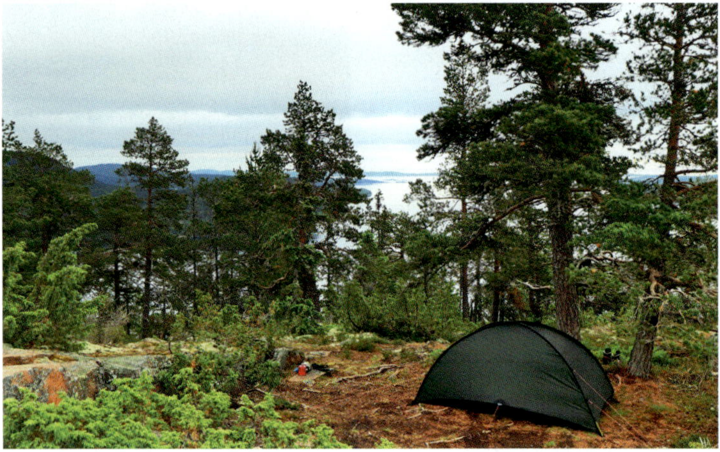

Der Fäberget bietet eine spektakuläre Zeltmöglichkeit für ein bis zwei kleine Trekkingzelte. Der gesamte Wasserbedarf muss hinaufgetragen werden – eine körperliche Herausforderung.

Zunächst folgen Sie dem Fuß-/Radweg an der E4 Richtung Südwesten bzw. Ullånger für 400 m. Sie biegen nach **links** ab und nehmen die **Unterführung** unter der E4 hindurch. Auf der anderen Seite der Straße gehen Sie auf der parallel zur E4 verlaufenden Nebenstraße in die Richtung zurück, aus der Sie gekommen sind, Richtung Nordosten bzw. Kustladan/Docksta Camping bzw. Docksta.

An der nächsten Weggabelung (km 0,9) folgen Sie dem **Abzweig nach rechts** ❶ und von dort an auch der **blauen Markierung**. Sie gehen zunächst 130 m über eine Schotterstraße und biegen dann nach rechts auf eine weitere Schotterstraße ab (km 1). Sie folgen zunächst dieser Schotterstraße und der blauen Markierung in den Wald hinein. Dann führt Sie die **blaue Markierung** auf einem Pfad weiter auf die Halbinsel hinaus. Auch (alte) orangene Markierungen können vorkommen,

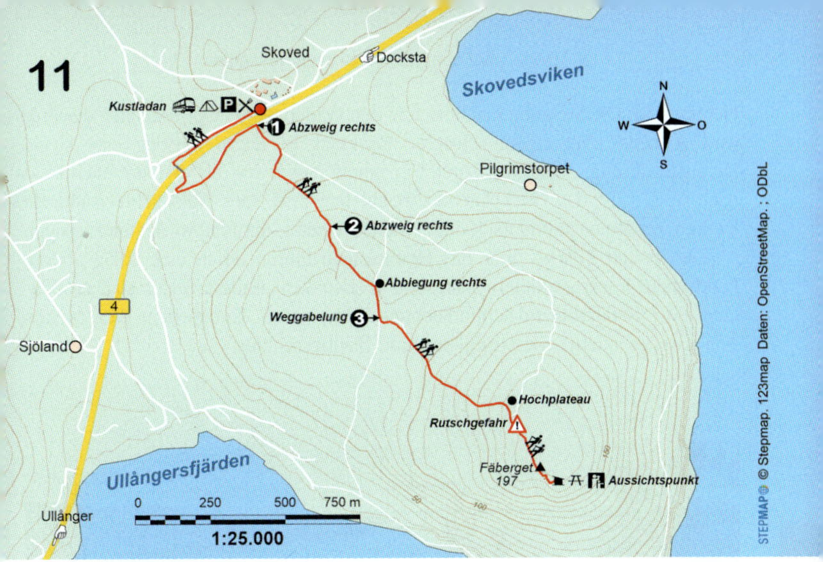

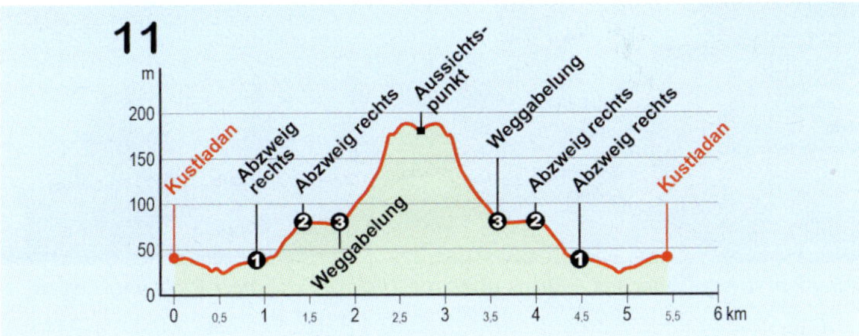

davon lassen Sie sich nicht irritieren, Sie orientieren sich an den (neueren) blauen Markierungen. Sie gehen durch Wald und über Kahlschlagflächen, dies ist eine typische schwedische Kulturlandschaft – Forstwirtschaft stellt in Schweden noch immer einen sehr wichtigen Wirtschaftszweig dar.

Nach 1,4 km Wegstrecke nehmen Sie den Abzweig nach **rechts** ❷ und folgen weiterhin der **blauen Markierung**. Ihre Wanderung führt Sie weiter durch Wirtschaftswald und über eine große Kahlschlagfläche, immer mehr oder weniger deutlich bergauf. Nach weiteren 250 m biegen Sie nochmals **nach rechts** ab (km 1,7).

Sie treffen auf eine Weggabelung ❸ (km 1,8), an der Sie **nach links** abbiegen. Ab hier führt Sie der blau markierte Pfad **sehr steil bergauf**. Es geht durch dichten

Fichtenwald. Die Steigung macht sich in den Waden bemerkbar und auch der Puls wird schneller. Mit einem schweren Rucksack ist dieser Anstieg eine kleine Herausforderung. Allerdings kommt er einem länger vor, als er tatsächlich ist – nach 600 m ist das Hochplateau erreicht (km 2,4). Der Wald lichtet sich, die Fichten werden nach und nach durch Kiefern ersetzt, der Pfad wird immer felsiger.

Die letzten 200 m über das **Hochplateau** führen durch eine völlig andere Landschaft. Knorrige Kiefern wachsen in Felsspalten. Andere Felsen sind großflächig mit pastellfarbenen Rentierflechten überwachsen. Neben dem Weg breiten sich Zwergsträucher wie Heidekraut und Blaubeeren aus.

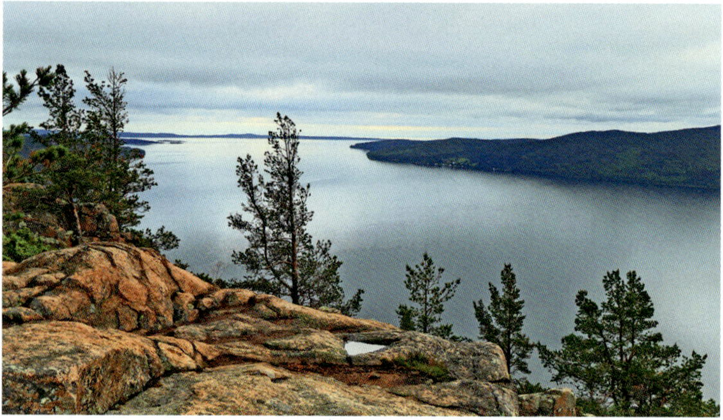

Aussichtsberg Fäberget – Blick über die Ullångersfjärden Richtung Osten

Nach **2,6 km** Wanderung erreichen Sie das **Ziel** der einfachen Wegstrecke, den **Aussichtspunkt** auf dem **Fäberget**. Hier bietet sich eine ausgiebige Rast auf den Felsen an, um die wunderbare Aussicht am besten genießen zu können. Auf den Felsen gibt es ausreichend Möglichkeiten, sich ein ganz privates Pausen- und Aussichtsplätzchen zu suchen. Für den Fall, dass Regen einsetzen sollte, ist ein **Shelter** – überdachte Bänke mit Feuerstelle – vorhanden.

Nachdem die Aussicht gebührend bewundert wurde, geht es auf demselben Weg zurück, den Sie gekommen sind. Da der **Rückweg** fast ausschließlich bergab verläuft, kann dieser sehr zügig absolviert werden.

Vorsicht: Rutschgefahr bei Nässe auf den steilen Waldpfaden sowie Abschnitten über Felsen!

12 Körningsberget von der Kirche Nordingrå mit ArkNat Shelter The Tree Cube

Tour für Familien, Fotografinnen und Fotografen sowie Architekturinteressierte

Dies ist eine kurze und vergleichsweise einfache Wanderung, die dennoch eine wunderschöne Aussicht über das Dorf Körning und den See Vågsfjärden bietet. Ein wirklich ganz besonderes ArkNat Shelter ist ein weiteres Highlight, das nicht nur bei Kindern für Begeisterung sorgt. Außerdem kann die Tour mit einem Besuch der sehenswerten Kirche von Nordingrå kombiniert werden. Viel Erlebnis auf kurzer Wegstrecke ist das Motto dieser Tour.

Start/Ziel: Kirche von Nordingrå, GPS N 62°55.716‘ E 018°17.301‘

3,9 km

1 Std. 30 Min.

152 m/152 m

5-124 m

z. T. rote/orangene Markierung, z. T. unmarkiert

sehr steinige und wurzelreiche Waldpfade, Straße; z. T. steiles Gelände, Rutschgefahr

keine

Zwei Rastplätze/Shelter liegen am Weg: am Start/Ziel an der Kirche Nordingrå, ArkNat Shelter (km 1,6).

ICA Supermarkt in 250 m Entfernung vom Start/Ziel an der Hauptstraße Vallenvägen

Für ältere Kinder, die kurze, steile Wegabschnitte auf Waldpfaden bewältigen können, ist die Tour gut geeignet. Das ArkNat Shelter ist ein Highlight für Kinder.

Diese Tour ist für Hunde geeignet, allerdings sind kurze steile und steinige Abschnitte zu bewältigen; kein Trinkwasser vorhanden.

P am Start/Ziel an der Kirche von Nordingrå

Diese Tour startet an der Kirche von Nordingrå. Sie überqueren die Hauptstraße Vallenvägen und folgen dem blauen Wegweiser Richtung Körningsberget die kleine Straße **Klockarvägen** hinauf. Sie laufen den Klockarvägen entlang, an Häusern vorbei, bis Sie an einen **Wendehammer** kommen. Dort halten Sie sich links und gelangen an einen **blauen Wegweiser** **1** (km 0,7). Hier biegen Sie **nach rechts** ab Richtung Körningsberget. Sie folgen einem deutlichen Pfad und sporadischen roten Markierungen durch jungen Wald und an einer Kahlschlagfläche vorbei. Nach 1 km Wegstrecke biegen Sie an einem Wegweiser **nach links** ab und folgen dem Pfad und den roten Markierungen in einen jungen Mischwald hinein. Der Waldweg ist nun sehr steinig. An der folgenden Weggabelung (km 1,4) gehen Sie **geradeaus** weiter, der Pfad führt Sie weiterhin durch jungen Mischwald. Nach 1,6 km Wegstrecke ist das ArkNat Shelter **The Tree Cube** erreicht ❷. Es handelt sich um einen hohlen Würfel aus Holz hoch oben in den Baumkronen, in den Besucherinnen und Besucher hineinklettern können! Nicht nur für Kinder ist dies ein tolles Erlebnis – dieses Shelter ist faszinierend und lädt zum Entdecken ein. Wer nicht gerne in Baumkronen klettert, hat mehr Zeit, die wunderschöne **Aussicht** vom Körningsberget zu genießen. Neben dem Shelter in den Baumkronen und der herrlichen Aussicht verfügt dieser **Rastplatz** über Sitzbänke und eine Feuerstelle.

Achtung: Nach dem Shelter/Aussichtspunkt folgen Sie einem unscheinbaren Pfad **nach rechts** (mit dem Tree Cube im Rücken).

Auf dem Körningsberget befindet sich das spannende ArkNat Shelter The Tree Cube

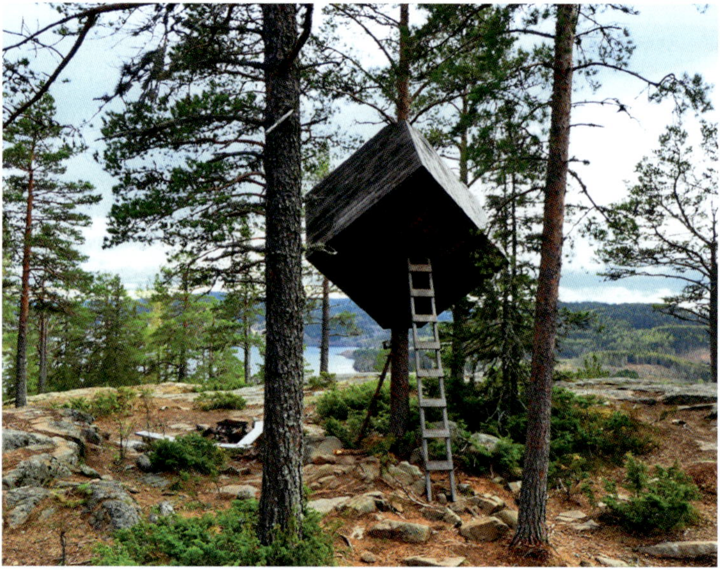

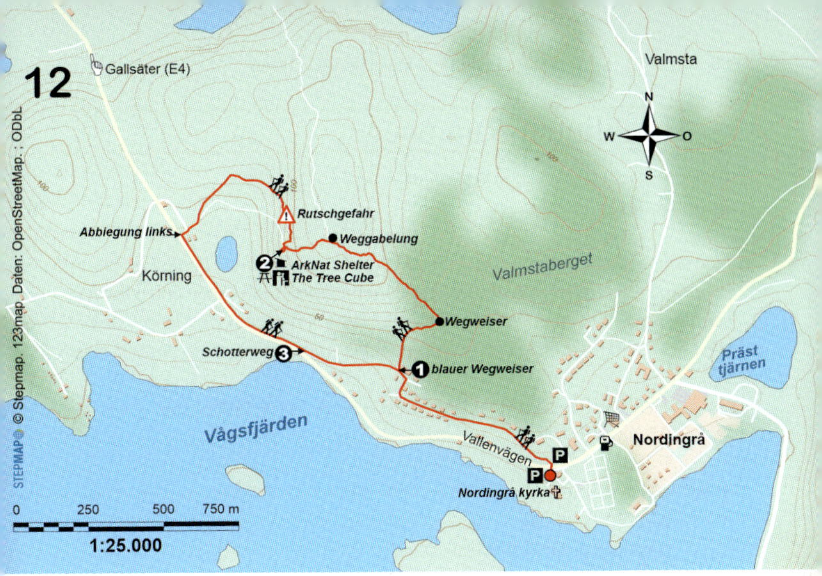

Der Pfad ist sehr steinig, übersät mit Baumwurzeln und führt recht steil bergab.

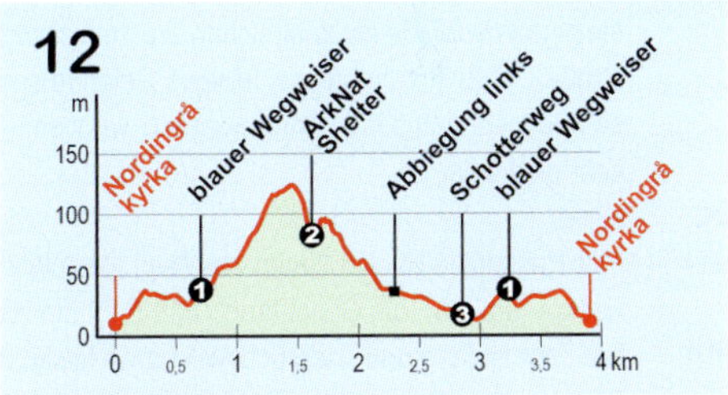

☝ **Vorsicht**: Bei Nässe besteht Rutschgefahr!

Sie folgen dem Pfad und sporadischen roten Markierungen bergab durch Birken-Fichten-Wald, bis Sie auf einen Schotterweg gelangen (km 2,2). Nach weiteren 100 m ist die **Straße** erreicht (km 2,3), Sie biegen hier **nach links** ab und folgen der Straße für 600 m. Nach 2,9 km Wegstrecke biegen Sie von der Straße **nach links** ab auf einen **Schotterweg** ❸, diesem folgen Sie für 300 m bis zum bekannten Abzweig ❶. Hier gehen Sie **geradeaus** weiter und folgen, wie zu Beginn der Wanderung, der Straße Klockarvägen bis hinunter zur Kirche und zum Ausgangspunkt der Tour.

13 Högklinten-Rundweg

Tour für Fans von Natur, Fotografinnen und Fotografen sowie Geologieinteressierte

Eine sehr abwechslungsreiche Wanderung mit zahlreichen Highlights: fantastische Panoramaaussichten vom Högklinten, herausfordernde Auf- und Abstiege, geheimnisvolle Höhlen, idyllische Seen und das höchstgelegene Klappersteinfeld der Welt – viele neue Eindrücke bekommen alle, die diese Tour in Angriff nehmen.

- Start/Ziel: Parkplatz Högklinten, GPS N 62°59.041‘ E 018°24.655‘
- 9,6 km
- 5 Std.
- 408 m/408 m
- 34-276 m
- blaue und gelbe Punkte/Markierung
- Anspruchsvoll: gewachsener Fels, Abschnitte über Geröllfelder und Felsblöcke, sehr steinige Waldpfade mit zahlreichen Wurzeln sowie einfache Waldpfade und Schotterstraße. Z. T. sehr steiles, felsiges Gelände und Blockfelder: z. T. technisch etwas schwieriger; achtsame Fortbewegung wird empfohlen. Felsen können bei Nässe sehr glatt sein.
- keine
- Vier Rastplätze/Shelter liegen am Weg: Rastplatz bei Infotafel (km 1,3), bei Abzweig Grottor (km 1,6), am Sandtjärnen (km 5,2), am zweiten See (km 5,9).
- Die Tour ist lang und anspruchsvoll sowie felsig, daher für Kinder ungeeignet.
- Für Hunde bedingt geeignet, allerdings längere Abschnitte über Felsen und Geröllfelder sowie Schotterstraße. Der Abstecher zu den Grottor (Höhlen) ist für Hunde ungeeignet. Kein Trinkwasser über weite Wegabschnitte vorhanden. Hunde sind in Högklintens naturreservat an der Leine zu führen.
- P am Start/Ziel der Tour
- Der Abstecher zu den Grottor (Höhlen) führt über einen sehr steilen, anspruchsvollen und beschwerlichen Pfad mit Seilsicherung. **Bei Nässe sollte auf diesen Abstecher verzichtet werden.** Die Tour wird anschließend oben am Wegweiser fortgesetzt, der Abstecher kann daher ausgelassen werden.

Start dieser Wanderung ist der P Parkplatz Högklintens naturreservat kurz vor dem Ort Mjällom. Bereits die Anfahrt zum Parkplatz ist abenteuerlich – eine Schotterstraße führt steil bergauf! Es wird empfohlen, vorsichtig zu fahren. Vom

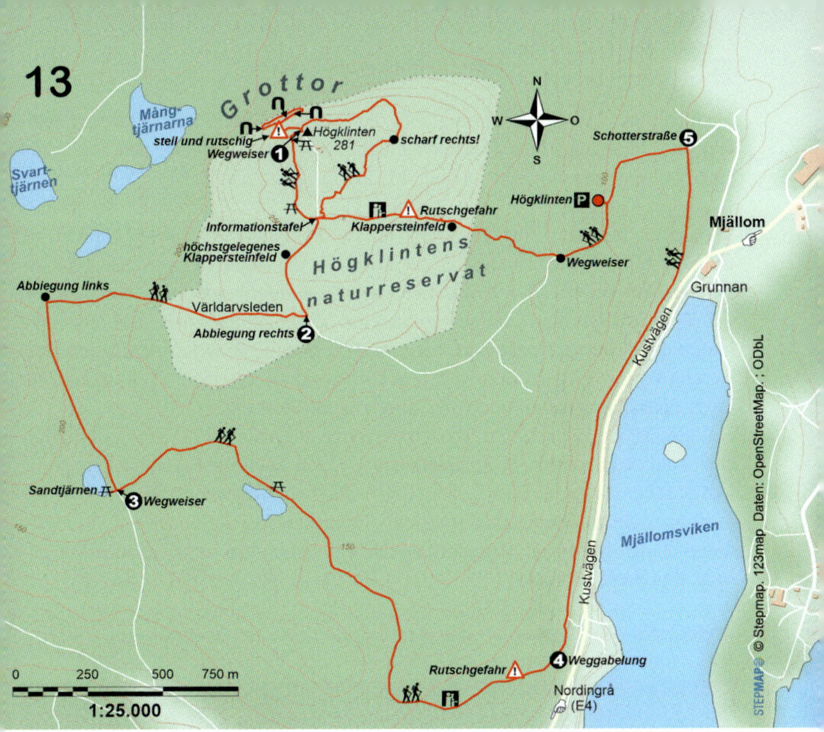

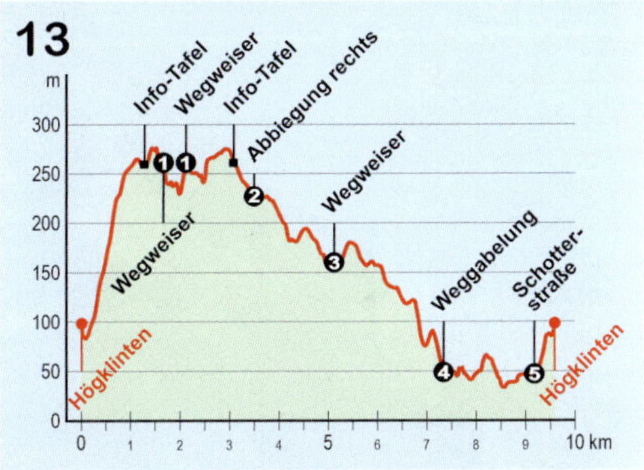

Parkplatz aus starten Sie auf dem gelb markierten Världarvsleden **nach rechts**. Sie folgen der Teerstraße steil bergauf durch Birken-Fichten-Wald. Nach 300 m biegen Sie am Wegweiser **nach rechts** ab Richtung Toppslinga (Gipfelrundweg), überqueren eine kleine Holzbrücke über einen Bach und folgen dem steinigen Waldpfad durch Fichtenwald. Nun orientieren Sie sich an der **blauen Markierung**. Bald dominieren Felsen und Kiefern die Landschaft (km 0,6) und

Sie folgen der blauen Markierung über die Felsen, bis Sie das erste **Klappersteinfeld** (☞ Infokasten Tour 8) erreichen (km 0,8) – dieses befindet sich bereits auf einer Höhe von rund 200 m über Meeresspiegelniveau. Felswände aus rotem Nordingrå-Granit erheben sich Richtung Himmel. Sie folgen weiter der blauen Markierung bergauf. Es wird anstrengend, der Pfad führt steil aufwärts durch eine wunderschöne, felsige Landschaft. Sie erreichen die ersten fantastischen **Aussichtspunkte** bei km 1 und wandern weiter auf dem markierten Pfad bergauf. 1,2 km nach dem Start überqueren Sie eine Schotterstraße, hier steht auch eine Informationstafel zu Högklintens naturreservat. Sie folgen weiter der blauen Markierung und erreichen nach weiteren 100 m (km 1,3) einen **Rastplatz** mit Tisch-Bank-Kombination und einer wunderbaren Aussicht.

Anschließend orientieren Sie sich weiter an der blauen Markierung und erreichen bald den nächsten **Rastplatz** (km 1,6) mit Tisch-Bank-Kombination sowie fantastischer Aussicht. Hier befindet sich auch ein **Wegweiser ❶** (km 1,6) mit dem Abzweig zu den Grottor (Höhlen). Trittsichere Wanderinnen und Wanderer unternehmen hier einen Abstecher zu den Höhlen, indem sie der blauen Markierung steil bergab folgen.

Anspruchsvoller Abstieg zu den Grottor, den Höhlen – bei nassem Wetter sollte auf diesen Abstecher aus Sicherheitsgründen verzichtet werden

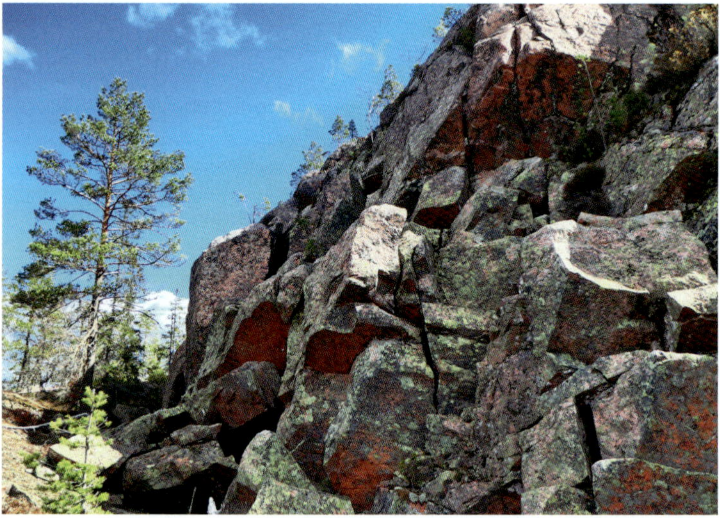

Achtung: Es folgt eine sehr steile, anspruchsvolle und beschwerliche Wegstrecke mit Seilsicherung. **Bei Nässe sollte auf diesen Abstecher verzichtet werden.** Auch wer sich unsicher fühlt, sollte diesen Abstecher vermeiden und ggf. am Rastplatz auf Mitwandernde warten. Die Tour wird nach den Höhlen am Wegweiser ❶ fortgesetzt.

Wer den Abzweig zu den Höhlen in Angriff nimmt, beginnt, die Höhlen zu suchen. Sie befinden sich in beiden Richtungen von der Felsschlucht, durch die Sie herabgestiegen sind. Die Höhlen sind sehr unscheinbar, der Weg dorthin sowie die steile Felswand, in der sie liegen, sind aber ein tolles Erlebnis. Anschließend gehen Sie vorsichtig **zurück zum Abzweig ❶**.

Von hier folgen Sie nun der blauen Markierung **nach links**, um einen Rundweg auf dem Högklinten zu gehen. Immer wieder gibt es hervorragende **Aussichtspunkte** mit einer unvergleichlichen 360°-Panoramasicht über die umgebende Landschaft – um Sie herum nur Fels, spärlich mit knorrigen, kleinen Kiefern und Heidekraut bewachsen, so weit das Auge reicht.

Achtung: Bei km 2,7 biegt der blau markierte Weg unerwartet scharf **nach rechts** ab und ist daher leicht zu verfehlen.

Nach 3,1 km Wegstrecke sind Sie zurück an der Schotterstraße und der Informationstafel angelangt.

Abkürzung: Ab hier können Sie über denselben Pfad vom Hinweg zurück zum Parkplatz gelangen (noch 1,3 km Strecke).

Sie folgen der **Schotterstraße bergab**. Bereits nach weiteren 300 m haben Sie das **höchstgelegene Klappersteinfeld der Welt** erreicht! Es befindet sich auf einer unglaublichen Höhe von 260 m über Meeresspiegelniveau! Wie es scheint, war diese geologische Besonderheit den Menschen vor Ort nicht immer bewusst, denn die Schotterstraße wurde mitten hindurch gebaut. Dennoch handelt es sich um eine Sensation, dass Strukturen, die ausschließlich auf Meeresspiegelniveau entstanden sein können, sich nun auf 260 m Höhe befinden. Bei km 3,5 biegen Sie auf dem Klappersteinfeld **nach rechts** ab auf den Världarvsleden ❷ und folgen einem Holzsteg über das Steinfeld. Die gelbe Markierung führt Sie durch krüppeligen Kiefernwald auf extremen Felsstandorten. Eine wunderschöne Landschaft! Und auch gut für die Fitness, der Weg führt immer auf und ab und auf und ab. Sie queren zwei weitere Klappersteinfelder (km 4 und km 4,1) und folgen weiter

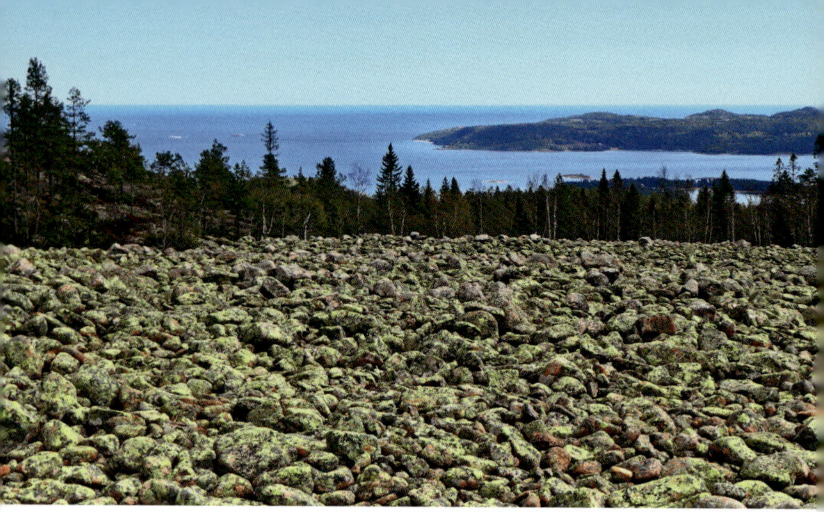

Das höchstgelegene Klappersteinfeld der Welt auf einer unglaublichen Höhe von 260 m über heutigem Meeresspiegelniveau

der gelben Markierung. Nach 4,5 km Wegstrecke biegen Sie **nach links** ab und folgen weiter dem Världarvsleden und seiner gelben Markierung, nun durch Fichtenwald. Sie erreichen einen idyllischen See, den Sandtjärnen (km 5,2), mit einem ⛩ **Rastplatz** mit einer Tisch-Bank-Kombination und einem märchenhaften Ausblick über den See und die schroffe Bergflanke des Högklinten. Am **Wegweiser ❸** (km 5,2) biegen Sie **nach links** ab und folgen der gelben Markierung des Världarvsleden Richtung Mjällomsviken. Es geht noch einmal bergauf. Sie kommen an einen weiteren idyllischen See (km 5,8) und erreichen bald einen ⛩ **Rastplatz** (km 5,9) mit Tisch-Bank-Kombination und Blick über den See.

Die gelbe Markierung führt Sie zunächst über eine Kahlschlagfläche und durch Fichtenwald, dann geht es steil bergab. Der Weg ist hier sehr steinig und unwegsam. Nach 7 km Wegstrecke öffnet sich der Wald und Sie genießen einen herrlichen **Ausblick** über die Meeresbucht Mjällomsviken. Sie orientieren sich weiter an der gelben Markierung, der Världarvsleden führt Sie durch Fichtenwald bis zu einem Abzweig. An dieser **Weggabelung ❹** (km 7,4) folgen Sie dem Världarvsleden nach links. Der Pfad führt Sie durch Fichten-Birken-Kiefern-Wald, unter einer Stromleitung hindurch. An diesem Hang verläuft der Weg parallel zur Straße Kustvägen an der Mjällomsviken. Sie folgen der gelben Markierung immer weiter, bis Sie an eine **Schotterstraße** gelangen. Sie biegen **nach links** ab ❺ (km 9,2) und folgen der Schotterstraße und dem Världarvsleden bis zum Ausgangspunkt der Wanderung, dem Parkplatz Högklintens naturreservat.

⑭ Rundweg Flögberget – Breviksstugan – Måviken

Tour für Fans von Natur sowie Fotografinnen und Fotografen

Diese Wanderung steckt trotz ihrer eher kurzen Strecke voller Erlebnisse. Eine Hütte und ein verzauberter Wald wollen entdeckt werden. Die Aussicht von der Breviksstugan ist magisch, trotz des einfachen Aufstiegs. Der Abstieg ist herausfordernd und in Måviken warten eine Sonnenterrasse und bequeme Holzstege. Wenige Meter quer durch den Wald erfordern etwas Orientierungsvermögen – oder den GPS-Track. Viel Erlebnis auf kompakter Wegstrecke ist das Motto dieser Tour.

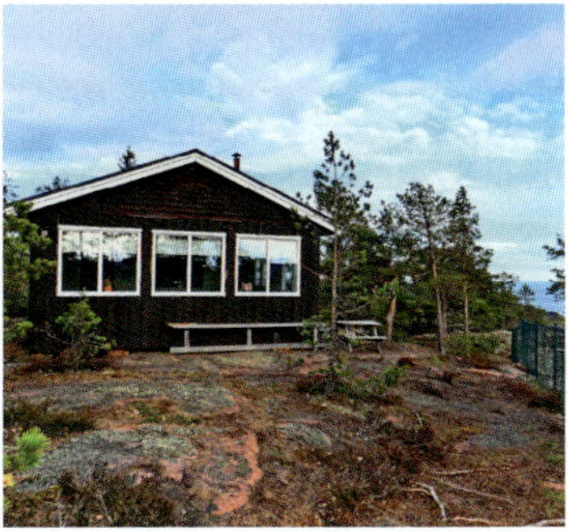

Die Breviksstugan – eine gemütliche Schutzhütte

- Start/Ziel: kleiner Parkplatz im Sundbergsvägen in Mjällom, GPS N 62°59.119‘ E 018°26.632‘
- 7 km
- 3 Std.
- ↑↓ 206 m/206 m
- 4-144 m
- blaue Punkte und z. T. gelbe Markierungen, z. T. unmarkiert
- Anspruchsvoll: gewachsener Fels, sehr steinige und wurzelreiche Waldpfade, Bohlenwege, Straße. Z. T. sehr steiles, felsiges Gelände, achtsame Fortbewegung wird empfohlen.
- keine
- Zwei Rastplätze/Shelter/Schutzhütten liegen am Weg: Breviksstugan (km 1,5), in Måviken (km 4).
- WC an der Breviksstugan (km 1,5), in Måviken (km 4)
- Bademöglichkeit in Måviken (km 4)
- Diese Tour mit Abstieg nach der Breviksstugan ist für Kinder ungeeignet. Variante mit Kindern/Hunden: der Beginn dieser Tour mit dem Aufstieg zur Breviksstugan ist für Kinder sehr gut geeignet. Oben angekommen warten eine gemütliche Hütte und eine magisch schöne Aussicht.

🐕 Diese Tour mit Abstieg nach der Breviksstugan ist für Hunde ungeeignet. Alternative siehe Variante mit Kindern/Hunden; dennoch Abschnitte über Fels, kein Trinkwasser über weite Wegabschnitte vorhanden.

P am Start/Ziel kleiner Parkplatz im Sundbergsvägen in Mjällom, Schild Breviksstugan

☺ **Tipp**: Es wird empfohlen, für diese Tour den GPS-Track herunterzuladen und z. B. auf dem Smartphone mitzunehmen. Für einige Meter laufen Sie unmarkiert quer durch den Wald – wenn Sie den GPS-Track bei sich haben, können Sie kontrollieren, dass Sie nicht zu weit von der Route abweichen und wieder auf den Hauptweg zurückfinden.

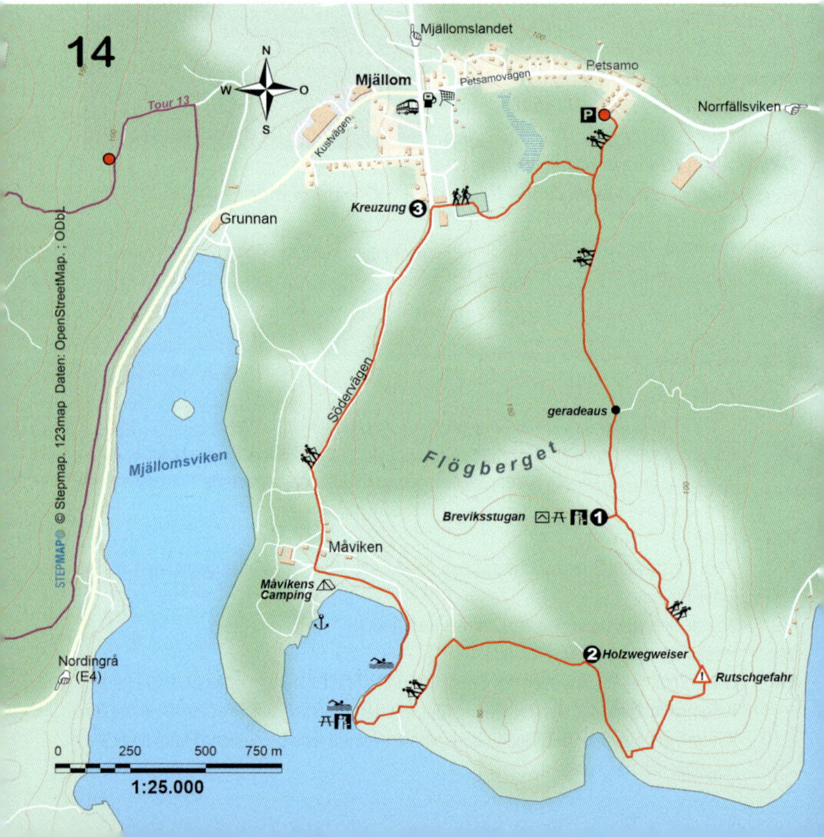

Diese Wanderung startet im Ort Mjällom, in der Straße Sundbergsvägen, an deren Ende sich ein kleiner Parkplatz befindet. Sie folgen dem großen **Wegweiser** Richtung Breviksstugan sowie der blauen und gelben Wegmarkierung. Der Weg führt Sie bergauf durch Fichtenwald mit Blaubeersträuchern im Unterwuchs. Nach 1,1 km Wegstrecke gehen Sie weiter **geradeaus** Richtung Breviksstugan, Sie orientieren sich an der **blauen Markierung**. Der Weg wird bald sehr felsig und Sie laufen durch Kiefern-Flechten-Wald weiter bergauf. Bereits 1,5 km nach dem Start erreichen Sie den **Rastplatz** mit der **Schutzhütte Breviksstugan ❶**. Neben der gemütlichen Hütte finden Sie hier Bänke, eine Feuerstelle und ein Klohäuschen (Plumpsklo) sowie einen **Aussichtspunkt** mit einer wirklich magisch schönen Aussicht!

☺ Die **Breviksstugan** ist der am einfachsten zu erreichende Aussichtspunkt, der in diesem Buch beschrieben wird. Auch für **Kinder** ist die Wanderung zur Breviksstugan (und zurück auf demselben Weg) sehr gut geeignet. Oben angekommen bietet die Hütte Schutz bei schlechtem Wetter. Der Aussichtspunkt ist mit einem Zaun gesichert, sodass die Absturzgefahr für Kinder und Hunde erheblich reduziert wird. Der kurze, recht einfache Weg, die spannende Hütte und die beeindruckende Aussicht ergeben ein **gutes Gesamtpaket für Familien mit Kindern.**

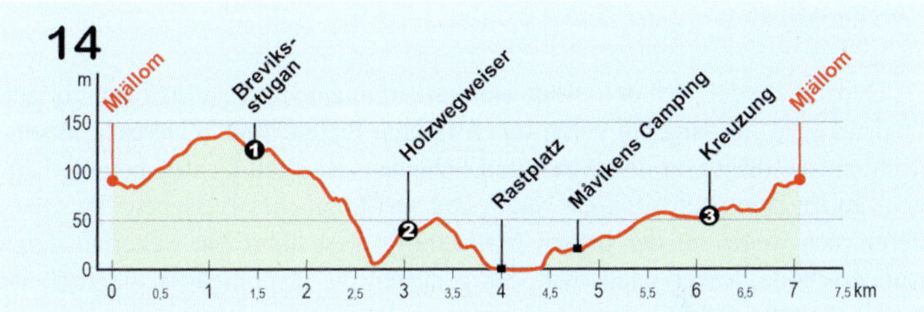

Nach der Breviksstugan folgen Sie weiter dem blau markierten Pfad, dieser führt Sie jetzt über herrlich felsiges Gelände mit altem Flechten-Kiefern-Wald, weiterhin mit bester Aussicht. Es ist wunderschön hier oben auf dem Flögberget. Sie folgen der blauen Markierung nun langsam bergab über Felsen und durch Flechten-Kiefern-Wald, weiterhin durch fantastische Landschaft. 2,2 km nach dem Start wird der Abstieg steil und anspruchsvoll, mit leichten Klettereien über Felsen.

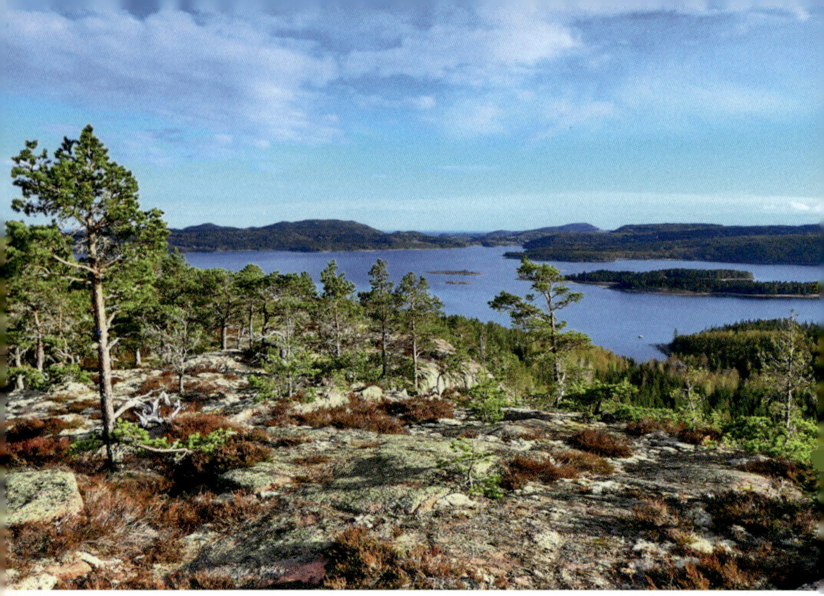

Der Ausblick von der Breviksstugan über Bredviken und die Omnefjärden ist atemberaubend schön

Vorsicht: Rutschgefahr auf steilen Wegabschnitten und Felsen, insbesondere bei Nässe!

Danach wandelt sich der felsige Untergrund in einen extrem steinigen, urigen Pfad, es geht nur langsam voran durch Fichten-Birken-Wald. Zahlreiche Baumflechten, die dicht von den Ästen und Stämmen der alten Fichten herunterhängen, geben dem alten Wald ein wildes und verwunschenes Aussehen. Sie orientieren sich weiter an der blauen Markierung, diese führt Sie weiterhin durch wunderschöne, felsige Landschaft. Sie genießen die ursprüngliche, ungezähmte Natur. Der Pfad führt Sie fast bis hinunter ans Wasser, Sie folgen weiter der blauen Markierung.

Nach 3,1 km Wegstrecke erreichen Sie einen kleinen **Holzwegweiser ❷**. An diesem biegen Sie **nach links** ab Richtung Måviken Camping. Nun folgen Sie der blauen Markierung auf einem breiten Waldweg durch Fichtenwald. An der nächsten Weggabelung (km 3,5) biegen Sie **nach links** ab und folgen weiter der blauen Markierung. Sie erreichen Måviken mit einer wunderbaren Sonnenterrasse aus Holz direkt am/über dem Wasser (km 4) – ein perfekter **Rastplatz** mit Tischen und Bänken, **Aussichtsplattform** und **Bademöglichkeit**. Auch ein Klohäuschen (Plumpsklo) ist wenige Meter weiter am Holzsteg vorhanden. Hier sollte unbedingt eine ausgiebige Pause eingelegt und der Blick über das Wasser sowie die idyllische Stimmung genossen werden.

Sonnenterrasse direkt am Wasser in Måviken, unweit des Campingplatzes

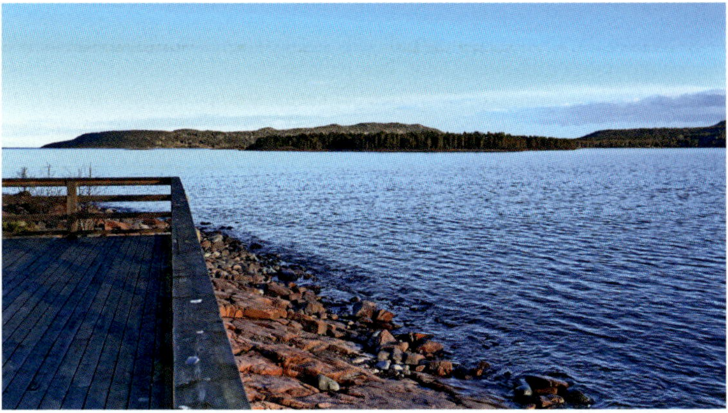

Anschließend laufen Sie über den bequemen Holzsteg weiter und passieren eine weitere **Bademöglichkeit**. Über den Steg und einen anschließenden Schotterweg gelangen Sie zum Campingplatz Måviken. Nach 4,8 km Wegstrecke erreichen Sie ein offenes Holzgebäude des Campingplatzes, direkt bei einigen Hütten. Hier biegen Sie **nach rechts** ab und folgen der kleinen **Straße Södervägen** für 1,3 km. Nach 6,1 km Wegstrecke biegen Sie an der **Kreuzung 3 nach rechts** ab, vom Södervägen in die **Straße Skomakarvägen**. Dieser folgen Sie geradeaus über den Fußballplatz (Fläche mit Beleuchtung). An dessen hinterer rechter Ecke (Südost) biegen Sie auf einen unmarkierten **Waldweg** ab, dem Sie nun folgen. Bei km 6,5 gehen Sie **geradeaus** weiter. Sie queren einen Bach und folgen weiterhin dem Pfad, bis dieser sehr undeutlich wird. Für einige Meter halten Sie sich nun geradeaus durch den Bestand Richtung Osten, zunächst vorbei an einer Kahlschlagfläche – am besten nutzen Sie hier den GPS-Track! Sofern Sie mehr oder weniger Richtung Osten gehen, können Sie sich nicht verlaufen, Sie erreichen automatisch den breiten Weg zur Breviksstugan. Nach 6,8 km Wegstrecke erreichen Sie den blau markierten Hauptwanderweg. Sie biegen **nach links** ab und folgen dem blau markierten Weg die letzten Meter bis zum Ausgangspunkt der Wanderung.

⑮ Norrfällsviken-Rundweg mit Skvalpudden und Kompassberget

Tour für Fans von Natur, Fotografinnen und Fotografen und Geologieinteressierte

Höga Kusten par excellence – was für eine unglaublich raue, felsige Landschaft, die Sie hier erleben können! Diese Tour entführt Sie in eine andere Welt – hier regieren Fels und Stein. Wer endlich wieder einmal staunen möchte, ist hier richtig – unvorstellbar, welche Naturgewalten diese Landschaften geformt haben. Lassen Sie sich überraschen! Ein bronzezeitlicher Grabhügel macht deutlich, dass diese raue Küstenlandschaft bereits vor sehr langer Zeit von Menschen besiedelt wurde. Für den gemütlichen Teil der Wanderung steht eine Einkehrmöglichkeit am idyllischen Fischereihafen mit seinen roten Holzhäusern zur Verfügung.

↻ Start/Ziel: Parkplatz Häggen, Norrfällsvikens naturreservat, GPS N 62°58.240‘ E 018°32.361‘

➲ 6 km

⌛ 3 Std.

↑↓ 184 m/184 m

⇧ 2-47 m

✎ blaue Punkte/Markierung und braune Wegweiser

Anspruchsvoll: gewachsener Fels, Steinfelder, sehr steinige und wurzelreiche Waldpfade, Bohlenwege. ☝ Z. T. sehr felsiges Gelände und lose Steine, achtsame Fortbewegung wird empfohlen.

✕ Restaurant/Café Fiskarfänget am alten Fischereihafen von Norrfällsviken (km 4,3)

Drei Rastplätze/Shelter liegen am Weg: Shelter Skvalpudden (km 1,9), Shelter am Klappersteinstrand (km 3,3), Rastplatz am alten Fischereihafen (km 4,3).

Shop in der Rezeption von Norrfällsvikens Camping, in der Saison ganztägig geöffnet (Sie passieren ihn bei An- und Abfahrt, außerdem ist er vom Weg bei km 4,5 über einen Abstecher nach links, quer über den Campingplatz, erreichbar)

WC auf Skvalpudden (km 1,9), Norrfällsvikens Camping (über einen kurzen Abstecher vom Wanderweg erreichbar, dafür bei km 4,4 nicht der leichten Rechtskurve des Weges folgen, sondern geradeaus über den Campingplatz gehen, das WC befindet sich in dem weißen Servicegebäude mit der großen Fensterfront)

Diese Tour ist für Kinder ungeeignet, da die Pfade sehr felsig und relativ anspruchsvoll sind. **Variante mit Kindern/Hunden**: vom alten Fischereihafen Norrfällsviken starten, dort sind Parkplätze vorhanden, von dort gehen Sie am Rand des Campingplatzes entlang zum Kompassberget und/oder an den Fischerhütten entlang bis zum sehr steinigen Strand an der Bucht Norrfällsviken. Dabei ist zu beachten, dass Hunde in Norrfällsvikens naturreservat an der Leine zu führen sind.

Diese Tour ist für Hunde ungeeignet, da viel Kletterei über Felsen bewältigt werden muss. Alternative siehe Variante mit Kindern/Hunden

P am Start/Ziel Parkplatz Häggen, dafür in Norrfällsviken durch das Eingangstor des Campingplatzes (mit Ampel, Schranke etc.) fahren (!) und die Straße ganz bis zum Ende fahren; alternativ Parkplatz am Fischereihafen/Spielplatz nutzen, GPS N 62° 58.356‘ E 018°31.413‘, und bis zum Parkplatz Häggen über den Campingplatz laufen

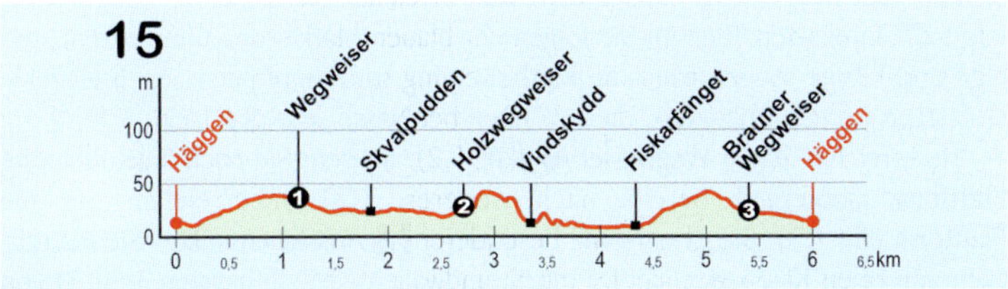

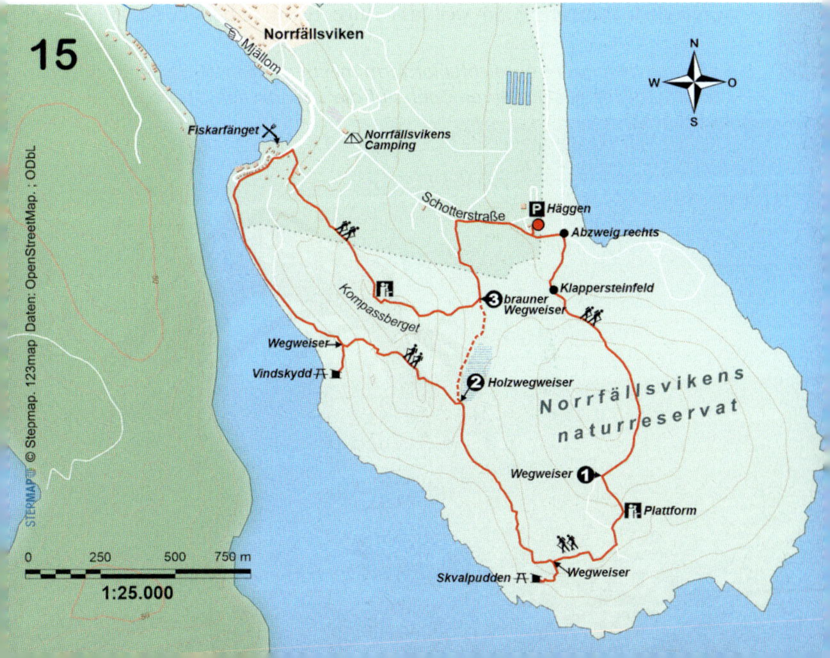

Diese Wanderung startet in Norrfällsviken am Parkplatz Häggen, der sich heute auf dem Gelände des riesigen Campingplatzes in Norrfällsviken befindet. Um diesen Parkplatz zu erreichen, fahren Sie durch das Eingangstor des Campingplatzes, das mit Ampel und Schrankenanlage ausgestattet ist, und teilen dem Personal des Campingplatzes mit, dass Sie eine Tagestour vom Parkplatz Häggen aus machen möchten – man wird Sie passieren lassen.

Vom Parkplatz Häggen folgen Sie den braunen Wegweisern und der **blauen Markierung** Richtung Bådamalen, Plattform und Skvalpudden. Nach 170 m biegen Sie **nach rechts** ab und folgen den blauen Punkten auf einem Waldpfad durch Fichtenwald. Bereits 340 m nach dem Start erreichen Sie das erste Klappersteinfeld (☞ Infokasten Tour 8). Sie folgen der blauen Markierung über extrem steinige und felsige Wege, achtsame Fortbewegung wird empfohlen. Auch einzelne Holzstege werden überquert, diese können bei Nässe sehr glatt sein.

Sie erreichen einen **Wegweiser** ❶ (km 1,2), an dem Sie **nach links** Richtung **Plattform** abbiegen. Bereits nach weiteren 100 m erreichen Sie die **Plattform** (km 1,3). Sie ist ein ganz besonderer **Aussichtspunkt** – Sie überblicken von oben Klappersteinfelder mit Strandwällen (☞ Infokasten Tour 8) von gigantischen Ausmaßen! So weit das Auge reicht, erblicken Sie Steinfelder.

Eine ganz besondere Aussichtsplattform macht dieses Naturwunder erlebbar und ermöglicht Ausblicke von oben auf die unendlichen Steinfelder

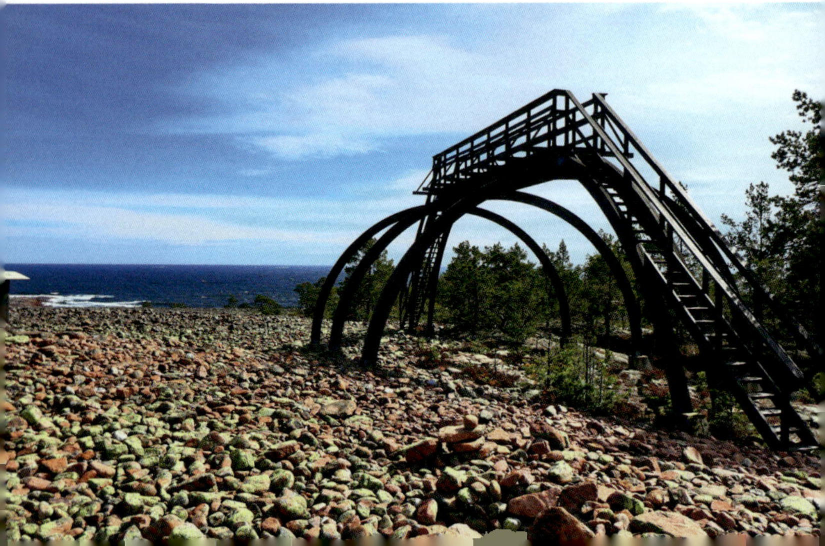

Unvorstellbare Mengen an Steinen wurden hier durch das Meer abgelagert und Naturgewalten haben eine urzeitliche Wildnis geschaffen, die sicher zu den beeindruckendsten Landschaften Europas gehört.

Sie folgen weiter der blauen Markierung und gelangen an einen **Holzwegweiser** (km 1,4), an dem Sie **nach links** Richtung Skvalpudden abbiegen. Bereits nach weiteren 100 m erreichen Sie den nächsten **Wegweiser** (km 1,5). Diesem folgen Sie **nicht** geradeaus Richtung Tomtning, sondern Sie biegen **nach rechts** ab und folgen weiterhin der blauen Markierung. Nach 1,7 km Wegstrecke erreichen Sie den **Wegweiser** für den **Abstecher nach Skvalpudden**. Hier folgen Sie zunächst dem Wegweiser Richtung Skvalpudden, ein steiler Weg führt Sie über Felsen und Treppen hinunter auf die felsige Landzunge. Steile Klippen aus rotem Nordingrå-Granit, von der stetigen Arbeit der Wellen glatt polierte Felsen, Seevögel, starker Wind – hier auf Skvalpudden (km 1,9) fühlen Sie sich den Naturgewalten ausgesetzt. Sie haben das Gefühl, auf einer kargen Insel weit draußen im Meer zu sein – ganz weit entfernt vom Alltag. Der Wind pustet den Kopf frei. Ein ⛶ **Rastplatz** mit ■ **Shelter**, Feuerstelle und Sitzbänken bietet Schutz vor Wind und Wetter an diesem unwirtlichen Ort. Auch ein Klohäuschen (Plumpsklo) ist etwas versteckt vorhanden. Sie genießen die großartige Aussicht, die Ruhe und Abgeschiedenheit dieses besonderen Ortes.

Nach der Pause gehen Sie **zurück** über Treppen und Felsen bis zum **Wegweiser** (Abstecher Skvalpudden) und biegen nun **nach links** ab Richtung Fiskeläge, Sie folgen erneut der blauen Markierung. Am nächsten **Holzwegweiser ❷** (km 2,7) biegen Sie nach links ab Richtung Fiskeläge.

⇨ Alternativ besteht die Möglichkeit, von hier den Rückweg direkt zum Parkplatz anzutreten (geradeaus, über Eldplats).

Es folgt ein sehr felsiger und steiniger, aber wunderschöner Abschnitt. Sie halten sich weiter an die blaue Markierung. Achtsame Fortbewegung erhöht die Sicherheit. Bei km 3,2 erreichen Sie einen **Wegweiser**, an dem Sie einen Abstecher Richtung Vindskydd machen. Nach weiteren 100 m (km 3,3) erreichen Sie einen ⛶ **Rastplatz** mit ■ **Shelter**, Bänken und Feuerstelle an einem beeindruckenden Klappersteinstrand. Sie genießen die fantastische Aussicht und diesen besonderen Ort.

Anschließend gehen Sie **zurück** zum Wegweiser und biegen – vom Vindskydd kommend – **nach links** ab. Sie folgen der blauen Markierung am Wasser entlang. Leichte Klettereien über einen sehr felsigen und steinigen Strand müssen bewältigt werden, bis Sie die roten Fischerhütten von Norrfällsviken erreichen (km 4,1).

An den Hütten biegen Sie **nach rechts** ab und folgen der kleinen Straße an den roten Häuschen entlang für 200 m. Sie erreichen das Fischrestaurant/Café Fiskarfänget (km 4,3), im Sommer eine schöne Einkehrmöglichkeit in sehr idyllischer Lage am alten Fischereihafen, direkt am Wasser.

Fiskarfänget, Norrfällsviken, 870 31 Mjällom, ☏ +46 (0)6 13/211 42, http://www.fiskarfanget.se/oeppettider.php, Mitte Juni bis Anfang September täglich 12:00-18:00, im Hochsommer bis 21:00

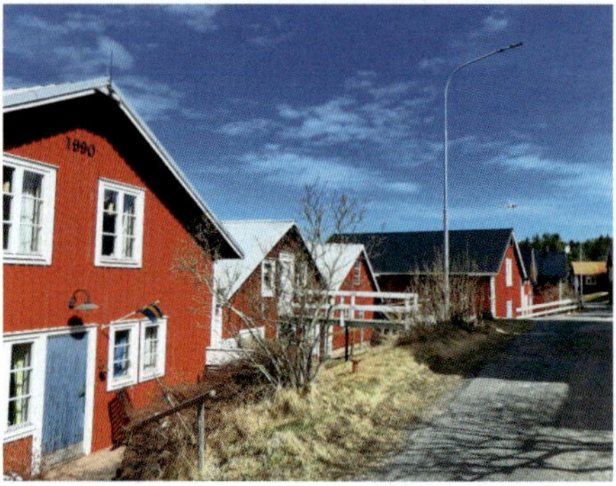

Die roten Fischerhütten von Norrfällsviken

Um die Wanderung fortzusetzen, überqueren Sie am Fischrestaurant (km 4,3) die kleine Straße und folgen dort einem Weg und einigen Wegweisern **nach rechts**. Nach weiteren 100 m (km 4,4) biegen Sie an dem braunen Wegweiser **nach links** ab und folgen der blauen Markierung bergauf am Campingplatz vorbei. Bald erreichen Sie einen bronzezeitlichen **Grabhügel** mit Informationstafel (km 4,8) und folgen weiter der blauen Markierung durch lichten, felsigen Kiefernwald. Plötzlich taucht ein Haus vor Ihnen auf – Sie sind auf dem Kompassberget angekommen (km 5), einige schöne **Aussichtspunkte** warten hier auf ihre Entdeckung. Sie laufen um das Haus herum und folgen der blauen Markierung.

Achtung: Die Markierung ist hier sehr undeutlich und leicht zu verlieren! Im Zweifelsfall sollten Sie bis zum Haus zurückgehen und erneut nach der blauen Markierung suchen.

Die blaue Markierung führt Sie weiter über Steinfelder und Fels sowie durch sehr lichten Flechten-Kiefern-Wald. Nach 5,4 km Wegstrecke erreichen Sie einen braunen **Wegweiser ❸**, diesem folgen Sie **nach links** Richtung Parkering (Parkplatz). Nach weiteren 200 m (km 5,6) halten Sie sich rechts und folgen weiter der blauen Markierung. Bei km 5,7 biegen Sie **nach rechts** ab und folgen der **Schotterstraße** die letzten Meter zum Ausgangspunkt der Wanderung.

16 Omneberget-Rundweg

Tour für Fans von Natur, Badebegeisterte sowie Fotografinnen und Fotografen

Eine kurze, aber recht anspruchsvolle Wanderung mit Felsen, knorrigen Kiefern und einer wunderbaren Aussicht über die Bucht Omnefjärden. Die Tour startet und endet an der schönen Badestelle am See Omnesjön, sodass an warmen Sommertagen die Wanderung durch ein erfrischendes Bad ergänzt werden kann. Der Weg führt streckenweise durch sehr alten, ursprünglichen Wald und bietet ein beeindruckendes Urwalderlebnis. Einige Höhenmeter müssen absolviert werden – und das buchstäblich über Stock und Stein sowie über einige steilere Abschnitte. Der Pfad am Seeufer kann nach Regenfällen matschig sein.

- Start/Ziel: Parkplatz Badestelle, Omnebergets naturreservat, GPS N 62°57.069‘ E 018°20.998‘
- 4,4 km
- 2 Std.
- 240 m/240 m
- 20-221 m
- blaue Punkte/Markierung
- Anspruchsvoll: gewachsener Fels, sehr steinige und wurzelreiche Waldpfade, nasse Wegstellen, Schotterstraße. Z. T. sehr steiles, felsiges Gelände, achtsame Fortbewegung wird empfohlen.
- keine
- Zwei Rastplätze/Shelter liegen am Weg: an der Badestelle am Start/Ziel, Shelter auf dem Omneberget (km 1,1).
- WC Badestelle am Start/Ziel
- Badestelle am See am Start/Ziel
- Diese Tour ist für Kinder ungeeignet, da die Pfade z. T. sehr steil, felsig und relativ anspruchsvoll sind. **Variante mit Kindern/Hunden**: von der Badestelle aus Wanderungen auf der Schotterstraße und auf Uferpfaden das Seeufer entdecken. Dabei ist zu beachten, dass Hunde in Omnebergets naturreservat an der Leine zu führen sind.
- Diese Tour ist für Hunde ungeeignet, da viel Kletterei über Felsen bewältigt werden muss. Alternative siehe Variante mit Kindern/Hunden
- P am Start/Ziel Parkplatz Badestelle, Omnebergets naturreservat

Start und Ziel dieser Rundwanderung ist der Parkplatz Omnebergets naturreservat an der Badestelle am Omnesjön. Hier stehen zahlreiche **Rastplätze** zur

Verfügung: Tisch-Bank-Kombinationen, Feuerstellen, eine **Schutzhütte** sowie ein Klohäuschen (Plumpsklo). Der See bietet eine perfekte **Bademöglichkeit**. Außerdem ist ein Kinderspielplatz mit Klettergerüst, Schaukel und Wippe vorhanden.

Die Wanderung beginnt 50 m nordwestlich des Parkplatzes am Wegweiser Richtung Omneberget.

Achtung: Der Wegweiser ist sehr unscheinbar und z. T. kaputt. Der kleine, unauffällige Pfad führt steil den Berg hinauf durch Fichtenwald.

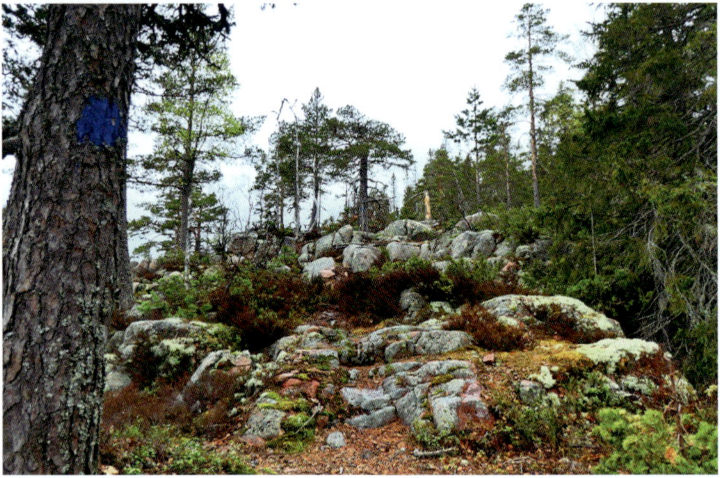

Wilder, unbeeinträchtigter Wald und imposante Felsen aus rotem Nordingrå-Granit – auf dieser kurzen Tour kommt viel Wildnisgefühl auf

Sie folgen dem Pfad und der **blauen Markierung** steil bergauf durch Fichtenwald. Steil, steinig, schwierig (im Verhältnis zu anderen Wegen in der Region Höga Kusten) – so lässt sich der Aufstieg auf den Omneberget beschreiben. Nach 550 m biegen Sie an einem Holzwegweiser **nach links** ab Richtung Toppen (Gipfel). Auf Ihrem Weg bergauf geht der Fichtenwald in Felsen-Kiefern-Wald über, das Gelände wird felsiger, roter Nordingrå-Granit dominiert nun die Landschaft. Nach weiteren 250 m (km 0,8) folgen Sie weiter der **blauen Markierung** durch beeindruckende Felslandschaft (hier ist ein Abstecher zu einem Schafstall möglich, dieser wird hier aber nicht beschrieben und ist nicht im Track enthalten).

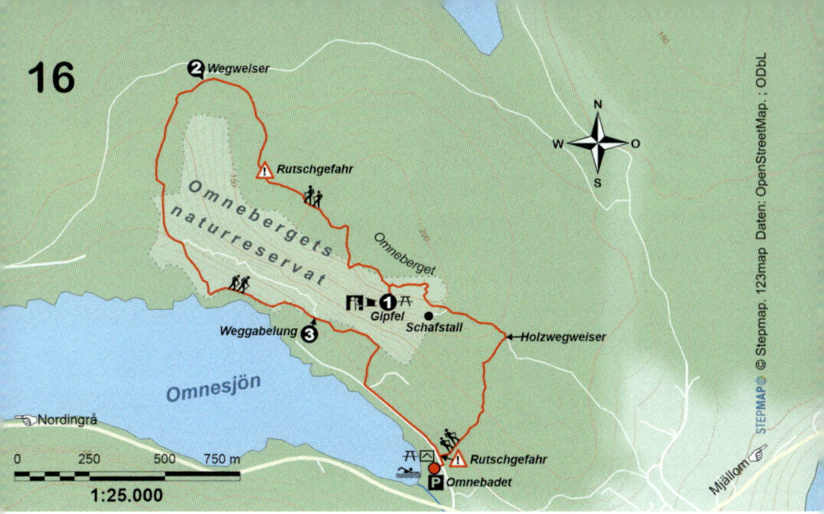

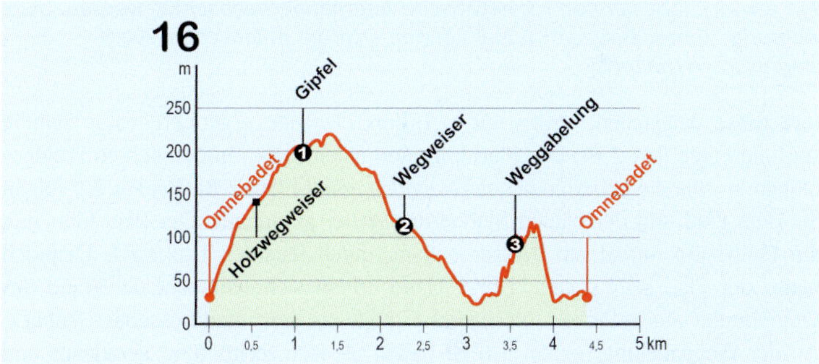

Nach 1,1 km Wegstrecke ist der **Gipfel des Omneberget** erreicht ❶, hier findet sich ein **Rastplatz** mit Tisch-Bank-Kombination, **Shelter** und einer fantastischen Aussicht über die Omnefjärden. Nach dem Rastplatz folgen Sie weiter dem blau markierten Pfad, dieser führt Sie zunächst in nordwestliche Richtung. Sie wandern weiter durch die herrlich felsige Landschaft, der blauen Markierung folgend. Die Felsen sind mit Flechtenteppichen überzogen, Kiefern und sehr krüppelige, kleine Fichten mit Flechtenbewuchs kämpfen auf den felsigen Standorten mit den Elementen. Der Pfad bleibt felsig, steinig und wurzelreich. Bald beginnt der Abstieg über Kahlschlagflächen und durch Fichtenforst (km 2). Sie erreichen einen **Wegweiser** ❷ (km 2,3), dem Sie **nach links** Richtung Omnebadet folgen. Der Abstieg auf einem kleinen Pfad durch junge Waldbestände setzt sich

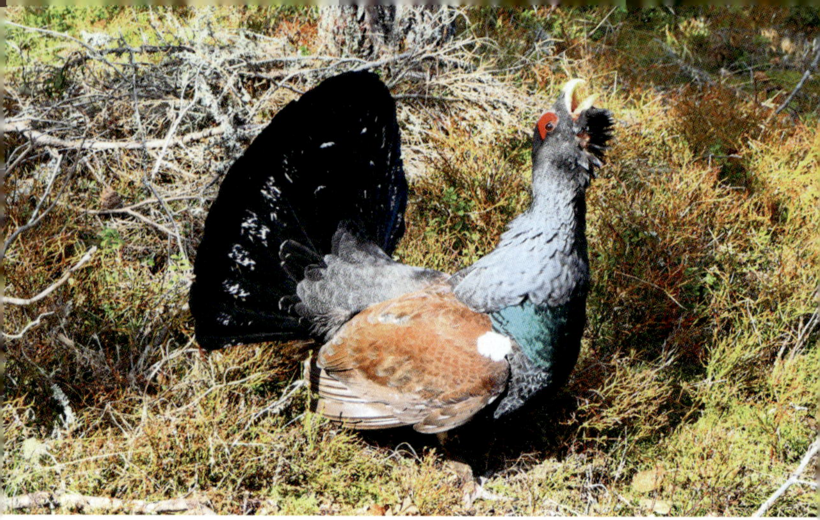

Mit etwas Glück können majestätische Auerhähne beobachtet werden. Achtung: In der Balzzeit im Mai können sich die männlichen Vögel aggressiv verhalten.

fort, nasse Wegstellen werden nur z. T. durch Holzstege gequert, nasse Schuhe sind die Folge (km 2,6). Der Pfad folgt nun einem Bach. In den lichten Wäldern blühen im Mai die Leberblümchen (*Hepatica nobilis*) (km 2,8). Bei km 2,9 folgen Sie dem Pfad und der blauen Markierung weiter **geradeaus**. Der Pfad führt nun am Omnesjön, direkt am Wasser entlang durch feuchten Laubwald. Dennoch bleibt der Pfad sehr steinig. Linker Hand erhebt sich senkrecht die Wand des Omneberget aus rötlichem Nordingrå-Granit, ein sehr eindrucksvoller Anblick. An der **Weggabelung** bei km 3,6 ❸ halten Sie sich **rechts bzw. geradeaus** und folgen weiter der blauen Markierung. Nach links biegt hier ein extrem steiler und felsiger Pfad über den Steilhang ab, dieser ist sehr anspruchsvoll zu gehen und es besteht die Gefahr von Steinschlag. Diese Route wird hier **nicht** beschrieben und von einer Begehung wird abgeraten. Sie passieren weitere **Bohlenwege** über nasse Wegstellen.

Achtung: Rutschgefahr! Bei Nässe können Holzstege und Bohlenwege sehr glatt sein.

Nach 4 km Wegstrecke erreichen Sie die **Schotterstraße**. Sie biegen an dieser nach links ab und laufen am Seeufer entlang bis zum Ausgangspunkt der Wanderung, der Badestelle am Omnesjön.

17 Själandsklinten-Rundweg

Tour für FotografInnen und Fotografen sowie Fans von Natur

Eine kurze, aber knackige Wanderung auf den 215 m hohen Berg Själandsklinten. Der Aufstieg ist steil und eine kleine sportliche Herausforderung. Die Mühen werden mit mehreren herrlichen Ausblicken über die Seen Tollsättersjön und Orstasjön sowie den Stormyrberget belohnt. Eine gemütliche Gipfelhütte bietet ein besonderes Ausflugsziel und Schutz bei schlechtem Wetter. Der Rückweg führt durch Fichtenwald und offene Kulturlandschaft, nach dem Abstieg passieren Sie eine veritable senkrechte Felswand. Zum Abschluss der kurzen Tour führt Sie der Weg an zwei Seen entlang direkt zurück zum Ausgangspunkt.

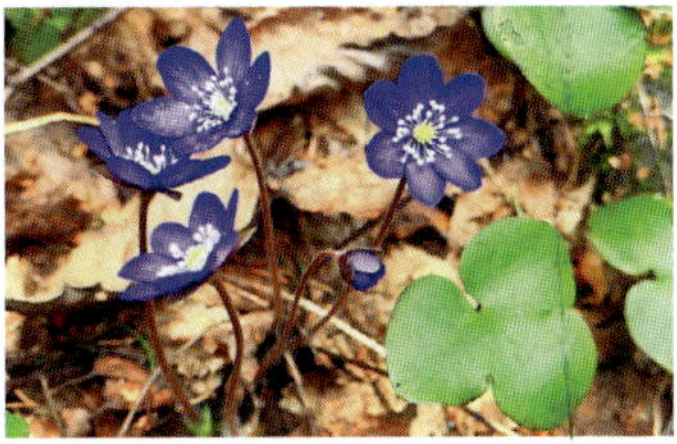

Zierliche Leberblümchen (Hepatica nobilis) blühen Anfang Mai

- Start/Ziel: Parkplatz hinter dem Hofladen des Hofes Själand, GPS N 62°55.086‘ E 018°21.505‘
- 4 km
- 2 Std.
- 227 m/227 m
- 25-202 m
- gelbe und blaue Punkte/Markierung
- Anspruchsvoll: gewachsener Fels, sehr steinige und wurzelreiche Waldpfade, Schotterstraße. Z. T. sehr steiles, felsiges Gelände, achtsame Fortbewegung wird empfohlen.
- im Hofladen am Start/Ziel im Sommer
- Ein Rastplatz mit Schutzhütte liegt am Weg: Toppstuga (km 1,2).
- Hofladen am Start/Ziel
- WC an der Toppstuga (km 1,2)
- Diese Tour ist für Kinder ungeeignet, da die Pfade z. T. sehr steil, steinig und relativ anspruchsvoll sind.
- Diese Tour ist für Hunde bedingt geeignet, aber die Wege sind sehr steil und steinig; kein Trinkwasser vorhanden.
- P am Start/Ziel Parkplatz hinter dem Hofladen des Hofes Själand; alternativer Parkplatz 250 m weiter über den Schotterweg, GPS N 62°55.078’ E 018°21.720’

Diese Wanderung beginnt hinter dem Hofladen (Gårdsbutik) des Hofs Själand, dort befindet sich auch der Parkplatz.

Gårdsbutik Själand, im Sommer mit kleinem Café/Restaurant, Själand 109, 873 98 Nordingrå, ☎ +46 (0)6 13/204 24, info@gardsbutiken.net, www.gardsbutiken.net/sidor/oppettider, September bis April Selbstbedienung 8:00-20:00, Ostern bis August Selbstbedienung 8:00-20:00 und Café/Restaurant sowie persönliche Bedienung im Hofladen 11:00-15:00

Zunächst gehen Sie über den **Schotterweg** geradeaus. Nach 140 m biegen Sie **nach rechts** ab, dem Wegweiser „Själandsklintens Toppstuga" folgend. Sie orientieren sich an der gelben Markierung des Världarvsleden, 250 m nach dem Start passieren Sie einen weiteren Parkplatz. Ab hier folgen Sie der gelben Markierung und dem Wegweiser steil bergauf; es geht auf einem sehr steinigen und wurzelreichen Weg durch Birken-Fichten-Wald. Im Mai blühen hier die Leberblümchen (*Hepatica nobilis*). Bei km 0,9 **halten Sie sich links** und steigen weiter bergauf, geradeaus bzw. schräg nach rechts zweigt ein Pfad ab, der am Hang entlangführt, sich aber bereits nach etwa 150 m auf einer Kahlschlagfläche verliert. Sie folgen dem gut sichtbaren Pfad und der gelben Markierung immer steil bergauf. Nach

Die Toppstugan auf dem Själandsklinten, eine kleine aber feine Schutzhütte

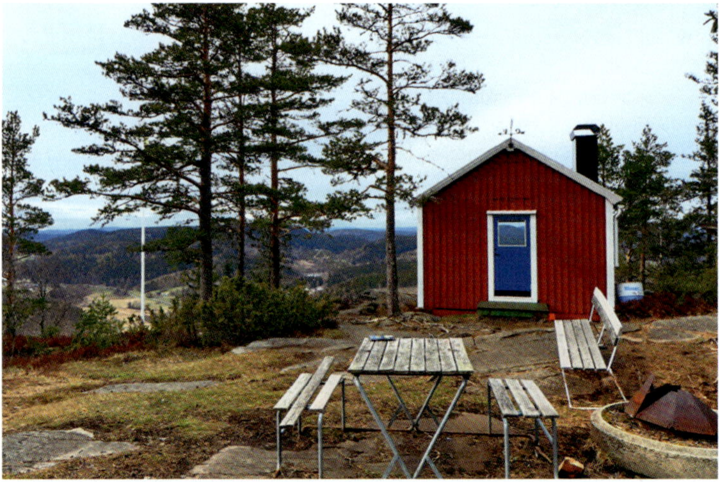

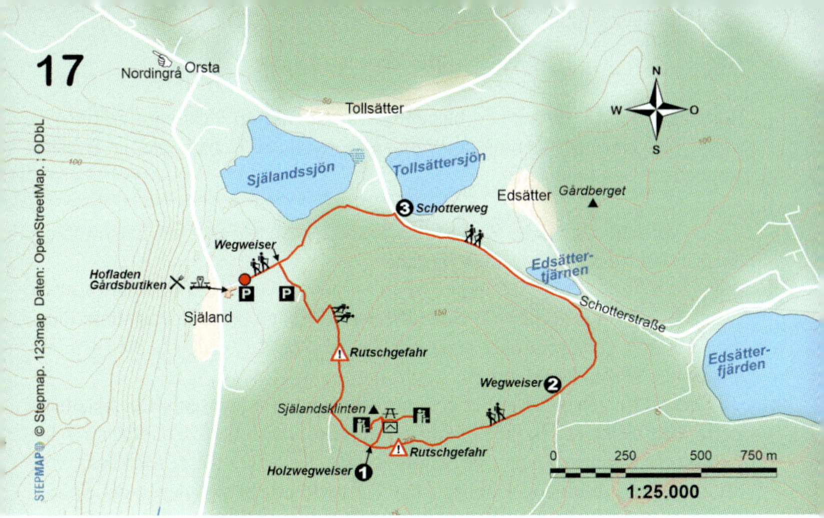

insgesamt 1,1 km Wegstrecke biegen Sie an einem **Holzwegweiser ❶ nach links** ab Richtung Självandsklinten/Toppstuga. Nach weiteren 100 m (km 1,2) ist die **Toppstuga** – die Gipfelhütte – erreicht, ein **Rastplatz** mit Bänken, Feuerstelle, **Schutzhütte** und verschiedenen **Aussichtspunkten** (im Track enthalten). Auch ein Klohäuschen (Plumpsklo) steht hier zur Verfügung. Bei gutem Wetter ist es sehr lohnend, die verschiedenen Aussichtspunkte zu besuchen und die unterschiedlichen Aussichten zu genießen. Empfehlenswert ist, sich an der Hütte zunächst nach links (Westen) zu wenden und dem gut erkennbaren Pfad zu folgen, bereits nach rund 60 m werden Sie mit einem herrlichen Ausblick über die Seen Tollsättersjön und Orstasjön sowie den Stormyrberget belohnt.

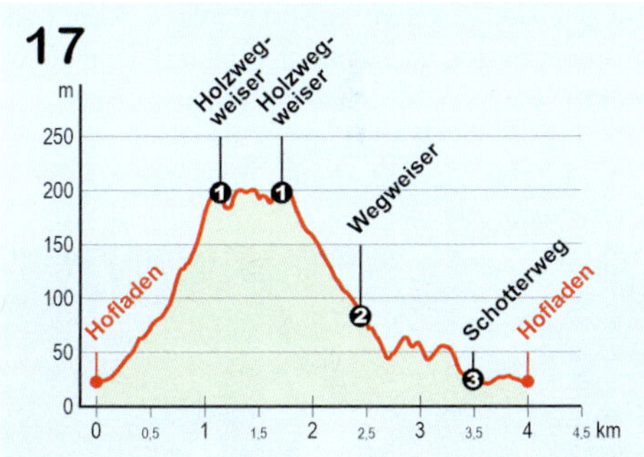

Sie gehen über denselben Pfad zurück zur Schutzhütte. Von dort wandern Sie geradeaus an der Hütte vorbei (Richtung Osten). Ein gut sichtbarer Pfad führt Sie für etwa 100 m durch den Wald, bis Sie an einen fantastischen Aussichtspunkt kommen, von dem aus Sie über die schmale Bucht Edsätterfjärden und hinaus bis auf das offene Meer blicken können. Anschließend kehren Sie **zum**

Holzwegweiser ❶ zurück und biegen dort **nach links** ab Richtung Edsätter. Sie folgen der gelben Markierung des Världarvsleden durch Fichtenwald, im Frühling blühen hier Leberblümchen.

Vorsicht: Der steile Pfad ist hier besonders steinig und mit Baumwurzeln übersät, bei Nässe besteht Rutschgefahr!

Nach 2,3 km erreichen Sie einen **Wegweiser ❷**, an dem Sie **nach links** Richtung Edsätter abbiegen. Hier verlassen Sie den Världarvsleden und folgen von nun an der **blauen Markierung**.

Nach 50 m gehen Sie weiter geradeaus Richtung Edsättertjärn. Der blau markierte Pfad bleibt sehr steinig, Sie folgen diesem bergab (km 2,4). Nach 2,7 km Wegstrecke kommen Sie an eine **Schotterstraße**. Sie folgen dieser **nach links**, vorbei am See Edsättertjärn. Eine mächtige Felswand erhebt sich neben der Straße. 3,4 km nach dem Start biegen Sie **nach links** in einen Schotterweg ab ❸, dem Sie an einem weiteren See vorbei folgen. Nach weiteren 470 m gehen Sie geradeaus oder biegen nach links ab – je nachdem, auf welchem Parkplatz Ihr Fahrzeug steht.

Am Fuß des Själandsklinten führt der Weg an einer beeindruckenden Felswand entlang

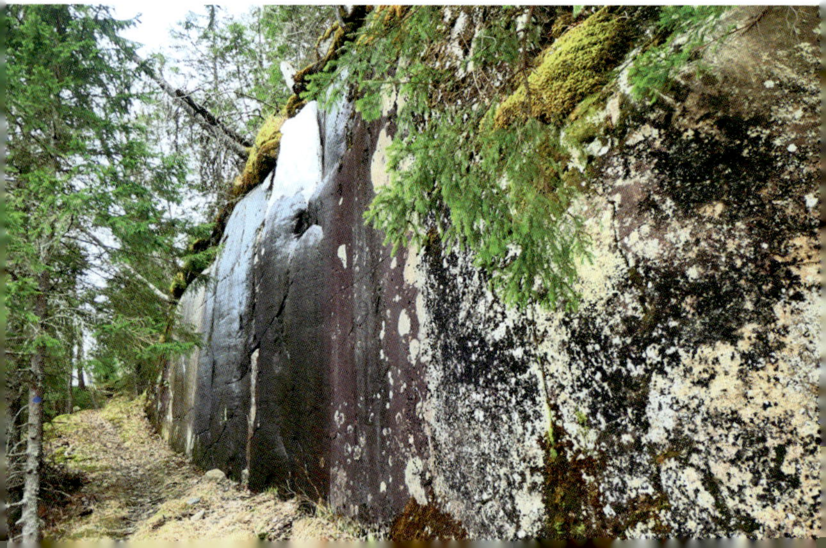

18 Bönhamn – kurzer Rundweg über den Kompassberget

Tour für alle, die ihren Besuch in Bönhamn mit einer kurzen Wanderung abrunden möchten, Fans von Natur sowie Fotografinnen und Fotografen

Diese Wanderung ist so schön, wie sie kurz ist. Es ist ein herrlicher Rundweg, der die Naturräume der Region Höga Kusten in Miniatur auf kürzester Strecke erlebbar macht – unbedingt empfehlenswert! Sie starten diese Tour direkt hinter den roten Häusern des idyllischen Fischerdorfes Bönhamn, recht steil geht es die Felsen hinauf. Picknickbänke laden zum Verweilen ein, der Blick über die roten Fischerhütten, die Boote und das blaue Wasser ist wunderbar. Die Markierung führt Sie über Fels, kurz durch Fichtenwald und an knorrigen Kiefern vorbei. Auch ein steiniger Strand und ein Klappersteinfeld liegen am Weg. Viel mehr Abwechslung auf so einer kurzen Strecke ist nicht möglich.

Start/Ziel: kleiner Parkplatz am Ortseingang Bönhamn, GPS N 62°52.724‘ E 018°26.769‘

2 km

1 Std.

78 m/78 m

0-36 m

blaue Punkte

Gewachsener Fels, Waldpfade, Holzstege, Straße, sehr steinige und felsige Pfade, nicht befestigt. Weite Teile des Weges verlaufen über Felsen und auch die Abschnitte im Wald sind steinig und reich an Baumwurzeln. Z. T. sehr steiles, felsiges Gelände und Blockfelder: technisch nicht schwierig, aber achtsame Fortbewegung wird empfohlen. Rutschgefahr bei Nässe!

nicht direkt am Weg, aber in 100 m Entfernung Restaurant Bönhamns Brygga (www.bonhamnsbrygga.se, in der Hochsaison von Mittsommer bis Mitte August täglich 9:00-20:00)

drei Tisch-Bank-Kombinationen (km 0,4)

nicht direkt am Weg, aber in 100 m Entfernung kleiner Shop im Restaurant Bönhamns Brygga (www.bonhamnsbrygga.se, in der Hochsaison von Mittsommer bis Mitte August täglich 9:00-20:00)

WC am Parkplatz am Start/Ziel

Bademöglichkeit nicht direkt am Weg, aber in 100 m Entfernung in Bönhamn

Für Kinder geeignet, wenn diese abenteuerlustig und an das Gehen auf Naturpfaden gewöhnt sind sowie kurze steile Auf- und Abstiege bewältigen können. Kinder sollten diesen Weg aber nur unter Aufsicht begehen, da er über Fels und Naturpfade führt und stellenweise auch Absturzgefahr besteht.

für Hunde geeignet, sofern sie an das Gehen auf Naturpfaden gewöhnt sind, kein Trinkwasser vorhanden

P kleiner Parkplatz direkt am Start/Ziel sowie alternativer, großer Parkplatz 300 m vor Bönhamn an der Straße (km 1,7), GPS N 62°52.558' E 018°26.809'

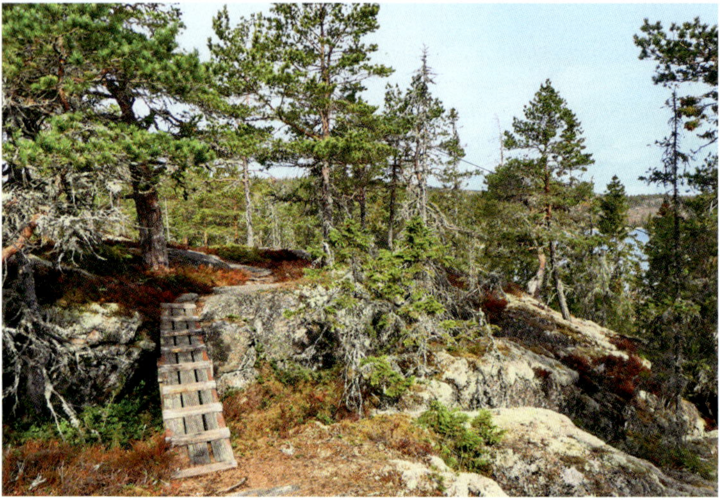

Der Pfad führt Sie über Felsen und durch knorrigen Kiefernwald

Ausgangspunkt dieser Wanderung ist der kleine Parkplatz links der Straße am Ortseingang von Bönhamn gegenüber der kleinen Kirche. Hier ist ein öffentliches WC vorhanden. Alternativ steht ein großer Parkplatz 300 m vor dem Ortseingang von Bönhamn rechts der Straße zur Verfügung. Von dem kleinen Parkplatz aus laufen Sie **nach links** an der Straße entlang in das Fischerdorf hinein. Nach 160 m biegen Sie von der Straße **nach rechts** ab auf eine Schotterstraße. Auf dieser gehen Sie hinter den roten Fischerhäusern entlang bis zu einem **Wegweiser** mit der Aufschrift „**Naturstig**" ❶ (km 0,3), an dem Sie **nach rechts** abbiegen. Sie folgen den blauen Punkten recht steil bergauf über gewachsenen Fels und Bohlenwege.

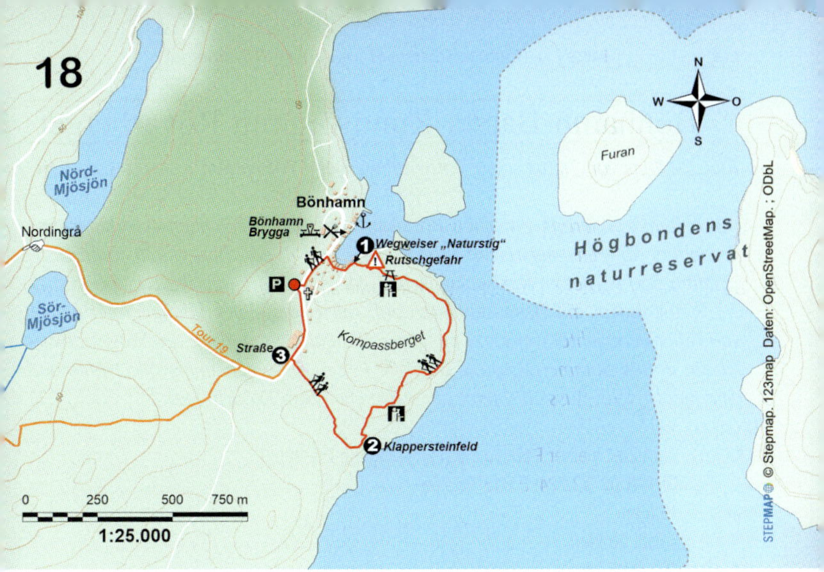

Vorsicht: Rutschgefahr bei Nässe auf Felsen und Bohlenwegen!

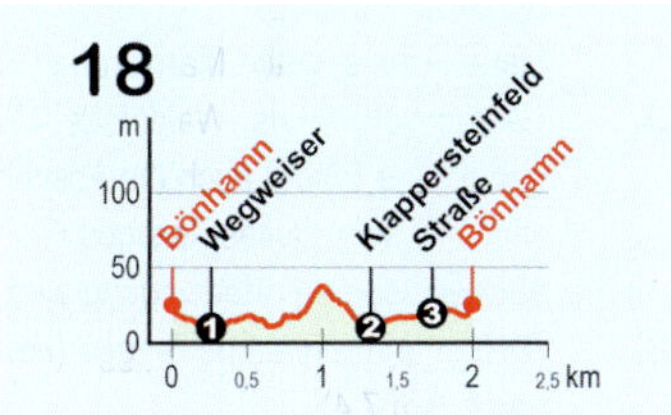

Nach einem kurzen Aufstieg erreichen Sie drei **Rastplätze** (km 0,4) – Tisch-Bank-Kombinationen mit einer tollen **Aussicht** auf das idyllische Fischerdorf Bönhamn und seine wunderschöne Umgebung aus Wasser, Fels und Wald. Sie folgen den blauen Punkten über rötliche Felsen, durch flechtenreiche Kiefernwälder, durch moosreichen Fichtenwald, über **Klappersteinfelder** und an Geröllstränden vorbei mit fantastischer Aussicht auf das Meer, die raue Küste und die felsigen Inseln – das ist die Höga Kusten in Miniatur. Nach 1,3 km Wegstrecke erreichen Sie ein beeindruckendes Klappersteinfeld mit Strandwall ❷ (Infokasten Tour 8). Sie orientieren sich an den blauen Punkten bis zu einem **Holzwegweiser** (km 1,5), hier folgen Sie dem Naturstig **nach rechts**. Sie überqueren den großen Parkplatz und gelangen an die **Straße** ❸ (km 1,7). Hier wenden Sie sich **nach rechts** und gehen zurück zum Ausgangspunkt der Wanderung, dem kleinen Parkplatz am Ortseingang.

19 Bönhamn-Barsta-Rundweg mit Rövarberget

Tour für Fans von Natur sowie Fotografinnen und Fotografen

Diese Rundwanderung zwischen Bönhamn und Barsta zeichnet sich durch eine besonders abwechslungsreiche Strecke aus. Die Route führt durch Kulturlandschaften und vorbei an Kahlschlagflächen, Wiesen und Fischerhütten. Aber auch die Natur wartet mit Besonderheiten auf, mit etwas Glück können Auerhühner und Biber beobachtet werden. Eine große Blütenpracht entlang des Weges erwartet Sie in den Sommermonaten. Schroffe Felsen, eine geheimnisvolle Höhle und eine fantastische Aussicht bietet der Abstecher zum Rövarberget.

- Start/Ziel: kleiner Parkplatz am Ortseingang Bönhamn, GPS N 62°52.724‘ E 018°26.769‘
- 13,3 km
- 5 Std. 30 Min.
- 462 m/462 m
- 0-120 m
- blaue Punkte, gelbe Markierung (Världarvsleden), über weite Strecken unmarkiert
- Gewachsener Fels, Waldpfade, Wiesen, Schotterwege, Straße, z. T. sehr steinige und felsige Pfade; auch die Abschnitte im Wald sind steinig und reich an Baumwurzeln; sehr steiles, felsiges Gelände am Rövarberget: technisch nicht schwierig, aber achtsame Fortbewegung wird empfohlen. Rutschgefahr bei Nässe!
- Restaurant Bönhamns Brygga (km 0,3/km 0,5), Restaurant Skutskepparn in Barstahamn (km 7,4)
- Fünf Rastplätze liegen am Weg: Tisch-Bank-Kombinationen in Bönhamn (km 0,3 und km 0,4), Tisch-Bank-Kombinationen am Naturstig Kompassberget (km 0,8), Näsviken (km 5,8), in Barstahamn (km 7,3), am Världarvsleden (km 8,8).
- kleiner Shop im Restaurant Bönhamns Brygga (km 0,3/km 0,5)
- WC am Parkplatz am Start/Ziel
- Bademöglichkeiten in Bönhamn (km 0,3), Sandstrand in Näsviken (km 5,8)
- Für Kinder ist die Tour ungeeignet, weil sie zu lang ist und über längere Abschnitte an der Straße entlangführt.
- Für Hunde ist die Tour bedingt geeignet, allerdings führen längere Abschnitte an der Straße entlang und über Schotterwege; kein Trinkwasser über weite Wegabschnitte vorhanden.
- P kleiner Parkplatz direkt am Start/Ziel sowie alternativer, großer Parkplatz 300 m vor Bönhamn an der Straße (km 13,1), GPS N 62°52.558’ E 018°26.809’

☺ Die Tour kann mit einer Übernachtung im Zelt auf dem Campingplatz in Barstahamn oder im Bed and Breakfast des Restaurants Skutskepparn (km 7,4) sehr gut als Zweitagestour unternommen werden.

Achtung: Diese Tour führt über weite Abschnitte **NICHT** über markierte Wanderwege, der GPS-Track und/oder die Wegbeschreibung gehören somit obligatorisch zur Ausrüstung für diese Wanderung.

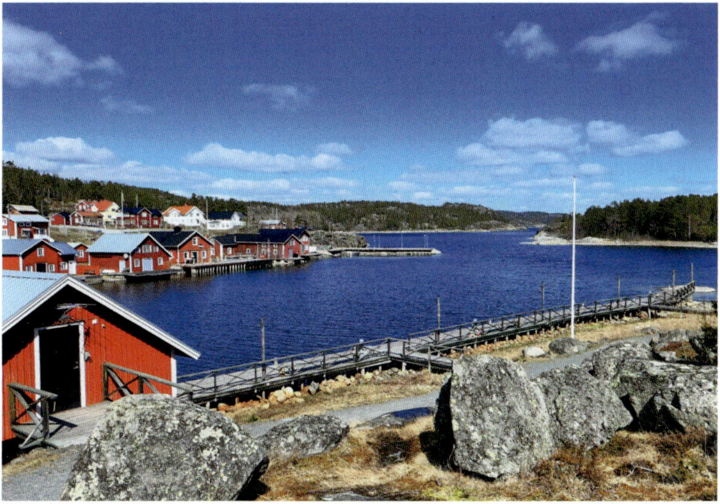

Im verträumten Fischerdorf Bönhamn fühlen Sie sich in längst vergangene Zeiten zurück versetzt

Ausgangspunkt dieser Wanderung ist der kleine Parkplatz links der Straße am Ortseingang von Bönhamn gegenüber der kleinen Kirche. Hier ist ein öffentliches WC vorhanden. Alternativ steht ein großer Parkplatz 300 m vor dem Ortseingang von Bönhamn rechts der Straße zur Verfügung. Von dem kleinen Parkplatz aus laufen Sie **nach links** an der Straße entlang in das Fischerdorf hinein. Wer hungrig ist, kann die Gelegenheit nutzen und sich nach 250 m (bzw. etwas später nach 500 m) Wegstrecke im Restaurant Bönhamns Brygga, mitten im Fischerdorf und direkt am Wasser, eine richtige Mahlzeit gönnen. Aber auch ein kleiner Shop ist in den Räumen des Restaurants vorhanden, in dem die Vorräte für die Wanderung aufgefüllt werden können.

Bönhamns Brygga, Bönhamn 126, 87030 Nordingrå, +46 (0)70/333 66 73, www.bonhamnsbrygga.se, in der Hochsaison von Mittsommer bis Mitte August täglich 9:00-20:00

Sie genießen die pittoreske Atmosphäre des kleinen Fischerortes und lassen sich treiben. Sie folgen der (Haupt-)Straße durch den Ort an den roten Häusern entlang.

Nach 300 m sowie nach 400 m finden Sie **Rastplätze** mit Tisch-Bank-Kombinationen und einem schönen Ausblick über das Treiben im Hafen. Die erste Picknickbank steht direkt an der Straße, für den zweiten Rastplatz verlassen Sie die Straße, die Picknickbank wartet auf einem Felsen dicht am Wasser auf entspannte Wanderinnen und Wanderer. Anschließend gehen Sie in Richtung des Parkplatzes **zurück**. Gegenüber den Fischtrockengestellen (km 0,6) biegen Sie **nach links** auf einen Schotterweg ab. Diesem folgen Sie hinter den roten Fischerhäusern entlang. 720 m nach dem Start biegen Sie am Wegweiser mit der Aufschrift „Naturstig" **nach rechts** ab. Sie folgen den blauen Punkten recht steil bergauf über gewachsenen Fels und Bohlenwege.

Vorsicht: Rutschgefahr bei Nässe auf Felsen und Bohlenwegen!

Nach einem kurzen Aufstieg erreichen Sie drei **Rastplätze** (km 0,8) – Tisch-Bank-Kombinationen mit einer tollen **Aussicht** auf das idyllische Fischerdorf Bönhamn und seine wunderschöne Umgebung aus Wasser, Fels und Wald. Sie folgen den blauen Punkten über rötliche Felsen, durch flechtenreiche Kiefernwälder, durch moosreichen Fichtenwald, über Klappersteinfelder und an Geröllstränden vorbei mit fantastischer Aussicht auf das Meer, die raue Küste und die felsigen Inseln – das ist die Höga Kusten in Miniatur. Nach 1,8 km Wegstrecke erreichen Sie ein beeindruckendes **Klappersteinfeld** mit Strandwall (☞ Infokasten Tour 8). Sie orientieren sich an den blauen Punkten bis zu einem **Holzwegweiser** (km 2), hier folgen Sie dem Naturstig **nach rechts**. Sie überqueren den großen Parkplatz und gelangen an die **Straße ❶** (km 2,2). Sie biegen **nach links** ab und folgen der Straße für 250 m. Dann biegen Sie **nach links** in die erste Schotterstraße auf der linken Seite ab (km 2,5). Bei km 2,8 **halten Sie sich rechts** bzw. folgen dem Schotterweg in Gehrichtung, etwa geradeaus, durch Kiefern-Fichten-Wald und an Kahlschlagflächen vorbei. Nach 3,2 km Wegstrecke folgen Sie dem Weg an der Wiese entlang. Nach weiteren 100 m (km 3,3) biegen Sie **nach links** ab, um den deutlichen Pfad über die Wiese zu nehmen. Sie folgen diesem in den Wald hinein **nach rechts** (Westen) (km 3,3) und wandern durch Wald und an einer

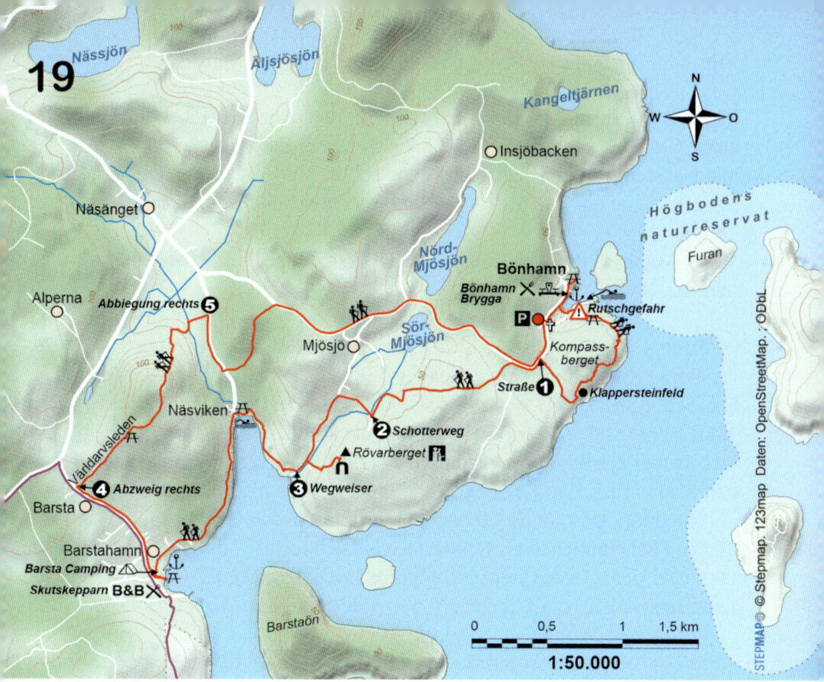

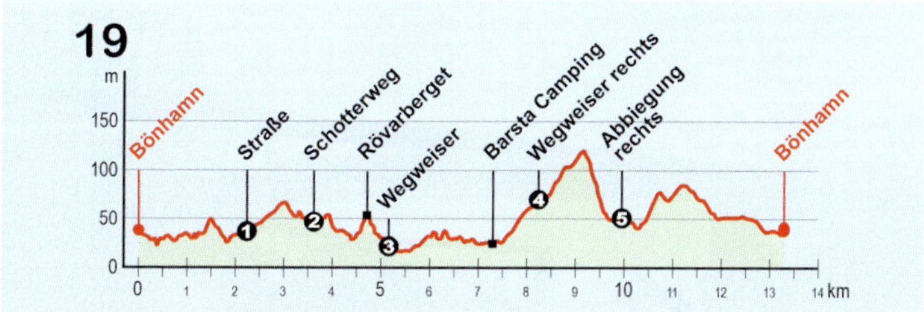

Kahlschlagfläche vorbei. Nach 3,6 km Wegstrecke biegen Sie **nach rechts** auf einen Schotterweg ab ❷, dieser führt Sie an einzelnen Häusern und Wiesen entlang. Nach weiteren 300 m (km 3,9) biegen Sie **nach links** auf einen querenden Schotterweg ab, dieser führt Sie sanft **bergab** Richtung Meer. Hier begleiten große Wiesen Ihren Weg. Bei km 4,4 ist Aufmerksamkeit gefragt, wenn Sie den kurzen Umweg über den Aussichtsberg **Rövarberget** unternehmen möchten. Anstatt dem Hauptweg geradeaus weiter in Richtung der Fischerhütten am Wasser zu folgen, biegen Sie **nach links** ab. Der Abzweig ist leicht zu erkennen, Sie folgen dem Fahrweg zu den roten Häusern, dem einzigen festen Übergang über einen Graben. Von dort biegen Sie gleich wieder **nach links** ab und folgen dem mit Flechten bewachsenen **Holzwegweiser** Richtung Rövarberget/Röfvarberget. Sie gehen nun auf einem steinigen und wurzelreichen Pfad immer bergauf.

Vorsicht: Rutschgefahr auf steilen Wegabschnitten und Felsen, insbesondere bei Nässe!

Nach 4,7 km Wegstrecke ist der **Rövarberget**/Röfvarberget erreicht – ein kleiner Berg, aber dennoch ein gewaltiger Felsblock in der küstennahen Landschaft. Die extrem steilen Felswände sind sehr beeindruckend, die **Aussicht** von 75 m Höhe ist fantastisch. Eine Höhle lädt zum Entdecken ein, der Sage nach haben hier Räuber gelebt – daher stammt der Name des Berges. Sie laufen auf demselben Pfad zurück zum Abzweig Rövarberget bei den roten Häusern (km 5,1).

Von dort folgen Sie für 60 m erneut dem Hauptweg, der hinunter zu den idyllischen **Fischerhütten** führt. Dann halten Sie sich rechts vom Hauptweg und laufen über eine kleine Wiese bergauf auf einige **Trockengestelle** zu. Die Wiese leuchtet Ende Juni violett vom Blütenmeer des Wald-Storchschnabels (*Geranium sylvati-*

Rote Fischerhütten sorgen für ein sehr idyllisches Ambiente am Abzweig nach Näsviken und Barsta

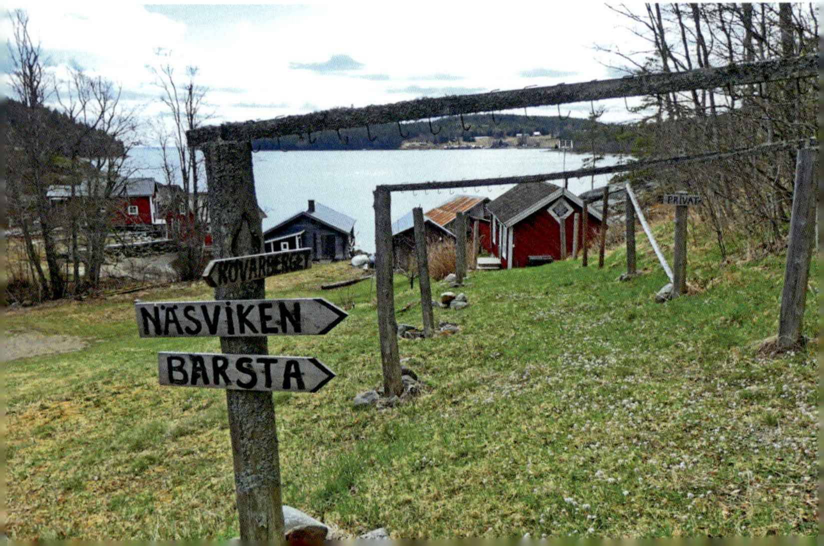

cum). 100 m nach dem Abzweig zum Rövarberget befindet sich an den **Trockengestellen** oberhalb der Fischerhütten ein **Wegweiser ❸** (km 5,2). Hier biegen Sie nun **nach rechts** ab Richtung Näsviken und Barsta, der Pfad schlängelt sich durch küstennahen Wald, immer wieder ergeben sich schöne Ausblicke über das Meer. Dann laufen Sie über einen Sandstrand und erreichen den **Rastplatz** (km 5,8) Näsviken mit Tisch-Bank-Kombination und **Bademöglichkeit**. Sie wandern weiter über die kleine Holzbrücke und biegen an der folgenden Schotterstraße **nach links** ab (km 5,9). Es geht an den roten Fischerhäusern entlang. Sie folgen der Schotterstraße bis zu ihrem Ende, dann folgen Sie einem **Pfad geradeaus** am Strand entlang (km 6,2). Der Pfad verläuft oberhalb des Geröllstrandes zunächst durch lichten Birkenwald, dann durch jungen Fichtenwald. Schließlich mündet er auf einem Schotterweg, dem Sie an einigen Häusern vorbei folgen. Nach 7,2 km Wegstrecke haben Sie **Barstahamn** erreicht. Sie biegen zunächst **nach links** ab und steuern einen winzigen Hafen mit einer kleinen Mole an. Hier, direkt am Wasser, befindet sich ein **Rastplatz** (km 7,3) mit Tisch-Bank-Kombination, Sitzbänken und einer Feuerstelle. Vom Rastplatz aus gehen Sie 100 m zurück über einen befestigten Weg, der Sie von der Mole zur Straße (Y838) führt, an der Sie **nach rechts** abbiegen. In der Hochsaison gibt es hier eine **Einkehrmöglichkeit** mit Bed & Breakfast: Skutskepparn (km 7,4).

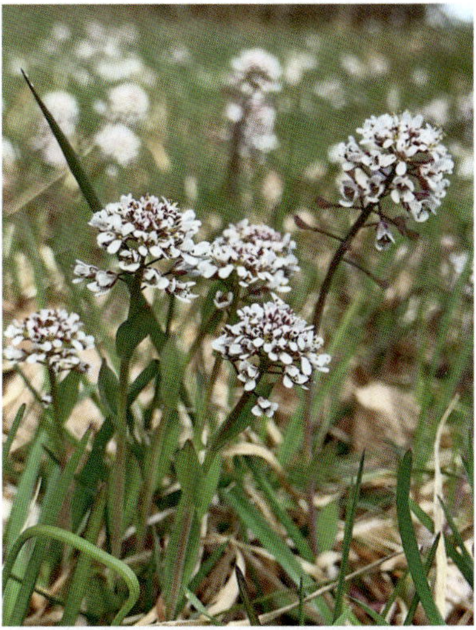

Gebirgs-Hellerkraut/-Täschelkraut (Noccaea caerulescens) blüht im Mai auf der Wiese vor den Fischerhütten

Skutskepparn, Barsta 270, 873 99 Nordingrå, ☏ +46 (0)6 13/230 90 und +46 (0)72/235 23 50, info@skutskepparn.se, www.skutskepparn.se, in der Hochsaison von Mittsommer bis Mitte August täglich 12:00-21:00

☺ **Geheimtipp**: Auch eine Art winzigen **Campingplatz** gibt es hier, mit Fünf-Sterne-Aussicht auf die Bucht von Barsta und sehr gemütlichem Ambiente.

Von Barstahamn aus laufen Sie über die **kleine Straße geradeaus** weiter, ab hier ist der **gelb markierte** Världarvsleden ausgeschildert. Sie folgen diesem Richtung Bönhamn. Hier wartet noch ein besonderes Naturerlebnis auf Sie: die wunderschönen **blütenbunten Straßenränder**. Ein Augenschmaus für alle Naturfans. In weiten Teilen Deutschlands ist ein solcher Blütenreichtum so exklusiver Pflanzenarten vollkommen aus der Landschaft verschwunden, hier genießen Sie die Blütenpracht direkt am Straßenrand. Es gedeihen zahlreiche ganz besondere Pflanzenarten, die in Deutschland stark gefährdet sind, z. B. Pechnelke (*Viscaria vulgaris*), Nickendes Leimkraut (*Silene nutans*) und Nordisches Labkraut (*Galium boreale*). 8,2 km nach dem Start biegen Sie **nach rechts** ab ❹ und folgen der gelben Markierung des Världarvsleden auf einem **Schotterweg** in den Wald hinein. Der Weg führt Sie kräftig bergauf. Bei km 8,8 erreichen Sie einen ⛼ **Rastplatz** mit einer Tisch-Bank-Kombination. Sie folgen der **gelben Markierung** durch Fichtenwald. Bei km 9,2 halten Sie sich **rechts** und bleiben weiterhin auf dem Världarvsleden. Nach 9,8 km Wegstrecke wartet eine weitere Überraschung – **Biberspuren**. Mehrere Bäume wurden vom Biber angenagt und abgesägt, es ist überaus beeindruckend, wie ein im Wasser lebendes Nagetier problemlos große Bäume fällen und damit zerstören kann. Nach weiteren 150 m biegen Sie **nach rechts** ab ❺ (km 9,9) und folgen der gelben Markierung des Världarvsleden über eine Schotterstraße. Bei km 10,3 biegen Sie **nach links** ab Richtung Bönhamn, Sie orientieren sich weiterhin an der gelben Markierung. Sie wandern durch Fichtenforst, dann an einer großen Kahlschlagfläche entlang (km 10,7). Nach 11 km Wegstrecke erreichen Sie die **Straße**, an der Sie **nach rechts** abbiegen. Es folgt eine längere Straßenetappe bis zum Parkplatz in Bönhamn, dem Ausgangspunkt der Wanderung.

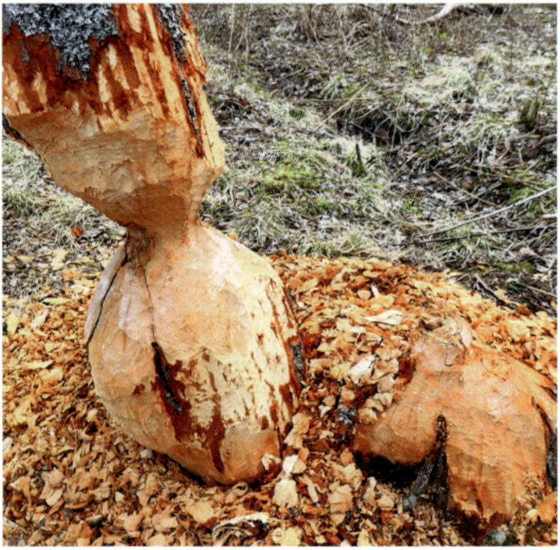

Von Bibern gefällte Bäume. Die Spuren, welche die scharfen Zähne hinterlassen haben, sind deutlich zu erkennen.

20 Barsta-Fällsvik-Rundweg mit Rotsidans naturreservat

Tour für Fans von Natur sowie Fotografinnen und Fotografen

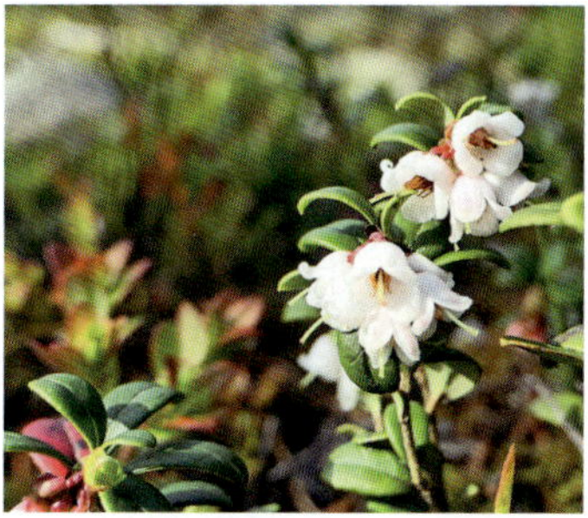

In den küstennahen Wäldern blühen im Juni üppig die Preiselbeeren (Vaccinium vitis-idaea)

Auf den ersten Kilometern könnten Sie annehmen, dieses wäre eine etwas langweilige Tour. In diesem Fall gilt es, durchzuhalten und die ersten Kilometer durch schwedische Ferienhausidylle als Warmlaufen zu betrachten. Danach wird es in Rotsidans naturreservat traumhaft schön: knorrige Kiefern, große, dichte Teppiche aus Rentierflechten und eine absolut fantastische Küste aus plattenartigen Felsen aus dem rötlichen Nordingrå-Granit, Felsblöcken und Klappersteinfeldern. Die Kombination, insbesondere mit Sonne und blauem Himmel, ist überwältigend schön! Da kommen die Rastplätze nach 6 km Wanderung wie gerufen, um eine Pause einzulegen und die wunderbare Aussicht auf Küste, Meer und Wald zu genießen. Der Pfad führt weiter die herrliche Küste entlang, bis der Hafen von Barsta erreicht ist, mit roten Fischerhütten und einer wunderschönen Aussicht. Der letzte Abschnitt dieser Tour führt an kleinen Straßen entlang, bietet aber dennoch ein weiteres Naturerlebnis: wunderschöne blütenbunte Straßenränder.

Start/Ziel: Pkw-Parkgelegenheit an der Einfahrt eines Waldweges, GPS N 62°51.918‘ E 018°21.766‘

10,7 km

4-5 Std., aber unbedingt zusätzliche Zeit für Pausen und zum Genießen einplanen

↑ ↓ 248 m/248 m

0-73 m

gelbe und blaue Markierungen sowie Ausschilderung

Anspruchsvoll: gewachsener Fels, Abschnitte über Geröllfelder und Felsblöcke, Waldpfade mit zahlreichen Wurzeln und Steinen sowie Asphalt- und Schotterstraßen. Z. T. sehr felsiges Gelände und Blockfelder: achtsame und vorsichtige Fortbewegung wird dringend empfohlen. Felsen können bei Nässe sehr glatt sein. Rutsch- und Sturzgefahr!

Skutskepparn in Barstahamn (km 8,6)

Drei Rastplätze liegen am Weg: erster Rastplatz (km 5,8), weitere z. T. rollstuhlgerechte Rastplätze (km 6), Barstahamn (km 8,6).

WC Klohäuschen (Plumpsklo) an den rollstuhlgerechten Rastplätzen an der Küste (km 6)

Bademöglichkeit in Barstahamn (km 8,6)

Die Tour ist relativ lang und anspruchsvoll sowie felsig, daher für Kinder ungeeignet. **Variante mit Kindern**: Rotsidans naturreservat ist auch ein tolles Ausflugs- und Wanderziel mit Kindern, allerdings sollte dann nicht der lange Barsta-Fällsvik-Rundweg in Angriff genommen, sondern der Pkw auf dem Parkplatz von Rotsidans naturreservat abgestellt werden, GPS N 62°51.036‘ E 018°22.478‘. Von dort können über einen rund 500 m langen, barrierefreien Zuweg zur Küste unterschiedlich lange Wanderungen und Ausflüge zu den schönsten Abschnitten dieser Wanderung unternommen und die Touren auf die Bedürfnisse der Kinder abgestimmt werden ().

Für Hunde bedingt geeignet, allerdings lange Abschnitte über Felsen und Geröllfelder sowie über Asphaltstraßen. Kein Trinkwasser über weite Wegabschnitte vorhanden. Hunde müssen in Rotsidans naturreservat an der Leine geführt werden.

P Nur für ein bis zwei einzelne Pkw, an der Straße zwischen Näsänget und Fällsvik an der Einfahrt eines Waldweges am Start-/Zielpunkt oder alternativ 300 m weiter an derselben Straße Richtung Südwesten/Fällsvik vorne an der Einfahrt zum Parkplatz des Rotsidans naturreservat, GPS N 62°51.463‘ E018°21.341‘. Ein weiterer alternativer Parkplatz befindet sich an der Fällsvikskapellet (km 2,8), GPS N 62°50.712‘ E 018°20.436‘.

Die Tour kann mit einer Übernachtung im Zelt auf dem Campingplatz in Barstahamn oder im Bed and Breakfast des Restaurants Skutskepparn (km 8,7) sehr gut als Zweitagestour unternommen werden.

Vorsicht: In Rotsidans naturreservat verläuft diese Wanderung an einer wilden, ungezähmten Küste entlang. Die Pfade sind hier nicht besonders gesichert und die Kraft des Wassers verändert die Küste unablässig und kann zu Felsabbrüchen und Umlagerung von Steinen und Felsblöcken führen. Sturz- und Rutschgefahr!

Diese Tour startet an der Straße Y836 an der Einfahrt eines Waldweges, an der auch ein Pkw abgestellt werden kann. Sie folgen zunächst der **Straße** Richtung Südwesten/**Fällsvik**. Hier orientieren Sie sich an der **gelben Markierung** des Världarvsleden. Nach 300 m passieren Sie die Einfahrt zum Parkplatz des Naturreservates Rotsidan. Auch hier ist es möglich, ein Fahrzeug abzustellen.

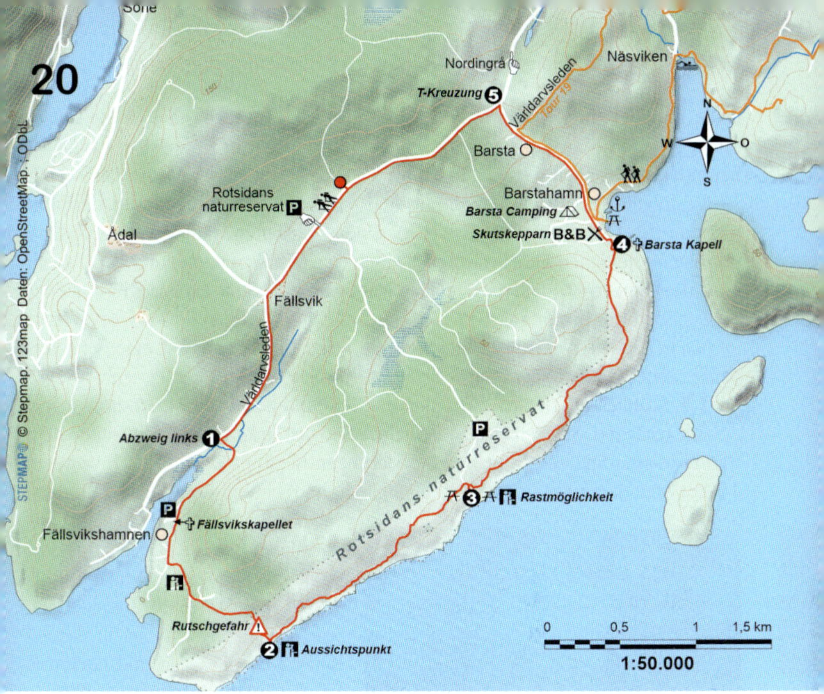

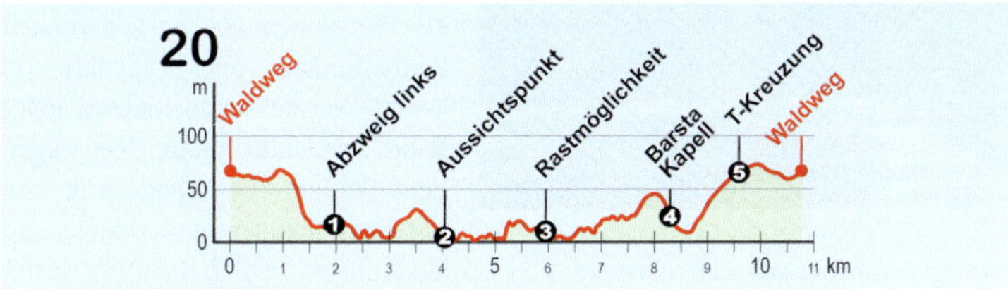

An der nächsten Straßenkreuzung (km 0,9) biegen Sie **nach links** ab und folgen der **gelben Markierung** des Världarvsleden und der kleinen Teerstraße Richtung **Fällsvikshamnen**.

Nach 2 km Wegstrecke folgen Sie dem **Abzweig** des Världarvsleden **nach links** ❶ und orientieren sich weiterhin an der gelben Markierung sowie an der Ausschilderung Richtung Fällsvikskapellet und Fällsvikshamnen. Nach weiteren 100 m biegen Sie nach **rechts** ab und folgen der Markierung des Världarvsleden über eine Schotterstraße. Nun blicken Sie auf die idyllische Szenerie von **Fällsvikshamnen**: rote Fischerhütten am Ende einer sehr schmalen Meeresbucht, die stark an einen norwegischen Fjord erinnert. Sicherlich befinden sich auch einige kleine, offene Fischerboote auf dem Wasser. Im Hintergrund erheben sich rundliche, bewaldete Berghänge. Eine nahezu unwirklich idyllische, harmonische Landschaft.

Sie folgen der gelben Markierung und passieren einen **alternativen P Parkplatz** an der **Fällsvikskapellet** (km 2,8), einem schlichten, dunklen Holzbauwerk mit einem zierlichen Glockenturm daneben, das als Kapelle genutzt wird. Auch nach der Kapelle folgen Sie der gelben Markierung des Världarvsleden sowie der Ausschilderung Richtung Barsta.

Nach 3,1 km Wegstrecke führt Sie die **gelbe Markierung** auf eine Schotterstraße, der Sie nun folgen. Sie wandern durch eine schwedische Ferienhausidylle mit Ausblick über Fällsvikshamnen und den fjordähnlichen Meeresarm.

Am nächsten Abzweig (km 3,3) **halten Sie sich links** und folgen weiter dem Världarvsleden mit seinen **gelben Markierungen** Richtung Barsta. Nach weiteren 100 m orientieren Sie sich an der Ausschilderung Richtung **Rotsidans naturreservat** und folgen dem Pfad des Världarvsleden, der hier **blau markiert** ist, in das Schutzgebiet hinein. Rotsidans naturreservat zieht einen vom ersten Schritt an in seinen Bann: Felsen, Felsen und nochmals Felsen, überwachsen mit großflächigen Teppichen aus pastellfarbenen Rentierflechten und dominiert von knorrig gewachsenen Kiefern, jeder Baum ein Individuum. Sie folgen dem Pfad in die Wunderwelt von Rotsidans naturreservat hinein und laufen *leicht bergab* Richtung Küste.

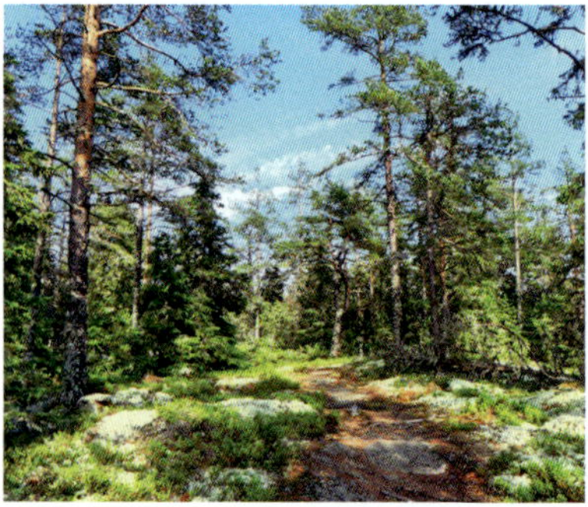

Im Naturreservat Rotsidan erwartet Sie eine fantastische Landschaft

Achtung: Rutsch- und Sturzgefahr im Naturreservat auf unbefestigten Pfaden!

Nach 4 km Wanderung haben Sie das Meer fast erreicht und genießen einen wahrlich **fantastischen Ausblick ❷** über eine wilde, ungezähmte, felsige Küste, die ihresgleichen sucht. Hier biegen Sie **nach links** ab und laufen über die ausgedehnten Felsen weiter parallel zum Wasser, dabei folgen Sie nun der **blauen Markierung**. Bald klettern Sie am Rand der plattenartigen Felsen auch über Felsblöcke und Steinfelder.

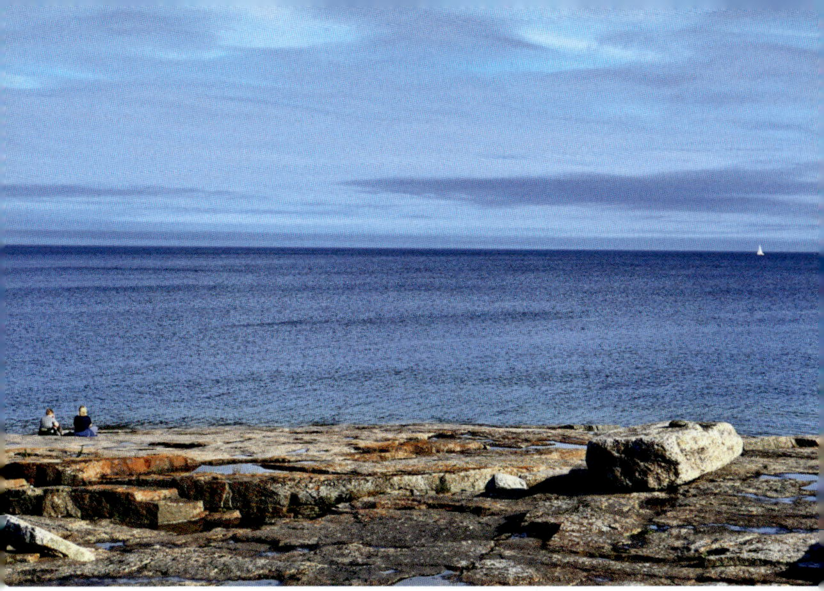

Eine unvergleichlich felsige Küste und weite Ausblicke über das offene Meer laden zum Rasten und Träumen ein

Auch durch die Steinfelder folgen Sie den **blauen Markierungen**, die teilweise im Zickzack verlaufen oder an Kiefernstämmen angebracht und nicht immer ganz leicht zu finden sind. Die Richtung ist aber klar: Ihr Weg führt Sie immer nach **Nordosten** die Küste entlang. Hier gilt es, die wunderbare wilde Landschaft zu genießen. Obwohl die nächsten Ferienhäuschen nur wenige Hundert Meter Luftlinie entfernt sind, fühlen Sie sich hier weit weg von der Zivilisation und vom Alltag. Hier bestimmen die Elemente und die Natur das Dasein.

Nach 5,5 km Wegstrecke führt Sie der **blau markierte Pfad** Richtung Barsta in den küstennahen **Wald** hinein. Zunächst dominiert noch der schüttere Kiefernwald auf diesen extremen Felsstandorten, doch bald finden Sie sich im dichten Fichtenwald wieder – wie in einer anderen Welt, die kühler, schattiger und feuchter sowie windstiller ist.

Nach weiteren 250 m (km 5,8) ist der erste ⛼ **Rastplatz** erreicht, mit Bänken, Feuerstelle und wunderbarer Aussicht auf das Meer. Sie folgen auch weiterhin der **blauen Markierung** und der Ausschilderung Richtung Barsta.

Kurz darauf (km 6) erreichen Sie weitere ⛼ **Rastmöglichkeiten** ❸ mit Tischen und Bänken sowie Feuerstellen und fantastischer Aussicht über die wilde Küste. Auch Klohäuschen und Feuerholz sind vorhanden. Diese Rastplätze befinden sich auf Holzrampen auf den Felsen der Küste und bieten fantastische Ausblicke auf die wilde Küste und das Meer. Wer die Möglichkeit hat, hier den Abend im Schein eines Lagerfeuers zu verbringen, sollte diese unbedingt nutzen.

Auch nach den Rastplätzen folgen Sie weiterhin dem **blau markierten Pfa**d und der Ausschilderung **Richtung Barsta**. Für weitere 2,3 km wandern Sie parallel zur Küstenlinie in Rotsidans naturreservat durch herrlich felsige Landschaft. Mal ist der Wald dichter, mal ist die Landschaft offener und felsiger, zeitweise dominiert Fichtenwald, dann lichte Kiefernbestände auf küstennahen Felsen. Sie genießen die letzten Kilometer durch das einmalige Naturschutzgebiet.

Schließlich erreichen Sie zunächst die **Kapelle** von Barsta ❹ (km 8,3), ein einfaches, dunkles Holzbauwerk, sehr ähnlich der Fällsvikskapellet. Nach einem kurzen Abstieg sind Sie nach 8,6 km Wanderung in **Barstahamn** angekommen. In der Hochsaison gibt es hier eine **Einkehrmöglichkeit** mit Bed & Breakfast: Skutskepparn.

Skutskepparn, Barsta 270, 873 99 Nordingrå, ☎ +46 (0)6 13/230 90 und +46 (0)72/235 23 50, info@skutskepparn.se, www.skutskepparn.se, in der Hochsaison von Mittsommer bis Mitte August täglich 12:00-21:00

☺ **Geheimtipp**: Auch eine Art winzigen **Campingplatz** gibt es hier, mit Fünf-Sterne-Aussicht auf die Bucht von Barsta und sehr gemütlichem Ambiente.

Von Barstahamn aus laufen Sie über die **kleine Straße** (Y838) geradeaus weiter, ab hier ist wieder der **gelb markierte** Världarvsleden ausgeschildert, Sie folgen diesem zunächst Richtung Bönhamn. Hier wartet noch ein besonderes Naturerlebnis auf Sie: die wunderschönen **blütenbunten Straßenränder**. Ein Augenschmaus für alle Naturbegeisterte. In weiten Teilen Deutschlands ist ein solcher Blütenreichtum so exklusiver Pflanzenarten vollkommen aus der Landschaft verschwunden, hier genießen Sie die Blütenpracht direkt am Straßenrand. Es gedeihen zahlreiche ganz besondere Pflanzenarten, die in Deutschland stark gefährdet sind, z. B. Pechnelke (*Viscaria vulgaris*), Nickendes Leimkraut (*Silene nutans*) und Nordisches Labkraut (*Galium boreale*).

Nach 9,3 km Wegstrecke folgen Sie **nicht** dem gelb markierten Världarvsleden, sondern bleiben weiter auf der kleinen Straße, auf der Sie sich seit Barstahamn befinden. An der folgenden **T-Kreuzung** ❺ (km 9,6) biegen Sie von Ihrer kleinen Straße nach links ab. Sie folgen der größeren Straße, der Y836, bis Sie an Ihrem geparkten Fahrzeug ankommen. Am Straßenrand gibt es noch einmal viele bunte Blüten zu bewundern.

Nach **10,7 km** sind Sie an Ihrem **Ziel** angekommen.

Schwedische Ostküste Süd

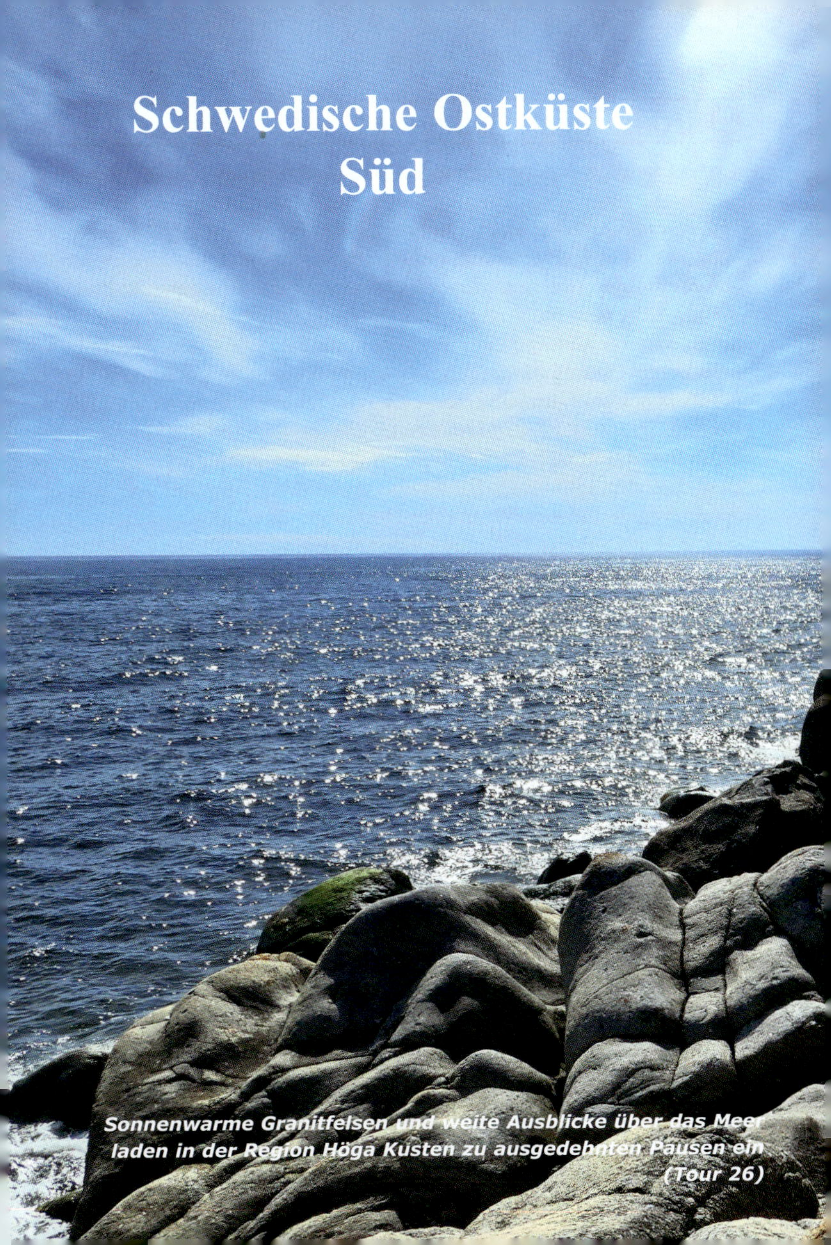

Sonnenwarme Granitfelsen und weite Ausblicke über das Meer laden in der Region Höga Kusten zu ausgedehnten Pausen ein (Tour 26)

21 Rödklitten – Häggvik

Tour für Fans von Natur sowie Fotografinnen und Fotografen

Eine besonders schöne, kurze Wanderung, die trotz der wenigen Kilometer sehr unterschiedliche Eindrücke und Ausblicke bietet. Rödklitten war eine eisenzeitliche Burganlage, Überreste der Befestigungsanlagen sind noch erkennbar. Der steile Aufstieg über Felsen ist mit ganz leichten Klettereien verbunden. Felsformationen, knorrige Kiefern, Flechtenteppiche sowie eine sehr schöne Vegetation mit besonderen Raritäten wie der Alpen-Lichtnelke (Viscaria alpina var. alpina) *lohnen bereits den anstrengenden Aufstieg. Der erste Höhepunkt wartet am Ende des Aufstiegs: eine wirklich atemberaubende Aussicht über die Gaviksfjärden – einer der besten Aussichtspunkte der Region Höga Kusten. Nach dem Rödklitten folgt diese Tour dem gelb markierten Världarvsleden durch Wald und über bunt blühende Wiesen, mit weiteren schönen Ausblicken. Das Ziel der einfachen Wegstrecke ist ein weiterer Höhepunkt: Der Ort Häggvik mit seinem Gästehafen ist schwedische Idylle am Wasser pur – große Steganlagen aus silbergrauem Holz, Segelboote aller Art und dazu rote Holzhäuschen vor einer Kulisse aus Wasser und Wald. Hier sollte bei einer ausgiebigen Rast die entspannte Atmosphäre genossen werden, bevor es auf demselben Weg zurückgeht oder eine Unterkunft in Häggvik angesteuert wird.*

⇆ Start/Ziel: kleiner Parkplatz an der Schotterstraße südlich von Mädan, GPS N 62°54.436‘ E 018°14.449‘

➲ 8,5 km

⌛ 4 Std.

↑↓ 340 m/340 m

⇧ 0-120 m

✎ blaue und gelbe Markierung sowie Ausschilderung des Världarvsleden

Schotter- und Asphaltstraßen, steinige Waldwege/-pfade mit zahlreichen Baumwurzeln, gewachsener Fels. ✋ Z. T. sehr steiles, felsiges Gelände, Abschnitte über Felsen können bei Nässe sehr glatt sein. Rutsch- und Sturzgefahr!

✕ keine

Rastplatz auf dem Gelände des Gästehafens Häggvik mit Bänken und Feuerstelle am Ziel der einfachen Wegstrecke (km 4,3)

● Trinkwasser am Gästehafen Häggvik auf Nachfrage (km 4,3)

WC auf Nachfrage am Gästehafen Häggvik WC nutzbar (km 4,3)

Bademöglichkeiten in Häggvik (km 4,3)

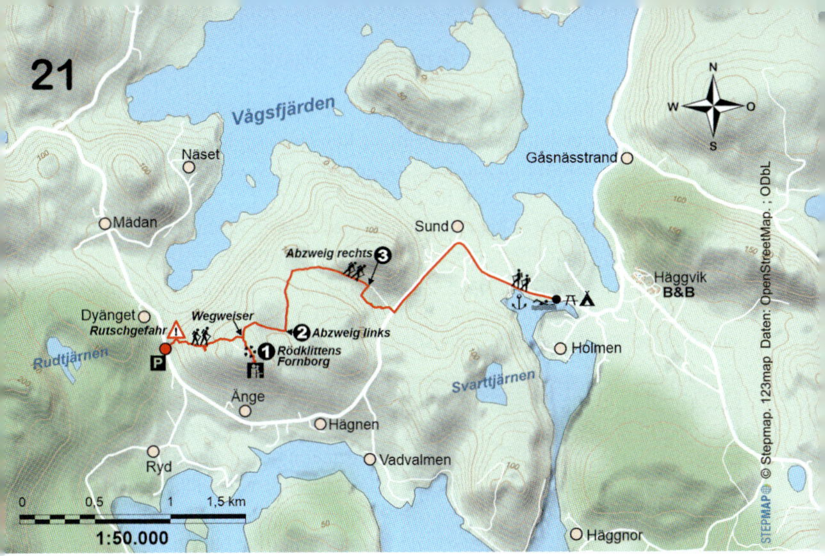

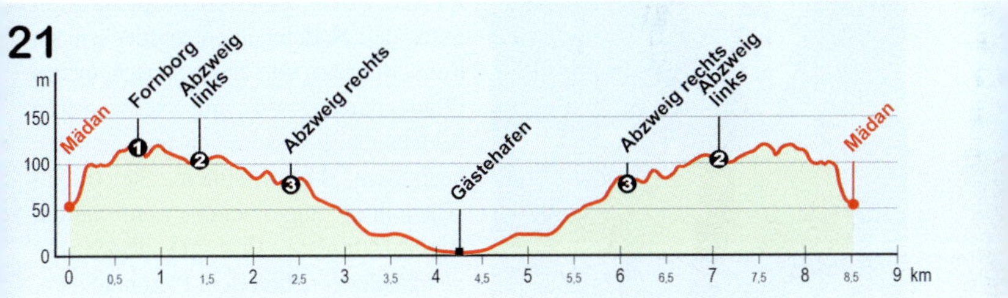

die Tour ist für Kinder **nicht** geeignet, da einige Wegabschnitte sehr steil und anstrengend sind und am Aussichtspunkt erhebliche Absturzgefahr besteht!

Für Hunde ungeeignet, da z. T. große Felsen zu überwinden sind. An einzelnen Stellen muss leicht geklettert werden, dies ist mit Hund nicht gefahrlos möglich; kein Trinkwasser über weite Wegabschnitte vorhanden. Am Aussichtspunkt besteht erhebliche Absturzgefahr auch für Hunde.

P sehr kleiner Parkplatz für maximal zwei Pkw direkt am Startpunkt vorhanden

☺ In Häggvik am Gästehafen besteht die Möglichkeit zum Zelten gegen eine sehr geringe Gebühr; für maximal zwei bis drei kleine Trekkingzelte; WC, Dusche und eine schöne Küche dürfen genutzt werden. Außerdem gibt es in Häggvik einzelne kleine Bed-and-Breakfast-Pensionen, sodass diese Tour als Zweitagestour unternommen werden kann.

Sie starten an dem **kleinen Parkplatz** an der Schotterstraße **südlich von Mädan**. Hier gibt es Informationstafeln zur Region Höga Kusten, zum Världarvsleden sowie zur eisenzeitlichen Burganlage/zum Aussichtspunkt Rödklitten. Das **Schild**, welches in die **Richtung Rödklitten** weist, ist nicht zu übersehen und Sie folgen diesem sowie dem **blau markierten Pfad**. Sofort sehen Sie sich mit einem **steilen Aufstieg** konfrontiert, den Sie umsichtig bewältigen.

Vorsicht: Sie gehen bereits nach wenigen Metern über Felsen, die uneben sind und bei Nässe sehr glatt sein können. Rutsch- und Sturzgefahr!

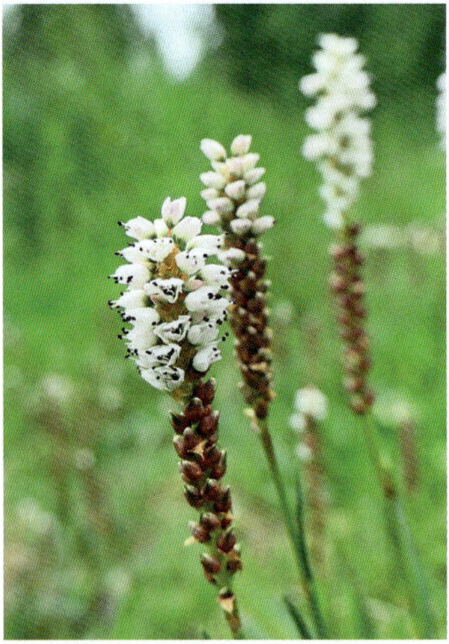

Wer die Augen offen hält, kann am Rödklitten im Juni/Juli den Knöllchen-Knöterich (Bistorta vivipara) blühen und fruchten sehen, eine arktisch-alpin verbreitete Art aus den Fjällgebieten Skandinaviens

Vorsichtig gehen und klettern Sie über die Felsen nach oben. An der Vegetation erkennen Sie deutlich, dass das Überleben der Pflanzen auf diesen kargen Felsstandorten besondere Strategien erfordert. Neben den knorrigen Kiefern, den Überlebensspezialisten unter den Nadelbäumen, entdecken Sie Rentierflechten und kleine, unscheinbare Pflanzenarten, die mit sehr wenig Bodenauflage auskommen und dennoch besonders schön blühen. Sie trauen sicher Ihren Augen kaum, wenn Sie die Alpen-Lichtnelke (*Viscaria alpina var. alpina*) gleich neben dem Pfad erspähen, eine arktisch-alpin verbreitete Art, mit der man außerhalb der Gebirgsregionen hier nicht rechnet. Außerdem wachsen hier so besondere Arten wie Katzenpfötchen (*Antennaria dioica*), Leberblümchen (*Hepatica nobilis*) und Wiesen-Wachtelweizen (*Melampyrum pratense*).

Sie erreichen einen kleinen **Wegweiser** (km 0,6), hier halten Sie sich zunächst rechts und gehen **Richtung Rödklittens Fornborg**, der **blauen Markierung** folgend. Hier oben ist es unglaublich schön, wer bei gutem Wetter hier ankommt, den wird Rödklitten sofort in seinen Bann ziehen. Es ist die Kombination aus einer historischen Stätte, einer geheimnisvollen Burganlage, den mächtigen Felsen, den knorrigen Kiefern, der wunderschönen

Vegetation sowie dem grandiosen Ausblick über die Gaviksfjärden, welche Rödklitten unvergesslich macht. Kleine Holztreppen führen über die uralten Befestigungswälle aus losen Steinen.

Nach 800 m Wanderung sind Sie **auf der Burg** angekommen ❶, hier sind deutliche Überreste der Befestigungsanlagen erkennbar. Außerdem können Sie eine erste exklusive Aussicht genießen, allerdings hier noch durch einige Baumstämme hindurch.

Nach weiteren 50 m erreichen Sie **den Aussichtspunkt**! Hier erleben Sie einen der besten Ausblicke der Region Höga Kusten, die an sich für besondere Aussichtspunkte steht wie keine andere Region Schwedens. Sie blicken über die *Gaviksfjärden* – ein erhabener Anblick, wie so häufig an der Höga Kusten verzahnen sich Wasser und Land auf einzigartige Weise. Hier sollte eine erste längere Pause eingeplant werden, um das fantastische Panorama gebührend genießen zu können.

Wenn Sie sich von der Aussicht wieder losreißen können, folgen Sie der blauen Markierung **zurück zu dem kleinen Wegweiser**, den Sie beim Aufstieg bereits passiert haben.

Ein absolut atemberaubender Ausblick über die Gaviksfjärden bietet sich vom Aussichtsberg Rödklitten – einer der besten Aussichtspunkte der Region Höga Kusten. Rödklitten war eine eisenzeitliche Burganlage.

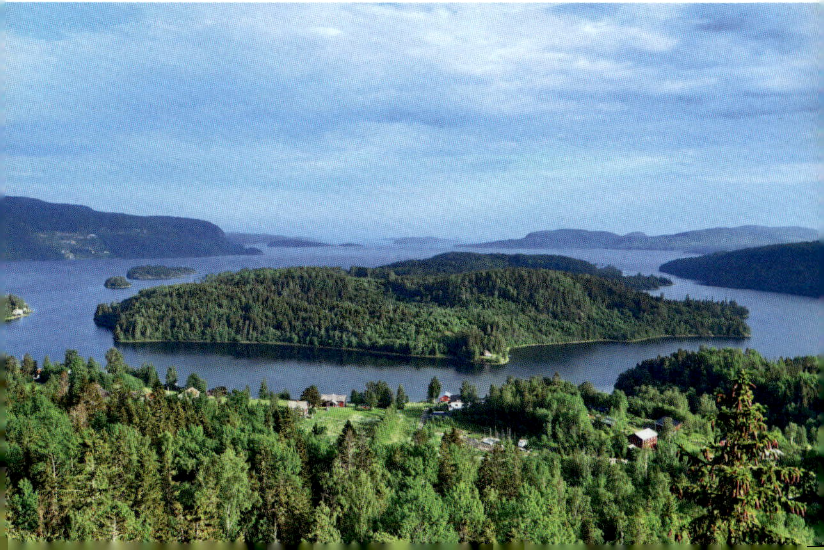

Am Wegweiser biegen Sie dieses Mal **nach rechts** ab – **Richtung Häggvik** – und folgen ab jetzt dem **gelb markierten Pfad**. Dieser führt Sie zunächst **bergab** von den Felsen des Rödklitten herunter. Der Abstieg ist aber wesentlich weniger steil als der Aufstieg. Bald tauchen Sie in dichten Fichtenwald ein. Der gelb markierte Pfad führt Sie zunächst durch weniger spektakuläre Landschaft, sodass Sie einfach das Wandern an sich genießen können. Für Pflanzenliebhaber wartet eine weitere Besonderheit am Wegesrand. Wer die Augen offen hält, kann hier im Juni und Juli den Knöllchen-Knöterich (*Bistorta vivipara*) blühen und fruchten sehen, ebenfalls eine arktisch-alpin verbreitete Art, die skandinavienbegeisterte Wanderinnen und Wanderer aus den Fjäll-/Fjell-Regionen Schwedens und Norwegens kennen. Dieser kleine, weiß blühende Knöterich bildet am unteren Ende des Blütenstandes sogenannte Brutknöllchen aus, diese dienen der vegetativen Vermehrung der Art unter den harschen Bedingungen des arktischen Klimas mit kurzen Vegetationsperioden und nährstoffarmen Böden. Die Höga Kusten begeistert neben ihrer beeindruckenden Landschaft immer wieder mit ihrer ungewöhnlichen Pflanzenartenzusammensetzung und ihrem Artenreichtum.

Nach 1,5 km Wanderung nehmen Sie den **Abzweig nach links** ❷ und folgen weiter der gelben Markierung des Världarvsleden. Der Weg führt Sie erneut durch dichten Fichtenwald und Sie genießen das Gefühl, mitten im Wald zu sein. Dabei werden Sie von der **gelben Markierung** sicher weiter in Richtung Häggvik geleitet.

Nach 2,5 km Wegstrecke folgen Sie dem **Abzweig nach rechts** ❸ und orientieren sich weiterhin an der gelben Markierung des Världarvsleden. Nun wandern Sie durch offene Kulturlandschaft.

Nach weiteren gut 150 m (km 2,6) biegt Ihr Pfad **nach rechts** ab und führt über eine feuchte Wiese. Sollte dieser Wegabschnitt nicht gemäht worden sein, ist er möglicherweise **zugewachsen** und nicht als Weg erkennbar. Dann können Sie entweder versuchen, der **gelben Markierung** durch die hochgewachsene Wiese zu folgen oder Sie bleiben einfach auf der Schotterstraße, auf der Sie sich befinden, und laufen geradeaus weiter.

Am Ende der Wiese treffen Sie auf eine **Schotterstraße** (km 2,8), Sie biegen **nach links** ab und folgen dieser sowie der gelben Markierung. Bald wird aus der Schotter- eine **Asphaltstraße** und Ihr Blick schweift über die einmalige Landschaft. Wasser und Land verzahnen sich auf einzigartige Weise, Buchten tauchen hinter roten Holzhäusern auf, über das Wasser sind bewaldete Hügel und runde Bergkuppen zu sehen. Eine märchenhafte Landschaft, die immer wieder zu beeindrucken weiß und aus jeder Perspektive unterschiedlich wirkt. Die Straße verläuft durch die Ortschaft Sund, Sie folgen ihr und bewundern die Aussicht. Auch an

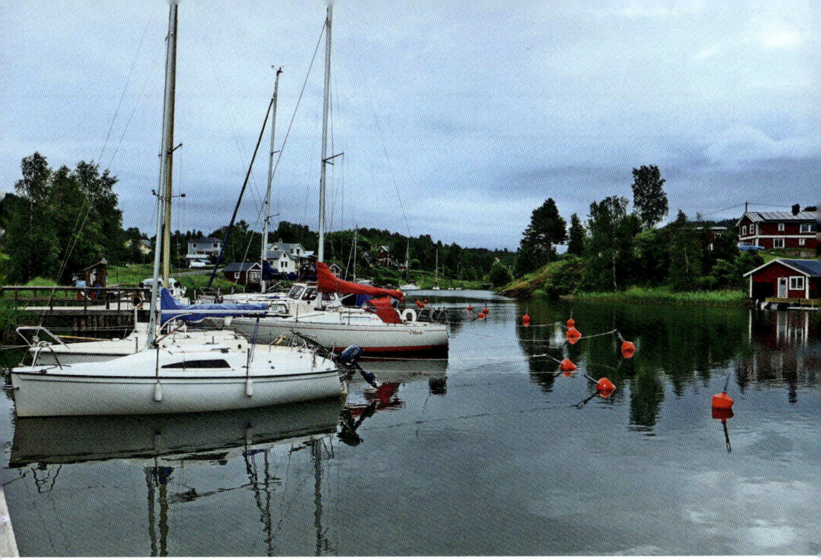

Eine sehr gemütliche Atmosphäre genießen Sie am Gästehafen von Häggvik, Ziel der einfachen Wegstrecke

der gelben Markierung können Sie sich weiterhin orientieren. Nach **4,3 km** Wanderung erreichen Sie den **Gästehafen** (*gästhamn*) von **Häggvik**, **Ziel** der einfachen Wegstrecke. Hier sind Toiletten (auf Nachfrage beim Hafenmeister oder bei den Bootseignerinnen und Bootseignern), Sitzbänke sowie eine Feuerstelle vorhanden. Außerdem gibt es mehrere **Bademöglichkeiten**: entweder direkt an den Steganlagen des Gästehafens oder in der einige Meter davor an der Straße gelegenen Bucht, die wie gemacht ist zum Baden.

In Häggvik gibt es verschiedene Unterkünfte, z. B. kleine Bed-and-Breakfast-Pensionen.

☺ **Geheimtipp**: Am Gästehafen besteht die Möglichkeit zum Zelten gegen eine sehr geringe Gebühr. Allerdings ist auf den Wiesen lediglich Platz für maximal zwei bis drei kleine Trekkingzelte vorhanden. Nach Entrichtung des Hafengeldes dürfen WC, Dusche und eine schöne Küche mit Aufenthaltsraum genutzt werden.

Der **Rückweg** führt über **denselben gelb markierten Weg** des Världarvsleden und über die Felsen des Rödklitten.

㉒ Sör-Lövvik – Halsviken über Valkallen

Tour für schwindelfreie, trittsichere Wanderinnen und Wanderer, Fans von Natur sowie Fotografinnen und Fotografen

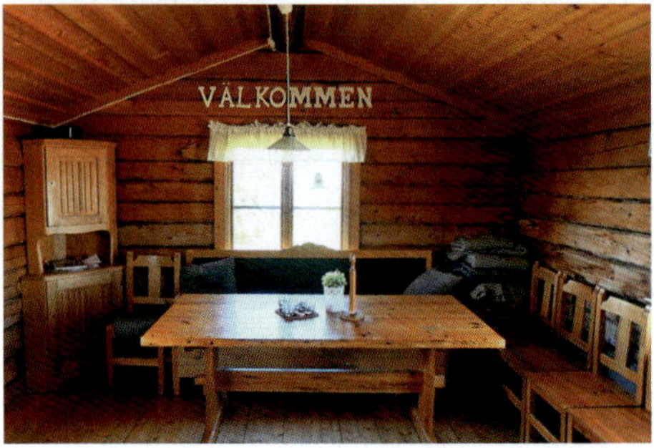

Valkallens Toppstuga bietet nach dem anstrengenden Aufstieg eine sehr urige und gemütliche Rastmöglichkeit. In dieser Hütte darf auch übernachtet werden.

Eine sehr anstrengende, fordernde Wanderung mit einem sehr steilen Aufstieg mit Seilsicherung über Felsen für konditionsstarke, kletterfreudige und trittsichere Wanderinnen und Wanderer. Die Belohnung für die Mühen folgt am Aussichtspunkt Valkallen, der eine atemberaubende Aussicht über die Storfjärden und die Mündung des Ångermanälven bietet, in der Ferne ist die große Högakustenbron (die Höga-Kusten-Brücke) deutlich zu erkennen. Wenn Sie diese Tour in Angriff nehmen, bietet die Route viel Erlebnis auf kurzer Wegstrecke. Für weniger kletterfreudige oder trittsichere Personen empfiehlt sich die Alternativroute über den durchgängig orangen markierten Höga kustenleden. Der Gästehafen von Sör-Lövvik ist ein optimaler Startpunkt mit einer tollen Bademöglichkeit und einer herrlichen Sonnenterrasse. Das Ziel der einfachen Wegstrecke, Halsviken, ist eine wunderschöne Badebucht mit einem Rastplatz, wie gemacht für eine ausgiebige Pause. Zwischendrin gibt es – wie könnte es an der Höga Kusten anders sein – viel Wald zu erleben und zu erwandern.

⇆ Start/Ziel: Gästehafen von Sör-Lövvik, GPS N 62°48.005‘ E 018°04.292‘

⊃ 10,7 km

⌛ 5-6 Std.

↑↓ 480 m/480 m

⇧ 0-236 m

✎ blaue und orangene Markierung sowie Ausschilderung

Schotter- und Asphaltstraßen, steinige Waldwege/-pfade mit zahlreichen Baumwurzeln, gewachsener Fels. ☝ **Achtung: extrem steile, seilgesicherte Wegabschnit-**

te über Felsen, die nur von kletterfreudigen, schwindelfreien, trittsicheren und konditionsstarken Wandernden in Angriff genommen werden sollten, bei Unsicherheit eine der beschriebenen Alternativrouten wählen! Rutsch- und Sturzgefahr – auch auf steilen Waldwegen! Bei Nässe sollte auf den steilen Aufstieg verzichtet werden!

Rund 500 m Fußweg vom Start am Gästehafen von Sör-Lövvik entfernt befindet sich Lövviks Restaurang Café (Lövvik 205, 872 94 Sandöverken, ☏ +46 (0)6 13/70 09 55, www.hogakusten.com/sv/lovviks-restaurang-cafe, 1.7. bis 14.8. täglich 12:00-20:00).

Drei Rastplätze/Shelter/Schutzhütten liegen am Weg: Rastplatz auf dem Gelände des Gästehafens Sör-Lövvik am Start/Ziel der Tour mit Tischen, Stühlen und Sonnenterrasse (km 0/km 10,7), Valkallens Toppstuga (km 2,3/km 8,4), in der Bucht Halsviken (km 5,3, GPS N 62°47.247' E 18°08.295').

Trinkwasser am Gästehafen von Sör-Lövvik (km 0/km 10,7), trinkbares Wasser: Bach in Halsviken (km 5,3), hier ist die Verwendung eines Wasserfilters empfehlenswert (☞ Reise-Infos).

WC am Gästehafen von Sör-Lövvik (km 0/km 10,7), Klohäuschen (Plumpsklo) Valkallen (km 2,3/km 8,4), Rastplatz Halsviken (km 5,3)

Bademöglichkeit am Gästehafen von Sör-Lövvik (km 0/km 10,7) und in Halsviken am Ziel der einfachen Wegstrecke (km 5,3)

Die Tour ist für Kinder nicht geeignet, da einige Wegabschnitte sehr steil und anstrengend sind und am Aussichtspunkt erhebliche Absturzgefahr besteht! Alternativen für Familien mit Kindern und Wandernde mit Hunden: die gesamte Strecke Sör-Lövvik – Halsviken über den durchgehend orangen markierten Höga kustenleden oder die Schotterstraße. Der Höga kustenleden ist rund 4,5 km lang, die Schotterstraße umfasst eine Wegstrecke von rund 4,1 km. Die Schotterstraße ist sehr einfach zu gehen, aber auch weniger interessant. Der Höga kustenleden führt am Fuß des Bäratoberget entlang und bietet ein schönes Walderlebnis. Beide Alternativrouten sind für ältere, wanderbegeisterte Kinder gut zu bewältigen, aber nicht besonders spannend. Besondere Vorsicht ist auf dem ersten Wegabschnitt entlang der Straße geboten. (Beide Alternativrouten: , , da für Hunde auf beiden Alternativrouten auch Trinkwasser aus einem Bach erreichbar ist.)

Für Hunde **nicht** geeignet, da eine Felswand zu überwinden ist. Über eine längere Strecke muss leicht geklettert werden, dies ist mit Hund nicht gefahrlos möglich. Kein Trinkwasser über weite Wegabschnitte vorhanden. Am Aussichtspunkt besteht erhebliche Absturzgefahr auch für Hunde. Alternative siehe Varianten mit Kindern/ Hunden

Der **Aussichtspunkt Valkallen** kann auch über eine **Alternativroute** erreicht werden. Folgen Sie aus **Richtung Halsviken** kommend der Ausschilderung und der blauen Markierung Richtung Valkallen, es muss ebenfalls ein anstrengender und steiler Aufstieg bewältigt werden, allerdings führt dieser über Waldwege und ist verglichen mit dem seilgesicherten Aufstieg über Fels aus Richtung Sör-Lövvik einfach und normal zu gehen, ohne Klettereien und Seilsicherung. Wer sich den steilen Aufstieg über die Felsen nicht zugetraut hat, sollte diesen dann aber keinesfalls bergab klettern, sondern auch auf der hier beschriebenen Alternativroute durch den Wald wieder absteigen! **Vorsicht**: Auch im Wald können steile Wegabschnitte bei Nässe rutschig sein!

P direkt am Gästehafen von Sör-Lövvik

☺ Die Tour kann mit einer Übernachtung in der Hütte Valkallens Toppstuga (km 2,3) gut als Zweitagestour unternommen werden. Die Hütte ist gemütlich, aber sehr einfach ausgestattet, nicht reservierbar und kostenfrei nutzbar. Schlafsäcke, Kochgeschirr, Lebensmittel etc. sind mitzubringen, Feuerholz ist in der Nähe der Hütte vorhanden, muss aber die letzten Meter steil über einen Waldweg zur Hütte getragen werden.

Dieses kleine Abenteuer startet an **Sör-Lövviks** gemütlichem **Gästehafen** (*gästhamn*). Hier finden Sie die Infrastruktur, die zu einem guten Start der Wanderung beiträgt: P Parkplatz, Toiletten, Rastplätze mit Tischen und Stühlen auf einer Veranda direkt über dem Wasser sowie eine herrliche Bademöglichkeit an den Steganlagen des Gästehafens.

Sie gehen die Zuwegung zum Gästehafen (die Sie zuvor mit dem Auto heruntergefahren sind) hinauf. Oben an der **Straße**, der **Y822**, angekommen biegen Sie **nach rechts** ab. Sie folgen der Straße für 850 m. Bald entdecken Sie auch die ersten orangenen Markierungen des Höga kustenleden, an denen Sie sich zunächst orientieren.

Vorsicht: Autoverkehr! Sie befinden sich auf diesem Abschnitt auf einer normalen Straße.

Bei km 1 biegen Sie **nach rechts** auf eine Schotterstraße ab ❶. Dieser folgen Sie für 500 m, bereits nach 100 m passieren Sie einen alternativen P Parkplatz. Hinter der Einfahrt zum Parkplatz tauchen Sie in den Wald ein.

An der folgenden Weggabelung (km 1,5) folgen Sie dem **Abzweig** sowie der Ausschilderung Richtung Valkallen **nach rechts** ❷. Ab jetzt folgen Sie der **blauen Markierung**, während der orangen markierte Höga kustenleden weiter geradeaus/ leicht nach links verläuft. Das blaue Schild besagt, dass es bis Valkallen noch 0,8 km Wegstrecke sind. Kaum zu glauben, Sie werden für den steilen Aufstieg fast eine Stunde Zeit benötigen.

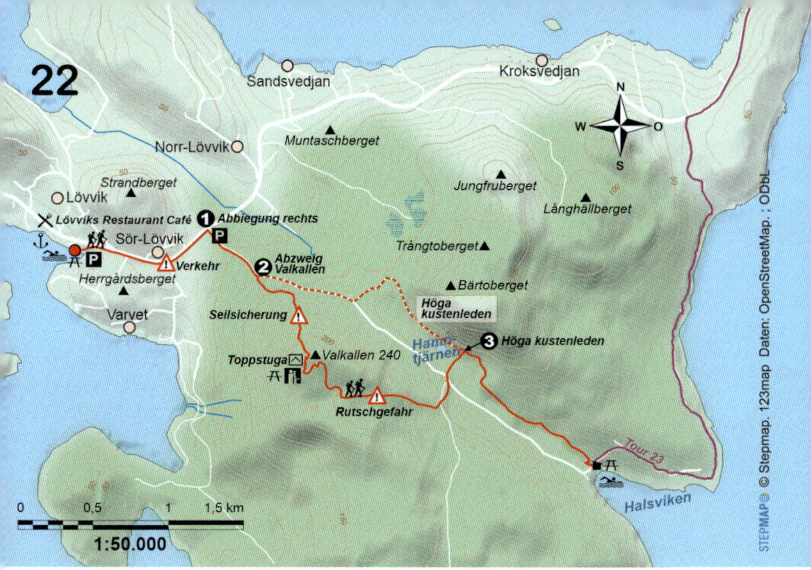

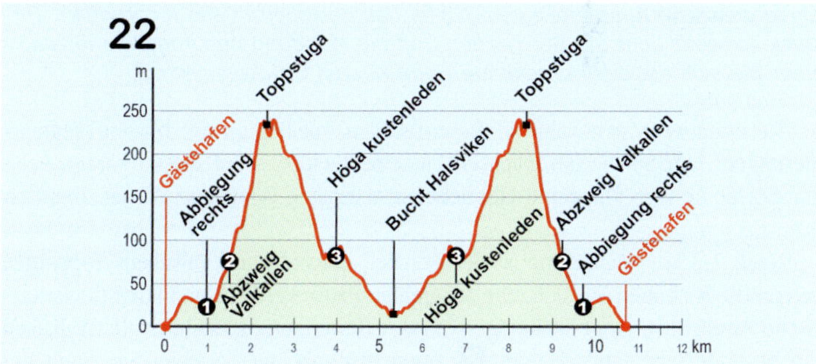

Der sehr **steile, seilgesicherte Aufstieg** über die steile Felswand beginnt. Eine Mischung aus **leichter Kletterei** und vorsichtigem Gehen bringt Sie Schritt für Schritt höher.

Achtung: Dieser Wegabschnitt führt über unebenen, steilen Fels. Es wird empfohlen, sich sehr achtsam und umsichtig fortzubewegen! Bei Nässe sollte auf diesen Aufstieg verzichtet werden! Die Seilsicherungen an besonders steilen Abschnitten sollten genutzt werden, um einen Absturz zu vermeiden. Rutsch- und Sturzgefahr!

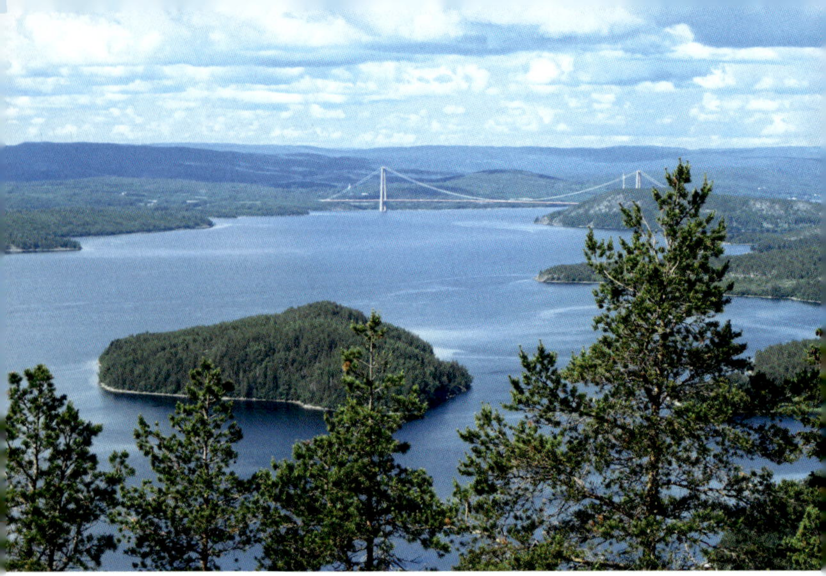

Unvergessliche Aussichten vom Gipfel des Valkallen in alle Richtungen. Ihr Blick schweift über die Storfjärden und die Mündung des Ångermanälven, über die sich die beeindruckende Höga Kusten Brücke schwingt.

Sie orientieren sich während diesem steilen Aufstieg an den **blauen Wegmarkierungen**. Um Sie herum wachsen einzelne Kiefern – auf diesen kargen Felsstandorten können nur echte Überlebensspezialisten Wind und Wetter überdauern.

Nach 2,3 km Wanderung ist der Aufstieg geschafft und **Valkallens Toppstuga** erreicht! Hier haben Sie sich eine ausgiebige Pause verdient und auch die fantastische Aussicht verlangt nach angemessener Bewunderung. Zunächst ist Valkallen ein besonders beeindruckender **Aussichtspunkt**, hier erleben Sie einen der besten Ausblicke der Region Höga Kusten, die an sich für besondere Aussichtspunkte steht, wie keine andere Region Schwedens. Ihr Blick schweift über die Storfjärden und die **Mündung des Ångermanälven**, in der Ferne ist die große Höga-Kusten-Brücke (Högakustenbron) deutlich zu erkennen. Diese gigantische Hängebrücke, deren Pylonen 182 m in den Himmel ragen, wird in einigen Reiseführern mit der Golden Gate Bridge am Eingang zur Bucht von San Francisco verglichen. Da Sie in Schweden sind, ist allerdings keine Großstadt in der Nähe zu finden, hier zählt das Landschaftserlebnis. Die gigantische Brücke wirkt klein und zierlich in der wunderbaren, endlosen Landschaft, die sie umgibt. **Valkallens Toppstuga** ist aber auch ein ganz besonderer **Rastplatz**. Ein Blick in die Toppstuga, die Gipfelhütte, lohnt sich auch bei schönstem Sommerwetter, sie ist sehr urig, traditionell und gemütlich eingerichtet. Diese Hütte kann sowohl als Übernachtungsmöglichkeit, als auch als ⌂ Schutzhütte genutzt werden. Feuerholz ist ein Stück weiter unterhalb am Waldweg Richtung Halsviken vorhanden und muss bei Bedarf von dort geholt werden. Neben der Hütte stehen Ihnen hier auf dem Gipfel ein Klohäuschen sowie mehrere Bänke für die Rast zur Verfügung. Auch hier oben wird die Landschaft von Felsen sowie dem charakteristischen, trockenen Kiefernwald der extremen Felsstandorte geprägt. Wasser und Nährstoffe sind hier Mangelware, dementsprechend können nur spezialisierte Pflanzen- und Tierarten überleben.

Nach dem Aussichtspunkt Valkallen orientieren Sie sich zunächst weiterhin an der blauen Markierung. Der **markierte Pfad** führt Sie durch den Wald – durchaus **steil bergab**, allerdings lässt sich der Waldpfad im Vergleich zu dem steilen Felsaufstieg deutlich besser gehen.

Vorsicht: Rutschgefahr auch auf steilen Waldwegen, insbesondere bei Nässe!

Sie folgen dem **blau markierten** Pfad für 1,4 km durch den Wald. Aus dem trockenen Kiefernwald wird weiter unten am Hang dichter Fichtenwald. Zuletzt laufen Sie durch jungen, aufwachsenden Wald auf ehemaligen Rodungsflächen. Sie überqueren die Schotterstraße nach Halsviken (km 3,7) und halten sich **links**, weiterhin dem **blau markierten Pfad** folgend. Auch jetzt führt Sie der Weg durch jungen, neu aufwachsenden Wald auf ehemaligen Rodungsflächen. Nach den kargen Felsen-Kiefernwäldern kommt hier ein leichtes Gefühl von Dschungel auf. Junge Bäume, Sträucher und Stauden wachsen sehr dicht und hoch. Ohne Pfad wäre es nahezu unmöglich, durch dieses Dickicht hindurchzukommen. Sie orientieren sich an der **blauen Wegmarkierung**.

Nach weiteren 300 m treffen Sie auf den **orangen markierten Höga kustenleden ❸** (km 4) und biegen auf diesen nach rechts ab. Nun folgen Sie der **orangenen Markierung** Richtung Halsviken und damit Richtung Südosten. Der Weg führt Sie zunächst durch jungen Wald mit Laubgehölzen. Erst später tauchen Sie erneut in dichten Fichtenwald ein. Sie folgen dabei immer dem orangen markierten Höga kustenleden.

Nach 5,3 km Wanderung erreichen Sie das Ziel der einfachen Wegstrecke, die **Bucht Halsviken**.

Der Strand ist ideal für eine lange Rast geeignet. Die Bucht bietet eine sehr schöne **Bademöglichkeit**. Sollte es am Strand zu sonnig und heiß sein oder

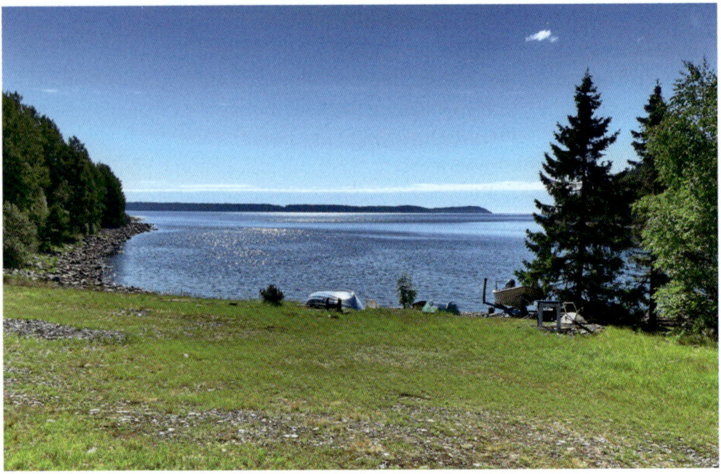

Die Bucht Halsviken mit ihrem schönen, steinigen Strand ist das Ziel der einfachen Wegstrecke. Hier bietet sich eine ausgiebige Rast an, bei warmen Wetter gekrönt von einem Bad im kühlen, blauen Nass.

regnen, bietet sich ein Übernachtungsplatz mit Shelter als **Rastplatz** (km 3,3) an. Dieser befindet sich 65 m hinter dem Strand im Wald versteckt (GPS N 62°47.247' E 018°08.295'). In seiner Nähe ist auch ein Klohäuschen vorhanden. Außerdem fließt ein Bach – etwa parallel zur Schotterstraße – zur Bucht Halsviken hinab, so dass für trinkbares Wasser gesorgt ist (Empfehlung: Nutzung eines Wasserfilters für die Trinkwasseraufbereitung, ☞ Reise-Infos).

Der **Rückweg** führt entweder auf derselben Route zurück (insgesamt 10,7 km) oder auf kürzeren und leichteren Strecken über zwei mögliche Alternativrouten:

Die erste Variante führt über die Schotterstraße (Rückweg 4,1 km, insgesamt 9,4 km). Die Schotterstraße ist sehr einfach zu gehen, aber auch weniger interessant.

Bei der zweiten Variante folgen Sie dem durchgehend orangen markierten Höga kustenleden (Rückweg 4,5 km, insgesamt 9,8 km). Der Höga kustenleden führt am Fuß des Bäratoberget entlang und bietet ein schönes Walderlebnis. Bei beiden Alternativrouten ersparen Sie sich den mühsamen und zeitraubenden Auf- und Abstieg nach Valkallen.

23 Grönviksfjärden: ArkNat Shelter Stranded – Halsviken

Tour für Fans von Natur, Fotografinnen und Fotografen sowie Architekturinteressierte

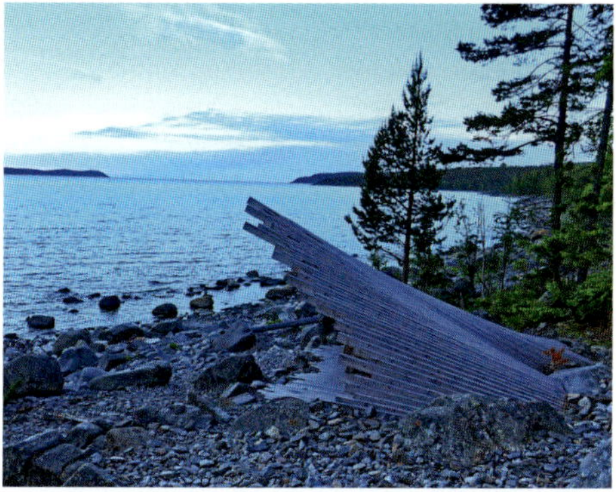

Das ArkNat Shelter Stranded am steinigen Strand der Grönviksfjärden erinnert an ein gestrandetes Schiffswrack

Eine herrliche Küstenwanderung an einem wilden, felsigen Strand entlang. Besonders reizvoll sind die Wechsel zwischen dem Geröllstrand mit leichten Felsklettereien und urigen Waldpfaden – Natur pur, hier ist der Mensch zu Gast in einer ursprünglichen, den Kräften der Natur ausgesetzten Naturlandschaft. Das Ziel der einfachen Wegstrecke, Halsviken, ist eine wunderschöne Badebucht mit einem Rastplatz, wie gemacht für eine ausgiebige Pause. Während dieser gesamten Wanderung schweift Ihr Blick über die beeindruckende Küstenlandschaft und das blaue Wasser der schmalen Bucht Grönviksfjärden – der Alltag rückt in weite Ferne, hinter den blauen Horizont der Bottensee.

⇆ Start/Ziel: Naturrastplatz Draged an der Straße Y822, GPS N 62°49.010‘ E 018°09.912‘

➲ 10,1 km

⌛ 4 Std.

↑↓ 251 m/251 m

⇧ 0-38 m

✎ orangene Markierung sowie Ausschilderung Höga kustenleden

Straße, Geröllstrand, steinige Waldwege/-pfade mit zahlreichen Baumwurzeln, Fels. ☝ Z. T. felsiges Gelände und lose Steine, Abschnitte über Felsen können bei Nässe sehr glatt sein.

✕ keine

Vier Rastplätze/Shelter liegen am Weg: Naturrastplatz Draged (km 0/km 10,1), ArkNat Shelter Stranded (km 2,1/km 8), Shelter mit Feuerstelle (km 2,9/km 7,3), Shelter Halsviken (nahe km 5,1, GPS N 62°47.247' E 18°08.295')

trinkbares Wasser: Bach nach dem Shelter mit Feuerstelle (km 3/km 7,1), Bach in Halsviken (km 5,1), hier ist die Verwendung eines Wasserfilters empfehlenswert (☞ Reise-Infos)

WC am Shelter Halsviken (km 5,1)

Bademöglichkeit in Halsviken (km 5,1)

Die Tour ist für Kinder aufgrund beschwerlicher Wegabschnitte über Felsen und Geröllstand nicht geeignet.

Die Tour ist für Hunde aufgrund beschwerlicher Wegabschnitte über Geröllstand und Felsen nicht geeignet; kein Trinkwasser über weite Wegabschnitte vorhanden.

P direkt am Start Naturrastplatz Draged an der Straße Y822

☺ Die Tour kann mit einer sehr spartanischen Übernachtung im ArkNat Shelter Stranded (km 2,1 bzw. km 8) am fantastischen Geröllstrand als eine Zweitagestour unternommen werden.

Die Wanderung startet am Naturrastplatz Draged an der Straße Y822. Der **Rastplatz** mit Picknicktisch liegt unmittelbar an der wenig befahrenen Straße Y822 und dient auch als Rast- und Parkplatz für Autofahrerinnen und Autofahrer. Dies ist auch ein schöner **Aussichtspunkt** über die schmale Bucht der Norafjärden, die sich wie ein norwegischer Fjord ins Landesinnere hineinschlängelt.

Sie starten auf der **Straße nach rechts** (Südwesten) und folgen der orangenen Markierung des Höga kustenleden für 1,4 km an der Straße entlang. 1,4 km nach dem Start biegen Sie **nach links** in einen **Waldweg** ab ❶. Sie folgen dem blauen Wegweiser und der orangenen Markierung des Höga kustenleden durch jungen Birken-Kiefern-Wald. Bei km 1,9 folgen Sie weiter dem Höga kustenleden, nun über einen sehr steinigen, schmalen Pfad durch Flechten-Kiefern-Wald. Sie erreichen den extrem steinigen Strand und das **ArkNat Shelter Stranded** ❷ (km 2,1). Ein interessantes Holzbauwerk, das einem Schiffswrack ähnelt und als **Rastplatz**, Wetterschutz oder rustikale Übernachtungsmöglichkeit dienen kann.

Sie folgen dem Höga kustenleden **nach rechts** und wandern ab jetzt immer parallel zum Strand oder auf dem Strand entlang, dabei orientieren Sie sich an der orangenen Markierung des Höga kustenleden. Ihre Blicke schweifen immer wieder über die Meeresbucht Grönviksfjärden auf Ihrer linken Seite. Nach 2,9 km Wegstrecke erreichen Sie einen weiteren **Rastplatz** mit Bänken, Feuerstelle

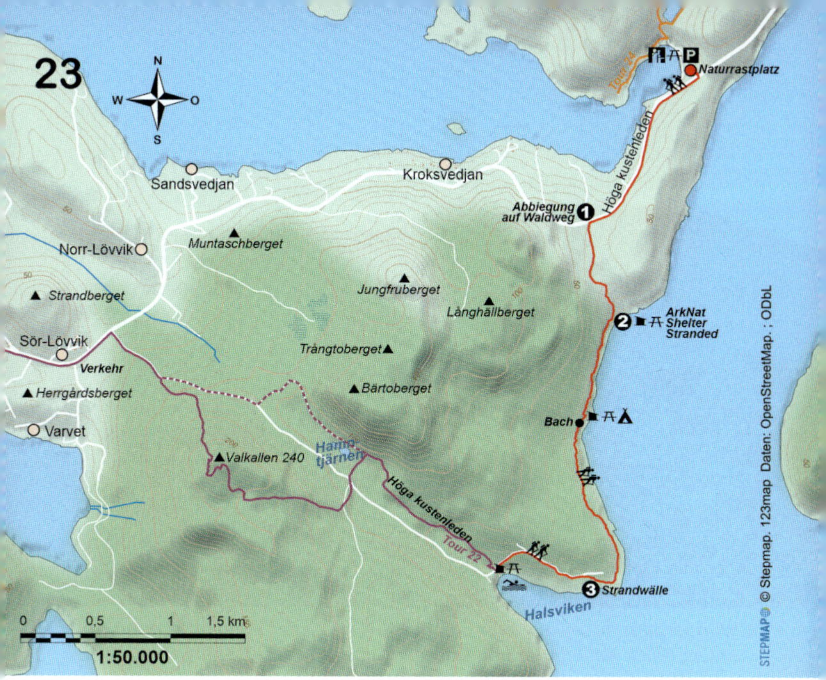

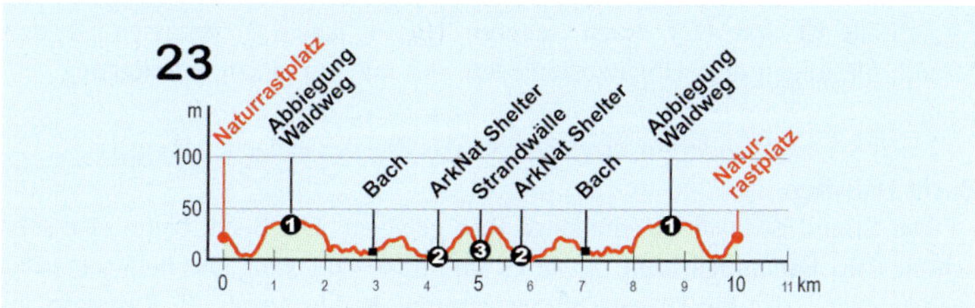

und Shelter, auch ein bis zwei Zeltmöglichkeiten sind vorhanden. 150 m weiter (km 3) queren Sie einen **Bach**, aus dem trinkbares Wasser entnommen werden kann (☞ Reise-Infos). Sie genießen die Wanderung an dieser herrlich wilden, felsigen Küste! Ein einmalig schöner Ort, ursprünglich, einsam, scheinbar weit entfernt vom Trubel des Alltags. Hier sind Sie den Kräften der Natur sowie Wind und Wetter ausgesetzt. Der **orangen markierte Pfad** führt Sie z. T. über den Geröllstrand, z. T. über Felsen, aber auch durch Kiefern- und Fichtenwald. Schließlich erreichen Sie riesige **Klappersteinfelder** (☞ Infokasten Tour 8) und

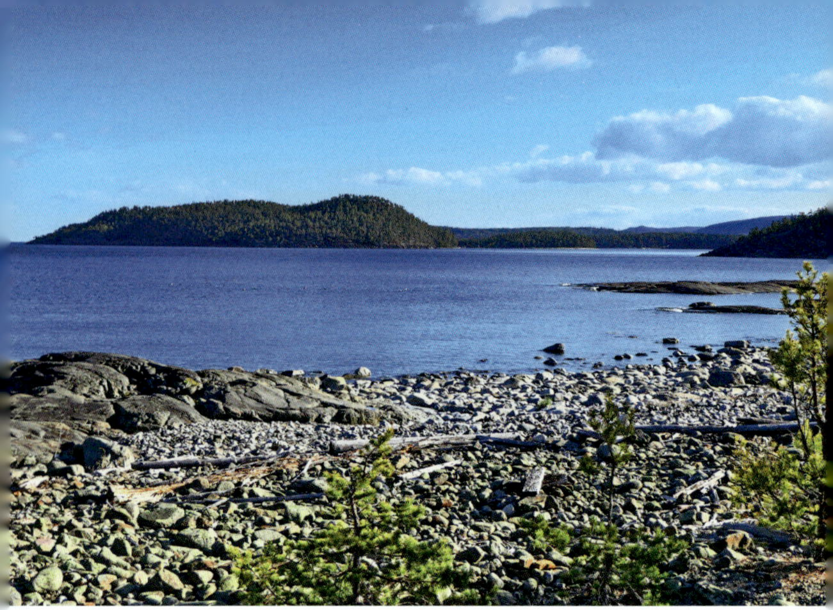

Wunderbare Ausblicke über das blaue Wasser der Grönviksfjärden, mit etwas Glück haben Sie die wilde, einsame Küste ganz für sich allein

Strandwälle ❸ (km 4,2). Nach weiteren 100 m (km 4,3) verlassen Sie den Strand, Sie folgen dem Höga kustenleden, der nun auf einem **Schotterweg** verläuft.

Nach 5,1 km Wanderung erreichen Sie das Ziel der einfachen Wegstrecke, die **Bucht Halsviken**.

Der Strand ist ideal für eine lange Rast geeignet. Die Bucht bietet eine sehr schöne **Bademöglichkeit**. Sollte es am Strand zu sonnig und heiß sein oder regnen, bietet sich ein Übernachtungsplatz mit Shelter als **Rastplatz** an. Dieser befindet sich 65 m hinter dem Strand im Wald versteckt (GPS N 62°47.247' E 018°08.295'). In seiner Nähe ist auch ein Klohäuschen vorhanden. Außerdem fließt ein Bach zur Bucht Halsviken hinab, so dass für trinkbares Wasser gesorgt ist (Empfehlung: Nutzung eines Wasserfilters für die Trinkwasseraufbereitung, ☞ Reise-Infos).

Der **Rückweg** führt über denselben Weg, den orangen markierten Höga kustenleden, zurück zum Ausgangspunkt der Wanderung.

24 Nördomstjärn-Rundweg von Hörsångs camping

Tour für Familien sowie Naturliebhaberinnen und Naturliebhaber

Eine entspannte, kurze Wanderung über einfache Waldwege an zwei Seen vorbei. Es gibt viel besondere Natur zu entdecken, beispielsweise eine Biberburg. Der Rastplatz Fjärdbotten lädt zum Picknick, zum Baden und zum Träumen ein – oder zum Spielen und Toben. Auch der Ausgangspunkt/das Ziel der Wanderung, Hörsångs camping, bietet eine ideale Bademöglichkeit für Familien mit Sandstrand und Flachwasserbereich.

Start/Ziel: Hörsångs camping, GPS N 62°49.669‘ E 018°10.670‘

4,9 km

2 Std.

158 m/158 m

0-74 m

z. T. orangene und gelbe Markierungen, z. T. unmarkiert

Schotterwege, Waldwege, schmale Waldpfade, z. T. steinige, wurzelreiche Pfade, Rutschgefahr bei Nässe!

Café Hörsångs camping am Start/Ziel

Ein Rastplatz mit Schutzhütten liegt am Weg: Fjärdbotten (km 2,8).

sehr kleiner Shop in der Rezeption von Hörsångs camping am Start/Ziel

WC auf Nachfrage beim Campingplatz am Start/Ziel, am Rastplatz Fjärdbotten (km 2,8)

Bademöglichkeiten beim Campingplatz am Start/Ziel, am Rastplatz Fjärdbotten (km 2,8)

Für Kinder ist die Tour sehr gut geeignet, die Wege sind einfach und der Rastplatz Fjärdbotten lädt zum Spielen und Toben ein.

Für Hunde ist die Tour sehr gut geeignet, allerdings führen kürzere Abschnitte über Schotterwege. Trinkwasser ist in den beiden Seen vorhanden.

P kleiner Parkplatz direkt am Start/Ziel Hörsångs camping

Die Tour kann mit einer Übernachtung auf dem Rastplatz Fjärdbotten (km 2,8) sehr gut als Zweitagestour unternommen werden. In Fjärdbotten kann im eigenen Zelt und in den alten Hütten des fäbod übernachtet werden. Die Hütten sind rustikal, sehr einfach ausgestattet, nicht reservierbar und kostenfrei nutzbar. Schlafsäcke, Kochgeschirr, Lebensmittel etc. sind mitzubringen, Feuerholz ist in der in der Regel am Rastplatz vorhanden.

Sie starten vom Parkplatz von Hörsångs camping.

Café Hörsångs camping, Hörsång 402, 872 98 Noraström, +46 (0)70/347 70 42, kontakt@horsangscamping.se, www.horsangscamping.se, Mitte Mai bis Mitte September täglich 12:00-16:00

kleiner Shop in der Rezeption des Campingplatzes, Hörsång 402, 872 98 Noraström, +46 (0)70/347 70 42, kontakt@horsangscamping.se, www.horsangscamping.se, Mitte Mai bis Mitte September täglich 9:00-18:00

Sie überqueren die Straße und gehen geradeaus auf den Schotterweg, ein gelber Holzwegweiser und die **orangene Markierung** des **Höga kustenleden** weisen Ihnen den Weg. Der Schotterweg führt Sie bergauf, ein Bach fließt parallel dazu. Sie tauchen in den Birken-Fichten-Wald ein. Nach 600 m biegen Sie **nach links** ab ❶ auf einen schmalen Pfad über eine kleine Holzbrücke, Sie folgen der Ausschilderung des Höga kustenleden. Nach weiteren 50 m (km 0,7) biegt der Pfad **nach rechts** ab. Er schlängelt sich durch aufwachsende junge Birken und Fichten, Sie orientieren sich an der orangenen Markierung. Nach 950 m Wegstrecke ist der See **Nördomstjärn** erreicht. Im Mai blühen Leberblümchen (*Hepatica nobilis*) am Hang links des Pfades. Sie passieren eine Biberburg direkt am Weg (km 1).

Anfang Mai ist der See Nördomstjärn noch von einer mächtigen Eisschicht bedeckt. Die Landschaft ist noch nicht vollständig aus dem Winterschlaf erwacht, eine äußerst friedvolle Szenerie.

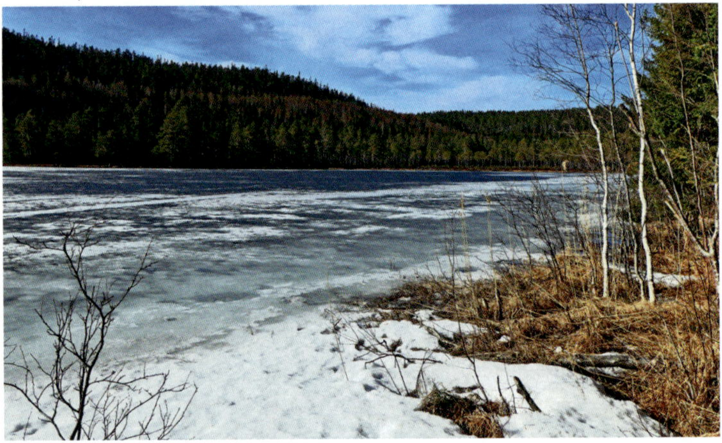

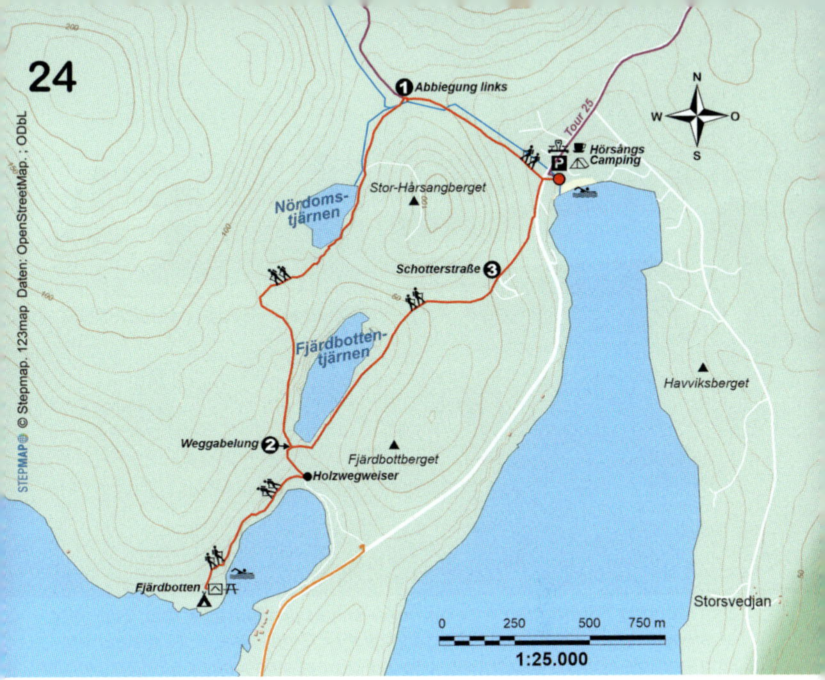

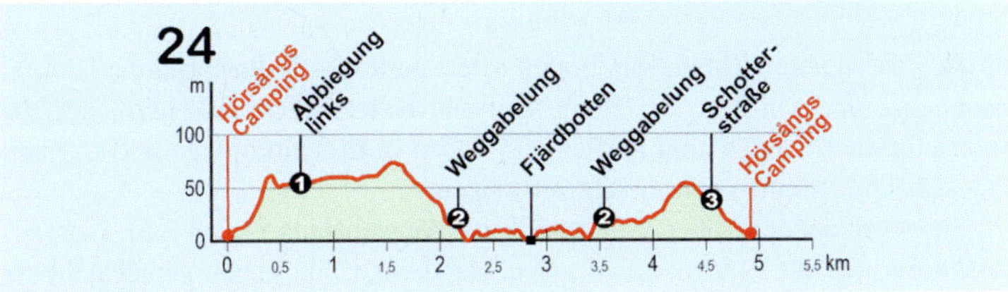

Sie folgen weiter der orangenen Markierung (km 1,5) durch jungen Fichten-Birken-Wald. **2,1 km** nach dem Start erreichen Sie eine **Weggabelung ❷**. Von hier aus unternehmen Sie einen Abstecher zum Rastplatz Fjärdbotten. Dafür folgen Sie zunächst der orangenen Markierung scharf nach rechts. An einem **Holzwegweiser** (km 2,3) biegen Sie **nach rechts** ab Richtung Fäbodvall (ein historisches *fäbod* ist eine norrländische Alm). Dieses *fäbod* in Fjärdbotten erreichen Sie nach 2,8 km Wegstrecke. Dort gibt es sieben urige Almhütten unterschiedlicher Größe, die z. T. restauriert sind und als ⌂ **Schutzhütten** oder Übernachtungsmöglichkeit genutzt werden können. Es besteht außerdem die Möglichkeit, dort

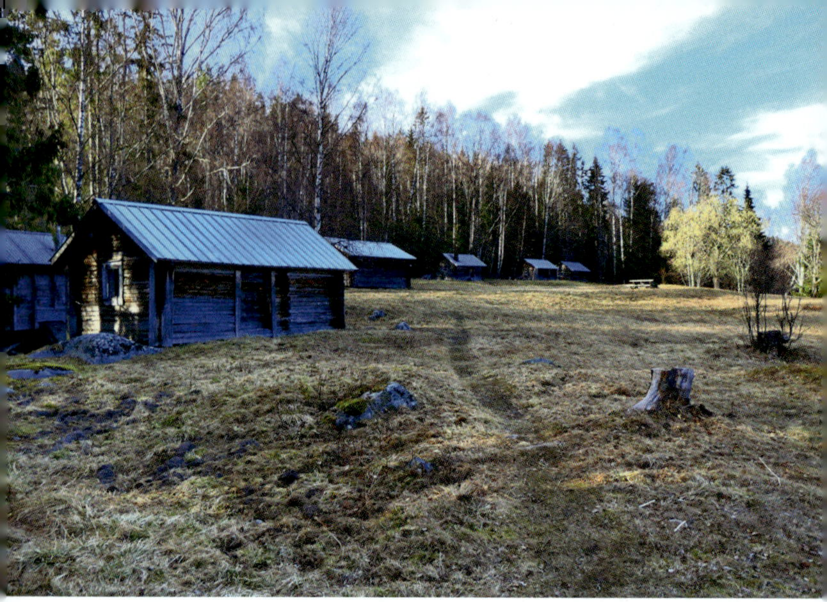

Das fäbod in Fjärdbotten ist eine historische norrländische Alm. Hier gibt es sieben urige Almhütten unterschiedlicher Größe, die z. T. restauriert sind und als Schutzhütten oder Übernachtungsmöglichkeit genutzt werden können – ein perfekter Rastplatz, auch für Tagesausflüge.

im ⛺ Zelt zu übernachten. Fjärdbotten ist ein perfekter **Rastplatz** mit Bänken, Feuerstelle und Klohäuschen (Plumpsklo) und bietet zudem eine herrliche Bademöglichkeit. Auch zum Spielen und Toben ist dies ein optimaler Ort, Familien können hier einen ganzen Tag verbringen.

Sie gehen auf demselben Weg **zurück zur Weggabelung** ❷ (km 3,6). Hier verlassen Sie nun die orangene und gelbe Markierung, Sie gehen **geradeaus bzw. leicht rechts** und folgen dem Weg um den See Fjärdbottentjärn. Sie nutzen den Weg am See entlang, bis dieser in eine **Schotterstraße** übergeht ❸ (km 4,5). Sie folgen der Schotterstraße **geradeaus** und bergab. Nach 4,7 km Wegstrecke erreichen Sie die Teerstraße und folgen dieser geradeaus bis zum Ausgangspunkt der Wanderung.

25 Nipstugan-Jon-Nils-Berget-Rundweg von Hörsångs camping

Tour für Fans von Natur, Fotografinnen und Fotografen sowie Badebegeisterte

Eine schöne, sehr abwechslungsreiche Wanderung über karge Felsen und durch dichten Wald, an Wiesen, Gehöften und einem See vorbei. Sie wandern sowohl über felsige Pfade als auch über breite Waldwege. Höhepunkte dieser Tour sind zwei wunderbare Aussichtspunkte mit weiten Ausblicken über die hügelige Landschaft und eine gemütliche Rasthütte, die Nipstugan. Auch von der Hütte aus genießen Sie herrliche Ausblicke, Picknickbänke laden zu einer längeren Pause ein. Die Nipstugan bietet auch bei schlechtem Wetter eine geschützte Rastmöglichkeit oder die Option einer Übernachtung inmitten der wunderbaren Natur der Höga Kusten. Der See Skiringen hält zum Ende der Wanderung zwei tolle Bademöglichkeiten bereit.

Start/Ziel: Hörsångs camping, GPS N 62°49.669‘ E 018°10.670‘

11,4 km

4 Std.

395 m/395 m

9-246 m

blaue Wegweiser und orangene Markierung (Höga kustenleden), z. T. unmarkiert

Schotterwege, Waldwege, steinige und wurzelreiche Waldpfade, gewachsener Fels, Straße. Z. T. sehr steiles, felsiges Gelände, Abschnitte über Felsen können bei Nässe sehr glatt sein. Rutsch- und Sturzgefahr!

Café Hörsångs camping am Start/Ziel

Drei Rastplätze davon einer mit Schutzhütte liegen am Weg: Aussichtspunkt Jon-Nils-Berget (km 3,6), Nipstugan (km 4,8), an der Badestelle am See (km 9,4).

sehr kleiner Shop in der Rezeption von Hörsångs camping am Start/Ziel

WC auf Nachfrage beim Campingplatz am Start/Ziel, Nipstugan (km 4,8)

Bademöglichkeiten beim Campingplatz am Start/Ziel, Badestellen am See Skiringen (km 9,4 und km 9,6)

Die Tour ist für Kinder aufgrund der zahlreichen Auf- und Abstiege, der Abschnitte entlang an Straßen sowie der Länge der Wanderung nicht geeignet.

für Hunde bedingt geeignet, allerdings längere Abschnitte über Fels und Schotterstraßen sowie an Straßen entlang; kein Trinkwasser über weite Wegabschnitte vorhanden

P kleiner Parkplatz direkt am Start/Ziel Hörsångs camping

☺ Die Tour kann mit einer Übernachtung in der Hütte Nipstugan (km 5) sehr gut als Zweitagestour unternommen werden. Die Hütte ist gemütlich, aber sehr einfach ausgestattet, nicht reservierbar und kostenfrei nutzbar.

Sie starten vom Parkplatz von Hörsångs camping.

Café Hörsångs camping, Hörsång 402, 872 98 Noraström, +46 (0)70/347 70 42, kontakt@horsangscamping.se, www.horsangscamping.se, Mitte Mai bis Mitte September täglich 12:00-16:00

kleiner Shop in der Rezeption des Campingplatzes, Hörsång 402, 872 98 Noraström, +46 (0)70/347 70 42, kontakt@horsangscamping.se, www.horsangscamping.se, Mitte Mai bis Mitte September täglich 9:00-18:00

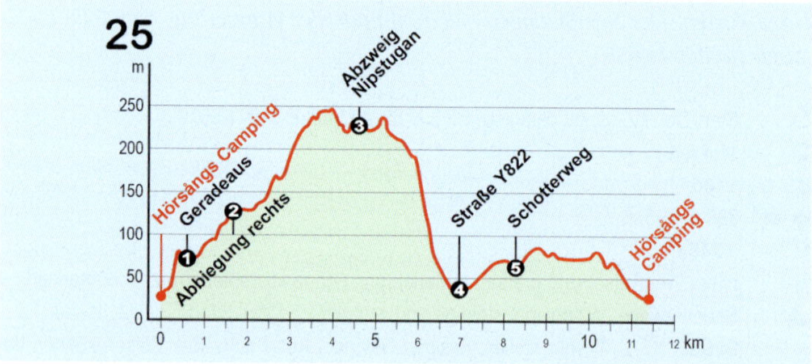

Sie überqueren die Straße und gehen geradeaus auf den Schotterweg, ein gelber Holzwegweiser und die **orangene Markierung** des **Höga kustenleden** weisen Ihnen den Weg. Der Schotterweg führt Sie bergauf, ein Bach fließt parallel zum Weg, Sie tauchen in den Birken-Fichten-Wald ein. Nach 600 m folgen Sie dem Höga kustenleden **geradeaus** ❶, d. h., Sie bleiben auf dem Schotterweg und biegen **nicht** nach links ab. Der Weg führt Sie langsam bergauf, weiterhin durch Birken-Fichten-Wald, am Hang hat Holzeinschlag stattgefunden. Sie orientieren sich weiterhin an der orangenen Markierung. Nach 1,7 km Wegstrecke biegen Sie **nach rechts** ab ❷ und Sie folgen dem Höga kustenleden bergauf, weiterhin dominiert Birken-Fichten-Wald die Landschaft.

2,1 km nach dem Start biegen Sie **schräg nach rechts** ab, Sie bleiben auf dem orangen markierten Höga kustenleden. Nun wandern Sie auf einem schmalen

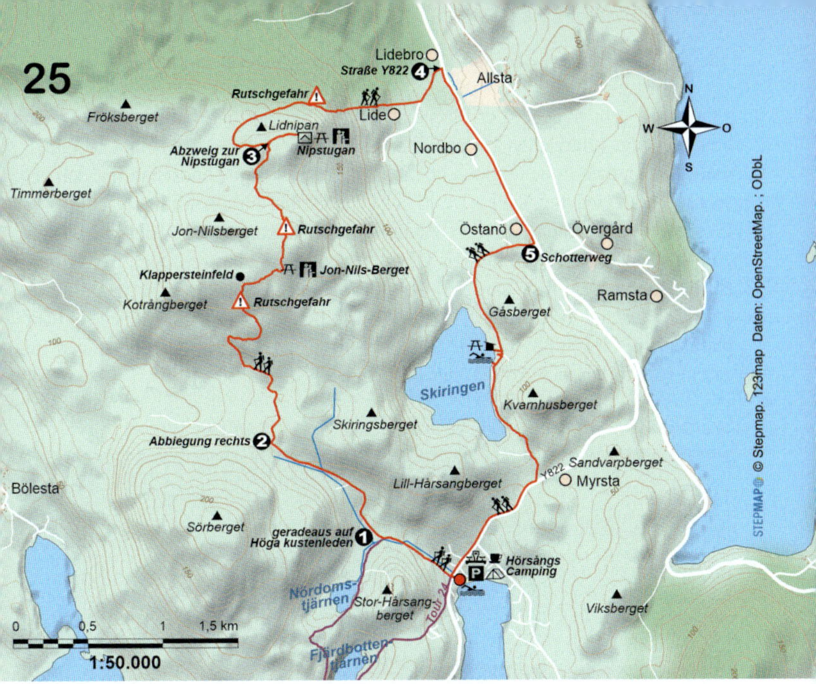

Pfad, der übersät ist mit Steinen und Baumwurzeln und recht steil bergauf führt. Es geht immer weiter steil bergauf, zunächst über den steinigen Pfad, dann über Fels (km 2,4). Schließlich sind Sie im Reich der Felsen angekommen (km 2,6), der Pfad führt über gewachsenen Fels bergauf. Die Fichte kann auf den nackten Felsen nicht bestehen, die Spezialistin für extreme Felsstandorte, die Kiefer, übernimmt die Vorherrschaft. Sie passieren ein Klappersteinfeld (☞ Infokasten Tour 8), das sich links vom Pfad befindet (km 3,3) und laufen wieder durch Fichten-Kiefern-Wald mit viel Moos und Preiselbeeren im Unterwuchs. Der orangen markierte Pfad führt Sie bald durch schütteren Kiefernwald auf extremen Felsstandorten (km 3,5) – eine ursprüngliche, wunderschöne Landschaft. Nach 3,6 km Wegstrecke erreichen Sie den **Aussichtspunkt** Jon-Nils-Berget mit fantastischer Aussicht über Meeresbuchten und die hügelige Landschaft. Dies ist auch ein kleiner **Rastplatz** mit Sitzbänken – so kann die wunderbare Aussicht noch besser gewürdigt werden. Nach dem Jon-Nils-Berget folgen Sie weiter der **orangenen Markierung**, es folgt ein **steiler Abstieg** über Felsen (km 4).

Vorsicht: Rutsch- und Sturzgefahr, insbesondere bei Nässe!

Es wird sehr hügelig, der Pfad führt immer bergauf und bergab, bergauf und bergab – die zahlreichen Höhenmeter, die auf diese Weise zusammenkommen, machen sich bald in den Beinen bemerkbar. Die herrliche Landschaft mit den Felsen und dem Flechten-Kiefern-Wald entschädigt aber für alle Mühe. Nach 4,6 km Wegstrecke erreichen Sie den **Abzweig zur Nipstugan ❸**. Hier biegen Sie zunächst **nach rechts** ab, um zur **Schutzhütte** zu gelangen. Sie erreichen die **Nipstugan** (km 4,8), eine Schutz-, Rast- und Übernachtungshütte mit Kamin und Klohäuschen (Plumpsklo). Vor der Hütte befindet sich ein schöner **Rastplatz** mit Tischen und Bänken. Dies ist auch ein toller **Aussichtspunkt** mit einem wunderbaren Ausblick über die umgebende Landschaft.

Weitere wunderbare Ausblicke bieten sich im Verlauf des Weges

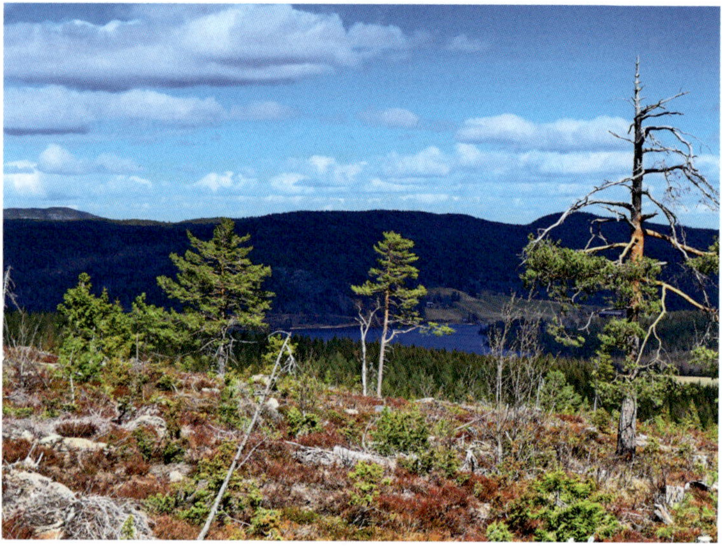

Nach einer Pause an der Nipstugan gehen Sie **zurück zum Abzweig ❸**. Hier laufen Sie **geradeaus** (von der Nipstugan kommend) und folgen dem orangen markierten Höga kustenleden Richtung Gavik. Es folgt ein längerer Abstieg nach Lidebro über einen sehr steinigen Pfad, unten angekommen wandern Sie dann durch jungen Birken-Fichten-Wald (km 5,3). Sie folgen der orangenen Markierung bis an die Straße Y822 in Lidebro, bei km 6,7 halten Sie sich dabei **links**.

Nach 7 km Wegstrecke erreichen Sie die **Straße Y822** ❹ und biegen **nach rechts** auf sie ab. Sie folgen der Straße für 1,3 km bis zum **blauen Straßenschild Östanö** und verlassen damit den Höga kustenleden.

Direkt hinter dem blauen Straßenschild **Östanö** biegen Sie **nach rechts** ab auf einen **Schotterweg** ❺ (km 8,3). Sie folgen dem Schotterweg, der bald Richtung Süden abbiegt. Bei km 8,8 folgen Sie dem Schotterweg **geradeaus**, der Sie nun durch eine offene Kulturlandschaft mit Wiesen, Rodungsflächen und jungem Birkenwald führt. Ihre Blicke schweifen über den großen See Skiringen. Nach 9,4 km Wegstrecke erreichen Sie die erste **Bademöglichkeit** am See Skiringen. Hier befindet sich auch ein **Rastplatz** mit Bänken, Feuerstelle und **Shelter**. Nur 150 m weiter befindet sich ein weiterer **Badesteg** (km 9,6). Sie folgen dem herrlichen Weg am Seeufer entlang, bis Sie auf die Straße Y822 stoßen (km 10,5). Sie biegen an der **Straße nach rechts** ab und folgen dieser für 900 m bis zum Ausgangspunkt der Wanderung, Hörsångs camping.

Herrliche Rast- und Bademöglichkeit am See Skiringen

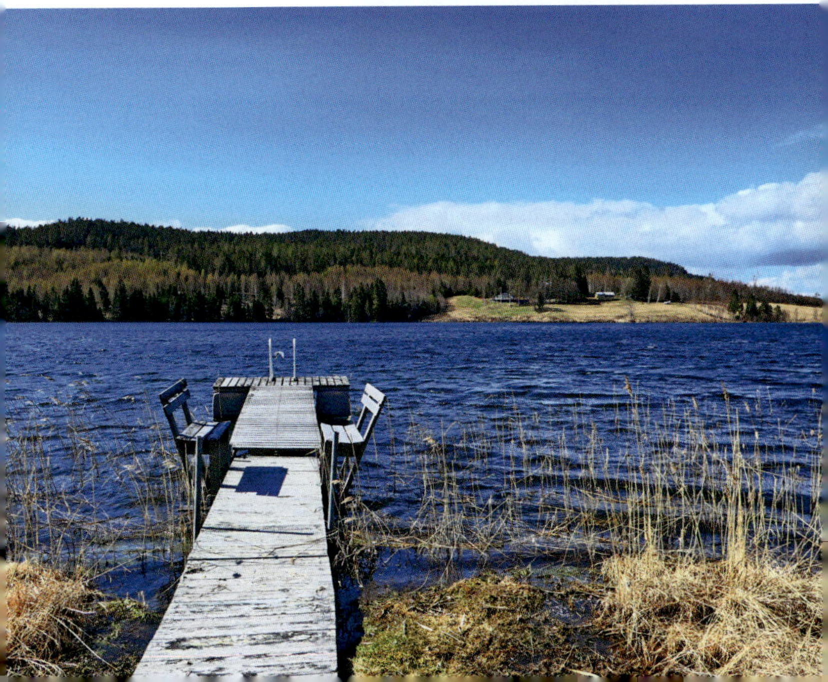

26 Naturreservat Smitingen-Härnöklubb: Grottstigen-Rundweg

Tour für kletterfreudige Wanderinnen und Wanderer, Geologieinteressierte und Fans von Natur

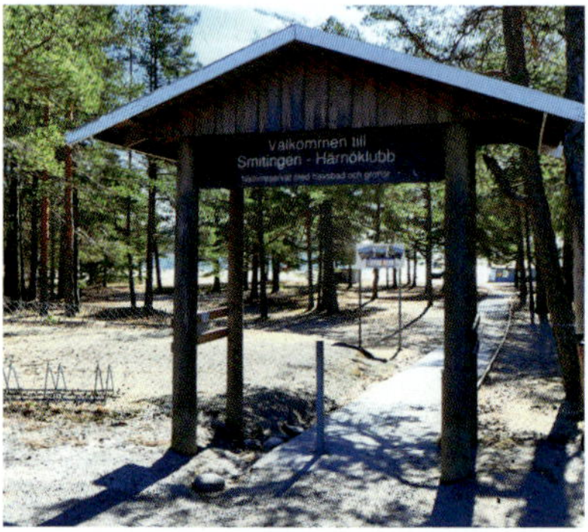

Eingangsportal des Naturreservates Smitingen vom Parkplatz aus

Eine kurze, aber äußerst anspruchsvolle Wanderung zu zwei Tunnelhöhlen. Insbesondere auf den letzten Metern zu den Höhlen müssen große Felsblöcke kletternd überwunden werden, während unmittelbar nebenan die Wellen gegen die Felsen branden. Felsen in allen erdenklichen Formen, aber auch Abschnitte durch dichten Nadelwald, eine kurze Gipfelbesteigung und ein idyllischer See machen diese Tour zu einem unvergesslichen Erlebnis. Bereits die Bucht Smitingen, Start und Ziel der Tour, lohnt die Anfahrt. Es handelt sich um eine wunderschöne Meeresbucht mit einem breiten Sandstrand, Shelter und Picknickbänken, eingerahmt von einer schroffen Felslandschaft. Im Sommer ist dies der ideale Badestrand mit Südseeflair und Einkehrmöglichkeit.

Start/Ziel: Parkplatz Smitingens naturreservat, GPS N 62°36.014‘ E 018°01.687‘

5,5 km

3 Std.

175 m/175 m

5-60 m

roter/orangener Punkt/Markierung

Z. T. sehr anspruchsvoll: Waldwege, steinige und wurzelreiche Waldpfade, gewachsener Fels, Z. T. extrem steiles, felsiges Gelände mit Klettereien über Felsen, Abschnitte über Felsen können bei Nässe sehr glatt sein. Rutsch- und Sturzgefahr! Bei Nässe sollte eine andere Wanderroute gewählt werden (z. B. Klubbsjön)!

Strandserveringen Smitingen (km 0,1)

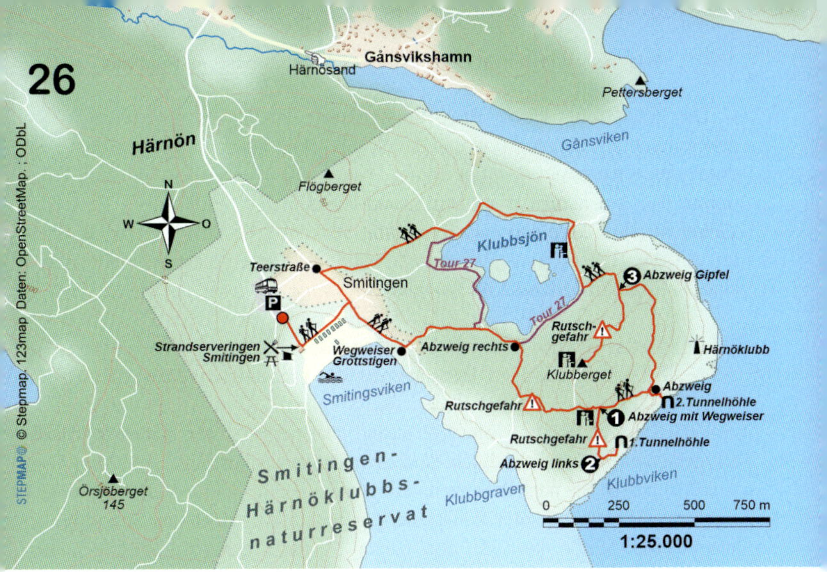

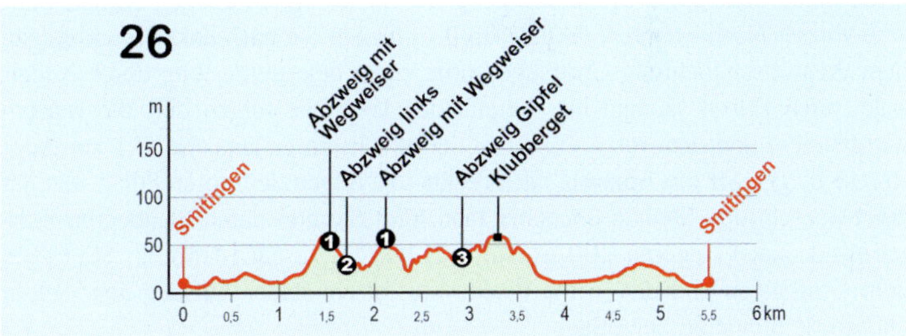

⛩	Ein Rastplatz/Shelter liegt am Weg: Smitingens Havsbad (am Strand) (km 0,1).
WC	Smitingens Havsbad (am Strand) (km 0,1)
🏊	Smitingens Havsbad, Sandstrand (km 0,1)
👪	Die Tour ist für Kinder aufgrund der Felskletterein **nicht** geeignet,
🐕	Die Tour ist für Hunde aufgrund der Felskletterein **nicht** geeignet, kein Trinkwasser über weite Wegabschnitte vorhanden.
P	großer Parkplatz Smitingens naturreservat direkt am Start/Ziel
🚌	Bus Linie 14 Orange linje: Centrum – Smitingen – Örsjön – Solumshamn, 💻 www.dintur.se, bitte Fahrpläne prüfen!
☺	Auf dieser Tour sollten **keine** Wanderstöcke mitgeführt werden, die Hände müssen für die Felskletterein frei sein!

Die Wanderung startet direkt am Parkplatz Smitingens naturreservat. Sie gehen durch das Eingangsportal in das Schutzgebiet hinein und folgen dem Weg durch den Kiefernwald Richtung Strand. Nach 100 m erreichen Sie einen Wegweiser. Hier am Rand des großen Sandstrandes finden Sie einen **Rastplatz**, zahlreiche Tisch-Bank-Kombinationen und Sitzbänke, Feuerstellen, ein **Shelter**, ein WC-Häuschen mit Außenwasserhahn, ein Klettergerüst für Kinder sowie eine **Einkehrmöglichkeit** im Sommer.

Strandserveringen Smitingen, www.smitingen.se/smitingen_servering.html, in der Hochsaison von Mittsommer bis Mitte August täglich 12:00-18:00

Außerdem bietet der große Sandstrand eine perfekte **Bademöglichkeit**. Sie genießen die herrliche Bucht und den schönen Sandstrand. Am Wegweiser (km 0,1) biegen Sie **nach links** ab und folgen der Ausschilderung Grottstigen und somit der Markierung roter Punkt. Sie folgen dem Weg über den Strand bis zu einer kleinen Straße (km 0,3), dort biegen Sie **nach rechts** ab. Sie folgen dem roten Punkt über einen einfach zu gehenden Waldweg, an einigen Sommerhäusern vorbei. Nach weiteren 300 m (km 0,6) biegen Sie **nach links** ab und folgen dem Wegweiser Richtung Grottstigen über einen befestigten Weg durch Nadelwald, auch Felsen säumen hier bereits den Weg. Sie folgen den Wegweisern (Grottstigen) und dem roten Punkt am See Klubbsjön entlang. Nach 1 km Wegstrecke biegen Sie am **Abzweig nach rechts** und folgen dem roten Punkt. Ein mit Baumwurzeln und Steinen übersäter Pfad führt Sie nun durch Blaubeeren-Fichten-Wald. Nach weiteren 200 m (km 1,2) biegen Sie **nach links** ab, Sie folgen dem Grottstigen und dem roten Punkt. Nun ist ein **steiler Aufstieg** über Felsen und große Steine zu bewältigen.

Vorsicht: Rutsch- und Sturzgefahr, insbesondere bei Nässe!

1,5 km nach dem Start erreichen Sie einen ersten Aussichtspunkt mit wunderbarer **Aussicht** über das Meer und die felsige Küste. Hier sind Sie von schütterem Kiefernwald auf Fels umgeben. Sie folgen am **Abzweig** ❶ (km 1,5) dem roten Punkt **nach rechts** (Aufmerksamkeit ist gefragt, die Markierung ist stellenweise schwer zu erkennen und leicht zu verlieren) direkt in einen steilen, recht anspruchsvollen Abstieg über steile Felsen. Bei Nässe sollte auf diesen Abschnitt verzichtet werden! Nach weiteren 200 m (km 1,7) folgen Sie dem Abzweig **nach links** ❷ zwischen Felsen hindurch. Es folgt eine anspruchsvolle **Kletterei über Felsen**! Diese ist nur für kletterfreudige und abenteuerlustige Wanderinnen und

Wanderer ohne Wanderstöcke bei trockenem Wetter geeignet. Die Markierung besteht hier aus orangenen Punkten, die eher sporadisch angebracht und leicht zu verlieren sind. Nach weiteren 100 m (km 1,8) erreichen Sie die **Höhle**, Ziel dieses Abstechers. Es handelt sich um eine **Tunnelhöhle**, bei der die Wellen eine zwiebelförmige Höhle erodiert haben, die dann durch die nacheiszeitliche Landhebung über den Meeresspiegel gehoben worden ist.

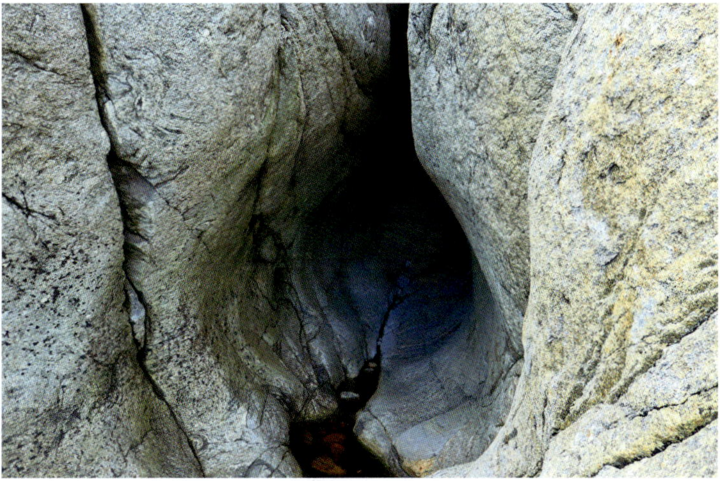

Die vom Meerwasser ausgewaschenen Tunnelhöhlen befinden sich in den steilsten Felsen der Küste, nur wenige Meter oberhalb des Meeresspiegels. Bei Nässe sollte auf die Abstecher zu den Höhlen verzichtet werden.

Von der Höhle gehen bzw. klettern Sie **zurück** zum Abzweig ❷. Hier folgen Sie nun dem orangenen Punkt **bergauf** bis zu dem **Wegweiser** ❶ (km 2,1), der den Grottstigen **nach rechts** – **Richtung Osten** – ausweist. Sie folgen dem Grottstigen und dem roten Punkt über die küstennahen Felsen, erneut ist ein steiler, felsiger Abstieg zu bewältigen, der allerdings weniger anspruchsvoll ist als der vorherige. Bei km 2,3 folgen Sie dem Grottstigen **nach rechts**, hier führt der Pfad Sie z. T. über **Leitern**, z. T. ist wieder **Kletterei** mit Händen und Füßen über und unter Felsen gefordert. Nach weiteren 50 m ist die zweite Tunnelhöhle erreicht. Sie gehen bzw. klettern **zurück zum Wegweiser** und folgen ab dort weiter dem roten Punkt – zunächst **geradeaus**, kurz darauf **nach rechts** abbiegend – weiterhin durch sehr felsiges Gelände mit leichten Klettereinlagen.

Nach 2,5 km Wegstrecke folgen Sie der roten Markierung **nach rechts** weiter über Felsen. 2,9 km nach dem Start biegen Sie für eine kleine **Gipfelbesteigung** Richtung **Klubberget ❸ nach links** ab. Zum Gipfel des Klubberget folgen Sie der blauen Markierung immer bergauf, mit felsigem Gelände haben Sie nun bereits viel Erfahrung gesammelt.

Achtung: Die blauen Markierungen sind leicht zu verfehlen – Augen offen halten!

Vorsicht: Rutsch- und Sturzgefahr, insbesondere bei Nässe!

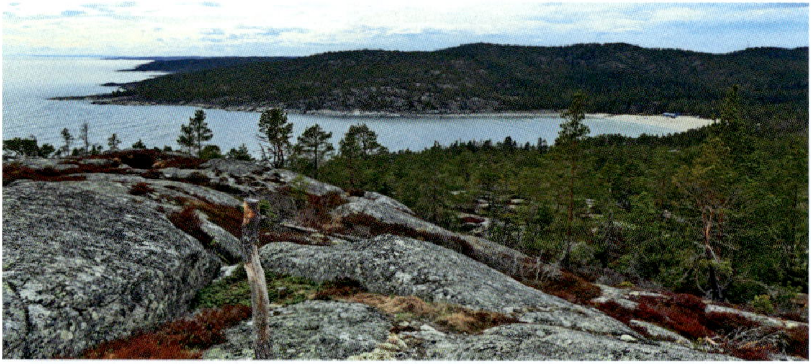

Vom Gipfel des Klubberget genießen Sie eine fantastische Aussicht

Vom **Gipfel des Klubberget** (km 3,3) haben Sie eine fantastische Aussicht über Smitingen, Gånsvik und die gesamte wilde Küste, eine angemessene Entschädigung für die Mühen des Aufstiegs. Der Abstieg **zurück** zum Abzweig ❸ (km 3,6) ist schnell geschafft und Sie setzen Ihre Wanderung fort, indem Sie dem roten Punkt nun **geradeaus** Richtung Smitingen folgen. Bei km 3,8 biegen Sie **scharf nach rechts** ab und folgen dem Pfad am **Seeufer** des Klubbsjön entlang. Sie folgen dem roten Punkt immer weiter am Ufer entlang durch dunklen Fichtenwald, Ausblicke über den See verleihen diesem Abschnitt einen idyllischen Charakter – eine ganz andere Welt als die schroffen Felsen am Meer. Nach 4,6 km Wegstrecke folgen Sie dem roten Punkt weiter Richtung Smitingen. Bei km 5 biegen Sie **nach links** ab und folgen der kleinen Teerstraße bis zum **Abzweig zum Strand**, hier gehen Sie an der Bucht entlang zurück Richtung Parkplatz. Wie auf dem Hinweg gehen Sie über den Strand bis zum WC-Häuschen und von dort durch den Kiefernwald die letzten Meter zurück zum Parkplatz.

27 Naturreservat Smitingen-Härnöklubb: Klubbsjön-Rundweg

Tour für Familien, Badebegeisterte sowie Naturliebhaberinnen und Naturliebhaber

Diese kurze, einfache Wanderung führt Sie um den See Klubbsjön herum und bietet neben idyllischen Ausblicken über den See einen tollen Rastplatz mit Bänken und Feuerstelle. Im tiefen Fichtenwald scheint die Zivilisation weit entfernt zu sein. Der Kontrast zum Start- und Endpunkt der Tour, der Bucht Smitingen, könnte kaum größer sein. Der breite Sandstrand der Meeresbucht ist einer der schönsten der Region, ausgestattet mit Shelter und Feuerstelle sowie zahlreichen Picknickbänken und im Sommer mit einer Einkehrmöglichkeit. Der ideale Ort für ein Bad im Meer oder in der Sonne, zum Sandburgenbauen und übers Meerblicken – kurz: zum Entspannen.

Start/Ziel: Parkplatz Smitingens naturreservat, GPS N 62°36.014' E 018°01.687'
3,4 km
1 Std. 15 Min.
62 m/62 m
0-19 m
blauer Punkt, z. T. roter und blauer Punkt
einfache Waldwege, Waldpfade mit Steinen und Baumwurzeln, Strand, Bohlenweg
Strandserveringen Smitingen (km 0,1)
Zwei Rastplätze/Shelter liegt am Weg: Smitingens Havsbad (am Strand) (km 0,1), Rastplatz am Klubbsjön (km 2,4).
WC Smitingens Havsbad (am Strand) (km 0,1), Rastplatz am Klubbsjön (km 2,4)
Smitingens Havsbad, Sandstrand (km 0,1)
Die Tour ist für Kinder sehr gut geeignet.
Die Tour ist für Hunde sehr gut geeignet; Trinkwasser steht jederzeit am See zur Verfügung. Hunde sind in Smitingens naturreservat an der Leine zu führen.
P großer Parkplatz Smitingens naturreservat direkt am Start/Ziel
Bus Linie 14 Orange linje: Centrum – Smitingen – Örsjön – Solumshamn, www.dintur.se, bitte Fahrpläne prüfen!

Die Wanderung startet direkt am Parkplatz Smitingens naturreservat. Sie gehen durch das Eingangsportal in das Schutzgebiet hinein und folgen dem Weg durch den Kiefernwald Richtung Strand. Nach 100 m erreichen Sie einen

Wegweiser. Hier am Rand des großen Sandstrandes finden Sie einen **Rastplatz**, zahlreiche Tisch-Bank-Kombinationen und Sitzbänke, Feuerstellen, ein Shelter, ein WC-Häuschen mit Außenwasserhahn, ein Klettergerüst für Kinder sowie eine **Einkehrmöglichkeit** im Sommer.

Strandserveringen Smitingen, www.smitingen.se/smitingen_servering.html, in der Hochsaison von Mittsommer bis Mitte August täglich 12:00-18:00

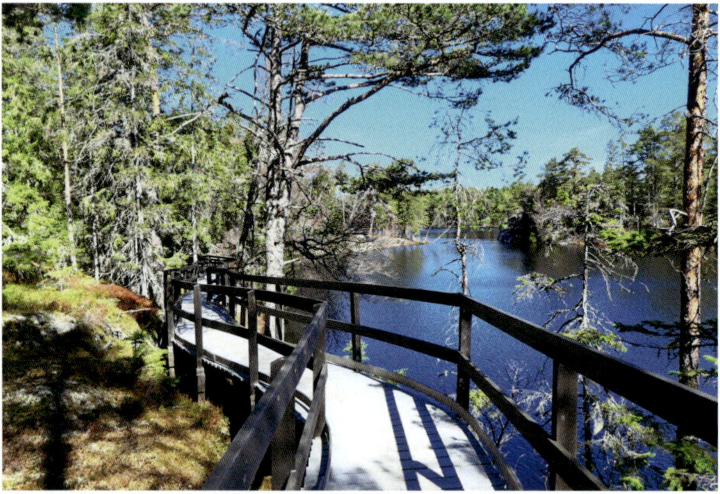

Ein Holzsteg ist direkt an das Seeufer gebaut, er macht ein intensives Naturerlebnis auch für weniger sportliche Wanderer möglich

Außerdem bietet der große Sandstrand eine perfekte **Bademöglichkeit**. Sie genießen die herrliche Bucht und den schönen Sandstrand. Am Wegweiser (km 0,1) biegen Sie **nach links** ab und folgen der Ausschilderung Klubbsjön und somit der Markierung blauer Punkt. Sie folgen dem Weg über den Strand bis zu einer kleinen Straße (km 0,3), dort biegen Sie **nach rechts** ab. Sie folgen dem blauen Punkt über einen einfach zu gehenden Waldweg an einigen Sommerhäusern vorbei. Nach weiteren 300 m (km 0,6) biegen Sie nach links ab, Sie folgen dem Wegweiser **Richtung Klubbsjön runt** über einen befestigten Weg durch Nadelwald, auch Felsen säumen hier bereits den Weg. Sie folgen den Wegweisern (Klubbsjön) und dem blauen Punkt am See Klubbsjön entlang. Nach 850 m Weg-

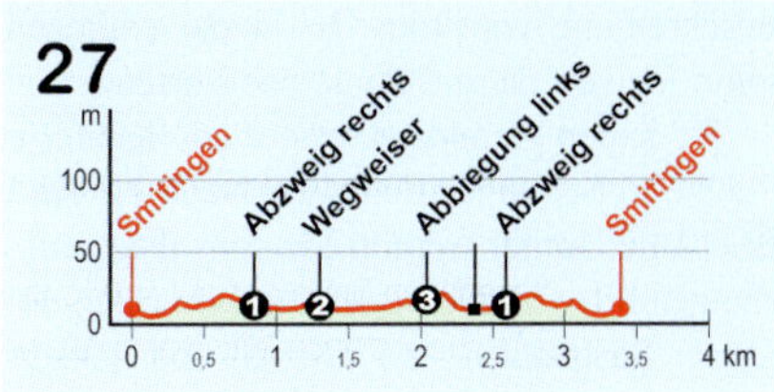

strecke folgen Sie dem **Abzweig nach rechts** ❶ und dem blauen Punkt, ein mit Baumwurzeln und Steinen übersäter Pfad führt Sie nun durch Blaubeeren-Fichten-Wald. Nach wenigen weiteren Metern (km 0,9) nehmen Sie am Abzweig nicht den Weg nach links, sondern Sie halten sich **leicht rechts** und gehen praktisch **geradeaus** weiter.

Der Waldweg ist steinig und reich an Baumwurzeln. Sie erreichen einen Wegweiser (km 1), hier biegen Sie **nicht** auf den Grottstigen ab, sondern wandern **geradeaus** am Seeufer entlang. Sie orientieren sich weiter am blauen Punkt, der Pfad ist weiterhin von zahlreichen Baumwurzeln durchzogen.

Vorsicht: Rutsch- und Sturzgefahr, insbesondere bei Nässe!

Am folgenden **Wegweiser** ❷ (km 1,3) ist ein Abstecher zum Klubberget und zu den Grottor, den Höhlen, möglich. Dieses sind jeweils deutlich anspruchsvollere Wegstrecken, die **nicht** in dieser Tour enthalten sind. Wer hier wandern möchte, liest bei ☞ Tour 26 weiter – dabei ist zu beachten, dass Sie der

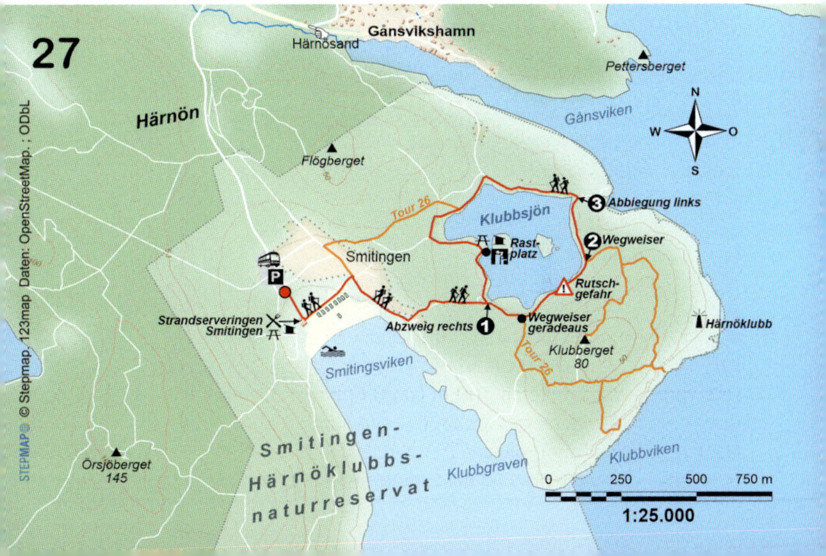

Beschreibung von Tour 26 in die entgegengesetzte Richtung folgen müssen, wenn Sie von diesem Punkt aus starten.

Sie laufen **geradeaus**, weiter am Seeufer entlang. Der blaue Punkt sowie rote Punkte weisen Ihnen den Weg. Nach 2,1 km Wegstrecke biegen Sie **nach links** ab ❸. Immer weiter werden Sie vom Pfad und vom blauen Punkt am Seeufer entlanggeführt. Plötzlich erreichen Sie einen Rastplatz direkt am See (km 2,4). Dieser **Rastplatz** ist mit Tischen und Bänken, **Shelter**, Klohäuschen (Plumpsklo) und Feuerstelle ausgestattet. Außerdem wartet eine wunderschöne **Aussicht** über den See auf Sie. Hier können Sie die Infrastruktur des Rastplatzes für eine angenehme Pause nutzen oder Sie gehen gleich weiter über den **Holzsteg** auf den markierten Hauptweg. Auf dem Holzsteg stehen weitere Sitzbänke zur Verfügung. Am **Hauptweg** angekommen (km 2,6) wenden Sie sich nun **nach rechts**. Sie folgen demselben Pfad wie auf dem Hinweg sowie dem blauen Punkt zurück Richtung Smitingen. Bei km 2,8 biegen Sie **nach rechts** ab und folgen der kleinen Teerstraße bis zum **Abzweig zum Strand**, hier gehen Sie an der Bucht entlang zurück Richtung Parkplatz. Wie auf dem Hinweg gehen Sie über den Strand bis zum WC-Häuschen und von dort durch den Kiefernwald die letzten Meter zurück zum Parkplatz, dem Ausgangspunkt der Wanderung.